分类管理

零售商的经营管理升级
和新型供零合作模式

Category
Merchandising

王涛　著

中国社会科学出版社

图书在版编目(CIP)数据

分类管理:零售商的经营管理升级和新型供零合作模式/王涛著.
—北京:中国社会科学出版社,2007.6
ISBN 978 - 7 - 5004 - 6143 - 2

Ⅰ. 分… Ⅱ. 王… Ⅲ. 零售商业 – 商业管理
Ⅳ. F713.32

中国版本图书馆 CIP 数据核字(2007)第 051640 号

策　划	门小薇(xv_men@126.com)			
责任编辑	门小薇			
责任校对	李小冰			
封面设计	久品轩工作室			
责任印制	戴　宽			

出版发行　中国社会科学出版社

社　　址	北京鼓楼西大街甲 158 号	邮　编	100720
电　　话	010 - 84029450(邮购)		
网　　址	http://www.csspw.cn		
经　　销	新华书店		
印　　刷	华审印刷厂	装　订	广增装订厂
版　　次	2007 年 6 月第 1 版	印　次	2007 年 6 月第 1 次印刷
开　　本	710×1000　1/16		
印　　张	19		
字　　数	263 千字		
定　　价	32.00 元		

目　　录

前　言

有一次，我在给一个供应商客户作主题为《供应商如何管理好货架陈列》的培训时，就在讲课过程中的某个瞬间，我忽然产生了一种奇怪的错觉：当时我站在讲台上，内心充满疑惑，一时之间竟分不清在教室中听课的到底是供应商呢，还是零售商？当我回过神来后，把刚才的错觉告诉了在座的培训客户，他们听了都轰然一笑，说那是因为我有供零双方的工作经历所致。但是，一直以来我无法忘记那种错觉，因此那些天我一直在思考一个问题：我为什么会产生那种错觉呢？是什么在背后起作用呢？而且这也使我联想起更早发生的一次错觉——只是那次并没有引起我更多的注意。那是在写另外一个关于供零合作的培训课程时，同样是在某一瞬间我也产生了类似的错觉：到底这个课程是写给零售商的呢，还是写给供应商的呢？这两次错觉一直困扰着我，始终没有找到答案，但是在我的头脑中，一直若隐若现地保留着这个问题。

就在 2006 年的 10 月份，我重新翻开过去我给供应商客户开发的一个个供零关系领域的培训课程内容时，我突然发现了早期的培训课程与后期的培训课程有一个显著的不同点，我隐约地感觉到我就要找到答案了——从我自己开发这些培训课程的思路变化中，我一步步渐渐接近了产生错觉的真相。原来，在早期给供应商客户的培训课程中，我的主导思想是将零售业的基本经营管理思想和经营管理方法教给供应商，所谓"知己知彼，百战不殆"，使供应商能更多、更加深入地了解零售商背后的经营管理规律和原则。其实在供零合作中，供应商也确有这方面的迫切需求，这是因为零售商的经营管理不仅变得越发复杂，而且对于供应商来说，由于零售商逐渐掌握了营销因素（包括产品组合、定价、促销和陈列等）的控制权，因而其经营管理也变得越来越不透明了。（关于这方面的讨论，我在已经出版的《供零战略》一书中有专门的详细讨论。）因此，供应商无法了解零售商是如何运用这些营销因素的，零售商运用这些营销因素在**做什么**，他们又为什么这么做等一系列问题。供应商很难理解零售商运用这些营销因素的思路和方法，因为零售商运用这些营销因素与供应商的营销管理中的营销因素应用有着很大的不同。毫无疑问，在这种供零合作的情况下，供应商很难在与零售商合作中获得更好的经营效果，而零售商往往是获得利益更多的一方。因此，当时我的知识开发思路是要将零售商的经营管理思路和核心方法告诉供应商，尤其是零售商对各种营销因素的应用思路和方法，使他们在更加深入地了解零售商的前提下——而不仅仅是了解其表面的运作方法——来提高自身的营销管理水平和能力。

但是，在后期的培训课程中，我的开发思路发生了一个微妙的变化。这是因为，我发现零售商很多的经营管理思想和方法，供应商完全可以借鉴过来独立使用，因此在后期的培训课程中几乎由始至终贯穿着这种思路。比如还是那个《供应商如何管理好货架陈列》的培训课程，其中关于"货架空间设计"的部分是这样的：零售商设计分类和商品的货架空间大小最基本的考虑因素是每个分类和商品的销量，即销量大的分类和商品应安排更多的货架空间，而销量小的分类和商品应安排更少的货架陈列空间。换句话说，占据分类中销量20%的商品应该占据这个分类中20%的货架空间，这也是在宝洁、可口可乐等公司倡导的"品类管理"模式中提出的"公平货架原则"。这毫无疑问是有道理的，销量大的商品自然是周转速度快的商品，给它们更大的陈列空间，当然是减少商品缺货的最好方法，对于零售商来说，商品的缺货不仅损失了销售机会、减少了营业额和利润，而且更为严重的是有可能导致顾客的不满，从而影响到顾客的忠诚度，那么减少的营业额就不仅仅来自于缺货的商品了。在培训课程中还提到：如果供应商发现在与零售商合作中，某些管理落后的零售商没有类似的货架空间的管理思路和方法，那么供应商有责任告诉零售商如何合理地管理货架空间，这无疑保护了供零双方的共同利益。但是，只有供应商也学会零售商的这些经营管理思路和方法，而不仅仅是单纯地了解零售商的一般性管理，才能与经营管理先进的零售商保持一致的思路，并有能力指导经营管理落后的零售商。

再比如，沃尔玛在其"零售链"（Retail Link）系统中的"80/20 销售报告"，如表0 - 1所示。沃尔玛与其他的零售商不同，他们更加强调与供应商的紧密合作，"零售链"和"品类管理"是这种思想很好的体现，他们希望把对每个商品的管理和对分类的管理更多地交给供应商来做，他们尽量提供各种销售数据支持。"80/20 销售报告"是沃尔玛经过多年的经营管理实践而开发的"零售链"中对商品的销售情况进行定期分析的报表。在"80/20 销售报告"中，沃尔玛以供应商为单位，定期向供应商提供其所有产品的销售数据，并按照基本的"80/20"原则，分别管理高销量商品和其他低销量商品，对于商品的管理内容就如表中列出的包含商品毛利、销售量、库存等项目。沃尔玛的根本目的是真心希望供应商能定期利用这份报告中的各种数据和指标，对自己的产品定期进行分析，及时发现销售中的问题，并尽快回馈给沃尔玛，然后双方共同商议解决方法。"80/20 销售报告"很好地体现了沃尔玛"与供应商合作"的理念，即沃尔玛认为他们的每个采购人员都要管理几千个单品，因此他们不可能随时了解每个单品、每周、每家门店的销量、毛利、库存等情况，他们希望供应商能利用"80/20 销售报告"管理好自己的产品销售，那么最终当然就可以实现双赢的结果了。如果我们仔细想想就会发现一个问题，"80/20 销售报告"是作为零售商的沃尔玛开发的，但是却是沃尔玛提供给供应商应用的，当然沃尔玛的采购人员也要看，那么"80/20 销售报告"到底是为谁设计的呢？是供应商，还是零售商？其实我们很清楚——供零双方都要使用它。

表 0 - 1   80/20 销售报告

商品降价金额	降价占销售百分比	单位不含税零售价	利润百分比	供应商编号	销售个数	销售金额	商品占销售的百分比	累计百分比

当前库存数量	库存按照零售价的金额	占总库存的百分比	累计百分比	已订货数量	当前现货维持周数	毛利金额	毛利率	占总毛利的百分比	累计百分比

注：资料翻译并节选自沃尔玛原报表。

我们可以再举一个家乐福的例子。在为供应商设计的《产品组合设计和产品优化》的培训模块中，产品出勤率的检查是产品优化中一个重要的内容①，尤其是对零售商来说，考核商品的出勤率更加重要。但是，在这方面供应商往往缺乏更深刻的认识和更好的管理方法。如表0-2，这是从零售商的商品出勤率管理报表中演化而来的，家乐福每月会分析每家门店的商品出勤率，即每家门店在上一个月有库存、有销量的单品数量占到商品总数量的百分比，其考核单位是各个营运部门，比如饮料课、鞋课、文化用品课等。如果某家门店某个部门的商品出勤率太低，那么就说明这家门店的商品缺货严重，很多商品不会出现在货架上，而且造成商品出勤率太低的原因不仅仅是订货和库存管理的问题，还可能是商品结构不合理导致的门店不愿意订货等原因。因此，利用商品出勤率管理，可以及时发现商品的缺货和商品结构是否合理等问题。其实，对于供应商来说也是一样的，如果某供应商在家乐福或者沃尔玛有100个产品（SKU）在销售，那么到底他们在家乐福或者沃尔玛中，每月有订货的产品占到其总产品数量的百分比是多少；哪些产品经常缺货；哪些产品零售商经常不订货；又是哪些零售商或者门店经常缺货，如此等等，供应商完全可以据此进行深入的分析：为什么某些产品经常没有订货？为什么总是某个零售商的产品出勤率太低？为什么总是某家门店的订货率太低？如果供应商在产品优化管理中进行了更加主动和积极的管理，那么就不用总是处理被零售商清场等尴尬问题了。而且，这样的产品管理当然也会得到零售商的支持，每个供应商都不断优化自己的产品，那么零售商的所有产品不就都得到了优化吗？因此，零售商的商品出勤率的管理思想和方法完全可以稍做修改而变为供应商所用，从而最终使得供零双方都获益。

---

① "产品出勤率"在这里是指供应商的所有产品在某个零售商中定期的订货和库存等情况，通过产品的出勤率能评估供应商的产品在货架上出现的情况。

表 0-2　　　　　　　　　产品出勤率

KA 经理		一月			二月		
零售商	门店	建档产品数量	订货产品数量	出勤率（%）	建档产品数量	订货产品数量	出勤率（%）
		100	80	80	100	80	80
		50	48	96	50	48	96

　　当然，不仅是上面提到的两个培训模块，几乎在供零合作中的每个模块中都有以上的情况发生，比如促销管理、定价、订货和库存、商品结构等。因此，帮助供应商学习先进零售商的管理思路和方法并应用于供应商自己的营销管理中，构成了我后期关于供零合作知识开发的主导方向，难道错觉的出现就是对这种思路的延续吗？这种思路还能有所突破吗？伴随着这些问题，又使我想起另外一个问题：随着零售业的发展，供零合作模式到底走向何方？从供应商强势发展到现在的零售商占据强势地位，供零双方的合作未来究竟会是什么样子呢？还要进行下一轮的轮回反复吗？我其实一直在构想一个模式：也许供零双方的合作有可能最终走向统一，不再是充满竞争和敌意的关系，也不单纯是一种买卖的合作关系，而是一种全新角度的融合。但是，到底是零售商逐渐转化成为供应商，比如拥有了工厂和品牌，现在零售商已经拥有了更多的自有品牌；还是供应商向零售商逐渐转变，比如拥有了自己的连锁超市直接销售自己的产品，比如台湾的顶新集团旗下的乐购、台湾统一公司对台湾家乐福的参股，以及上海光

明的"可的"便利店等等。这些只是一个大胆的猜测，我们现在还不能过早地讨论和妄下断论。

但是，当我把对未来供零合作模式的发展思考与前面提到的错觉联系在一起时，我突然醒悟，一种更有价值、更为先进的零售业经营管理方法和崭新的供零合作模式一直潜伏在我的头脑中，这就是本书的来由和核心观点，也就是"分类管理"。

虽然我在前一部书《供零战略》中曾提到"供零关系的本质是竞争"，但是很显然供零双方的竞争本质并不会给整个供应链带来什么好处，正如沃尔玛和宝洁等所共同认识到的。但是，要彻底改善供零双方的合作现状，消除或者弱化双方的竞争关系，强化供零双方的紧密合作，使双方对消费者的工作能得到彼此的支持和认同，根本的解决办法并不是供零双方某一方占据优势地位而对另外一方发号施令，而是供零双方真正的将眼光投向消费者，而不用互相提防和斗争。而供零双方如何能在未来走向更加和谐的合作呢？除了供应链中的地位和权力，还有什么能将供零双方紧密结合在一起呢？这正是一直萦绕在我头脑中的问题，现在终于找到了答案，一个对供零双方都有极大冲击的答案，这就是本书所要揭示的一个突破性的管理体系——分类管理。当零售商和供应商有了一种同样的经营管理思想和模式，那么双方在合作过程中的各个环节就能使用同样的经营管理思路和方法来工作，那么供零双方很容易就同一个问题得到一致的看法和结论。这样供应商的营销管理思想将更加容易被零售商接受和支持，而零售商的很多经营思想也会被供应商所理解，从而获得供应商的大力支持。

在分类管理的框架下，供应商不用担心自己潜心开发的新品不被零售商所接受、自己精心设计的促销方案不被零售商采纳而无法实施等等在传统合作模式下常见的种种问题。零售商将从与供应商的紧密合作中找到差异化竞争的途径，而不致不能自拔地陷入行业内的价格战。他们开始明白供应商的每个品牌有着不同的定位，不同的定位意味着不同的目标消费群体，他们不应通过价格战打破供应商的品牌定位，而应利用供应商不同品牌的定位争取到更多的顾客群体来自己的超市购物。这时候，供零双方将应用同样的经营管理思路和方法，即分类管理，供应商的营销想法就是零售商的经营想法，零售商的经营想法也是供应商的营销想法，那么还有什么阻碍双方的互相理解和接受呢？双方还为什么要进行彼此都痛苦而又无奈的竞争呢？那么最终的结果将是消费者的满意，以及整个供应链成本的降低。

因此，这种管理模式终将带来全新的供零合作模式——一条供零双方真正的合作之路。比如，当零售商发现在某个分类的价格带中，缺乏某种价格的商品时，分类中的某个供应商刚好也发现了分类中这个空白的价格点，那么他们马上为零售商提供这个价格的产品，那零售商还有什么理由不接受这款新产品呢？对于零售商来说，供应商帮助其弥补了分类中的价格空白，从而满足了更多细分的顾客群体的需求，这个意义要远远大于收取一个单品的进店费。请相信，经营管理经验丰富的零售商一定会意识到并倍加重视这一点的。

建立在分类管理模式下的供零合作模式并不是虚幻和极端理想化的，它是完全可以执行并能带来效果的。这是因为分类管理是供零双方都能应用而且有必要应用的经营管理模式，在供零双方各自的经营管理中，只有分类管理才可能成为双方的重叠部分，如图 0－1 所示，而零售商和供应商在其他方面的经营管理内容几乎无法结合。比如，零售商的选址策略是供应商无法理解也不需要理解的，而供应商的产品开发和品牌管理往往是零售商无法触及的管理内容。

实际上，以分类为经营管理单元是零售业普遍的管理原则，也是其最基本的经营管理模式。他们不可能以每个商品为管理单元，这是任何一家零售商无法做到的事情，管理每个商品在不断变化的时间内，以及在每家门店的销售、库存、毛利表现等几乎是不可能的，而且对零售商来说也没有这个必要。因为零售商很清楚，每个分类代表了顾客的一种利益，而不

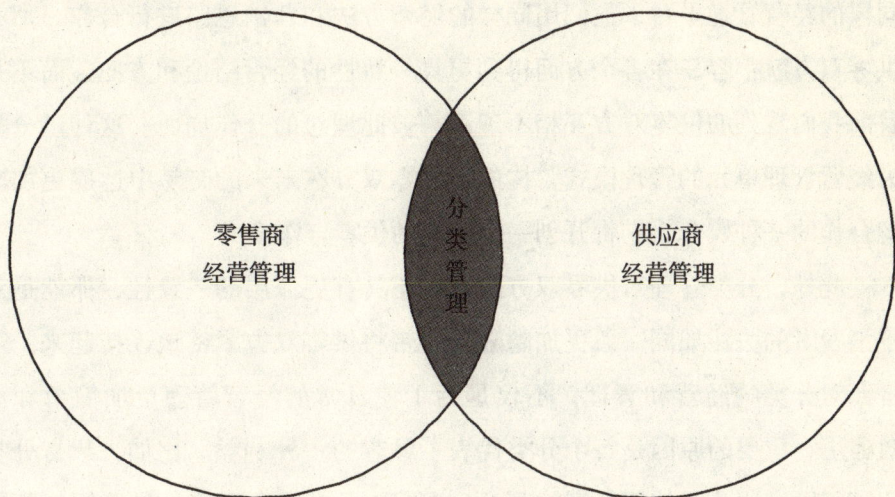

图0-1 供零双方的经营管理结合点

是某个产品、品牌和供应商。因此，零售商各种营销因素的运用是围绕着每个分类展开的，比如，分类中的商品组合、分类的价格政策、分类的促销计划和分类的陈列设计等。而且，零售商还会对每个分类实施一些战略性的经营管理内容，比如，分类结构的定义和调整、分类定位的确定、分类经营策略的制定等。这也使我们更加清楚，零售商的经营管理核心实际上并不是围绕着商品、品牌或者供应商展开的，这也是为什么供应商总是无法理解零售商的做法，以及供零双方总是不能达成更加默契合作的最关键的原因。

虽然对分类的经营管理是零售业的经营管理核心，但是供应商完全有能力从分类的角度进行经营和营销活动，宝洁的"品类经理"制度和法国达能等的"市场交易营销"（Trade Marketing）部门实际上就扮演着对分类进行营销管理的工作。供应商可以在进行产品管理和品牌管理的基础上，增加对分类的经营管理，也就是使供应商能从分类的角度并在分类的框架下，看待经营和营销的问题，比如，营销资源分配、产品的研发、商品的定价、促销计划和财务绩效评估等。这样供零双方实际上就建立起了一个同样的经营管理平台，他们用同样的经营方法和营销思路进行合作，那么供零双方就很容易在各个方面得到更具一致性的经营结论和方向，而不是目前我们看到的供零双方互相不理解、彼此埋怨的合作局面。这种以分类为经营管理单元的管理模式，构成了供零双方在未来的交易中达成更加默契合作的一种媒介，它将开创一个全新的供零合作模式。

此外，分类管理对供零双方来说，还具有更深层的一致性，那就是对于消费者的关注如同一条更加隐蔽的纽带将供零双方紧密地连接起来。零售商对分类的经营和管理，不仅是为了使日常的经营管理更加简单和高效，更为重要的原因是每个分类代表了顾客的一种利益。比如，牙膏分类代表了顾客刷牙时使用牙膏的利益，书写工具分类为顾客提供了写字的利益，洗发水为顾客提供了洗头发的利益，食用油为顾客提供了炒菜的利益等。而对于供应商来说，从分类的角度进行经营和营销活动，就如同在细分市场的框架下考虑消费者需求一样，而不是单纯从一个产品或者品牌的角度研究消费者的需求。因此，分类管理给了零售商和供应商一个机会，使双方有可能站在同一个视角和高度去研究和服务自己的消费者。很显然，零售商的顾客就是供应商的消费者，比如，宝洁为消费者精心打造的"飘柔"洗发水，会被家乐福的顾客所购买，同样沃尔玛的顾客会买走雀巢公司为消费者提供的咖啡。零售商分类管理的出发点和结果都是围绕着更好地满足其商圈内的顾客需求展开的，而供应商的经营和营销活动的出发点和结果同样是更好地满足其目标消费者的需求。

我们仍然可以看看上面提到的货架空间管理的例子，零售商在设计分类和商品的货架空间时，是以产品的销量为最关键的考虑因素的，那么他们必须给表现更好的分类和商品以更多的货架空间，这样才能最大限度地减少商品缺货，毫无疑问，商品缺货的机会越少就越能赢得顾客的满意；同样，作为供应商也希望自己销量更大的产品和品牌能获得更大的货架空间，这也为供应商的产品供应提供了更好的条件，从而减少了产品在货架上缺货的机会，那么供应商就能使消费者更多地看到和购买自己更好的产品和品牌。由于超市的货架资源是有限的，因此在考虑分类和商品的货架空间时，不管是零售商还是供应商，他们都无法也不希望突出所有的品牌和产品，他们都会选择最好的产品和品牌优先推荐给消费者。

但是，分类管理的意义不仅是带来了一个全新的供零合作模式，实际上其更大的意义在于，给零售商提供了一种更加领先的经营管理模式。不过，它并不是我们平时提及的"品类管理"，虽然看起来"品类管理"与"分类管理"几乎是一样的内容，它们都是零售业经营管理的核心部分，并都代表了一种供零双方的合作模式。但是，"品类管理"更加强调的是对分类的管理层面的内容，并且在其中渗透了更多的营销管理因素，而且也带有更多的供应商倾向。而我们这里提及的"分类管理"则更多地从经营角度而不是管理角度，为零售商提供如何通过每个分类的经营获取更多利润的思想和方法。更加确切地说，"分类管理"是帮助零售商不断地考虑：在更大的满足顾客购买需求的前提下，如何在每个分类中为自己创造更多的利润和市场份额。零售商首先是经营着每个分类，而不仅是管理着每个分类。零售商需要不断地考虑每个分类为顾客和自己创造着什么价值，而又如何评估这些价值，并如何让这些价值最大地展示出来。

比如，虽然如我们前面提到的，零售商和供应商在设计分类和商品的货架空间时，都希望遵循"公平货架原则"，即给销量更大的分类和商品以更多的货架空间，但是，如果从经营一个分类的角度来看，零售商有时候并不希望这么做。举例来说，如果某个分类或者商品给零售商提供的平均毛利率过低，而分类所在部门的整体毛利也很低甚至于无法完成预估的毛利指标时，那么零售商此时就不愿意促进这个分类或者商品的销量的提升，因此，他们可能会有意识地减少这个分类或者商品的陈列空间，而将节省下来的货架空间提供给具有更高毛利率的分类和商品。虽然看起来这是零售商的自私行为，但毕竟赢得利润是任何一个企业必须首先关注的事情，那么零售商以上的做法其实就是其经营思想的体现，或者叫典型的"商业思维"的体现。

但可惜的是，很多零售商的分类管理水平并不是很高，尤其国内的一些零售商还没有明确的分类经营意识，更没有建立起系统的分类管理模式。如果我们到一家超市去购物，当你看到这家超市中几乎所有分类的商品全部是以品牌为第一陈列原则，即纵向陈列是按照品牌来设计时，那么毫无疑问，这家超市根本就没有实施分类管理，他们没有区别对待每一个分类。显然顾客在选择每个分类中的商品时，所考虑的首要因素是不同的，比如顾客在购买牙膏时习惯首先按照品牌来选择，而在购买进口葡萄酒时，顾客则习惯于首先选择产地和年份。事实上，任何一家零售商都不可能做到对每个商品进行管理，如果那样的话，超市就忽略了其作为一家零售商来说最核心的经营管理部分。不仅是国内一些零售商，很多欧美零售商也并不具备更高的分类管理水平和能力。我们以沃尔玛为例，它把"品类管理"工作交给各个分类中的供应商来做，这确实体现了一种更好的供零合作精神，我们暂且不提各个分类中的供应商其"品类管理"水平如何，单就沃尔玛自己的"品类管理"来说，它又是如何保证其水平得到持续提升的呢？毕竟零售商对分类的日常经营管理不能全部依靠供应商来做。而且，对分类的经营管理内容并不是一成不变的，它与其他的经营管理理论和方法一样，是需要随着外部环境的变化而不断更新的。

归纳起来，"分类管理"在两个方面带来了更大的突破：第一，零售业的经营管理模式的升级，"分类管理"帮助零售商建立起对分类更加科学的经营管理思路和方法，使零售商真正通过经营每个分类而获得合理的利润并赢得顾客的支持，从而在行业竞争中脱颖而出。对于很多零售商来说，"分类管理"实际上是他们从未尝试过的崭新领域，即便是做过"品类管理"项目的零售商，他们也会因"品类管理"过于关注对分类的流程化管理和营销导向而无法了解和掌握经营每个分类的思想和方法。第二，通过供零双方共同应用分类管理，使供零双方能站在同样的经营管理平台上，运用相同的经营管理思想和方法，这更加容易使双方获得一致的经营方向和结论。因此，分类管理将是一个不同于"品类管理"的全新的供零合作模式，它将为建立一个更加和谐的供零关系提供新的途径和可能性。

"分类管理"虽然是从供零关系的研究中发现的，但是必须明确的是，"分类管理"首先是零售业经营管理的最核心部分，然后才是在供零双方都应用"分类管理"的前提下，延伸成为一种新型的供零合作模式。回想起来这也是一个有趣的轮回。那么，前面提到的错觉产生的原因终于找到了，不过更令人高兴的是在发掘问题的过程中产生了一个新的经营管理思想，即"分类管理"。

本书将就"分类管理"经营管理模式展开充分的讨论，并从零售商的角度和供应商的角度分别讨论"分类管理"在他们各自的日常经营实践中的应用。然后，在"分类管理"的各个环节中，本书也重点提到了供零双方如何进行更好的合作。但是，仍然要特别强调的是，"分类管理"中的供零合作模式不同于"品类管理"中的合作模式。虽然"品类管理"是业界普遍认同的供零合作模式，它试图解决供零双方积累已久的矛盾，使双方建立起合作伙伴关系。但是，随着零售业自身的发展，零售环境发生了很大的变化，这时候"品类管理"出现了一些局限性，限制了其在零售商的经营管理以及供零合作中发挥更大的作用，关于这一问题我们将在第二章中有专门的讨论。

需要说明的是，"分类管理"的应用主体仍然是零售商。这不仅是因为"分类管理"是零售商经营管理的核心部分和基本的管理模式。而且从供零关系的现状来看，零售商逐渐占据了强势地位，供应商的产品要通过零售商销售给他们的最终消费者，因此只有提高了零售商的经营管理水平，让他们能更多地应用分类管理来理解顾客，使其具有更多的营销管理思想，更深入地了解分类所在的整个市场和分类中的品牌，才能使供应商的营销策略真正获得零售商的理解和支持。如果零售商具有了更高的分类管理水平，并结合以更多的营销管理思想，那他们势必会抛弃一味的价格战，转而努力寻求自身在竞争中的差异化优势，从而赢得顾客的青睐。那么，供应商也就可以更好地保护自己的品牌定位，以及行业利润，这样供应商的经营目的也更容易达到了。这时候，供应商们将会看到，他们不再需要用强迫或者带来冲突的做法迫使零售商接受自己的营销策略，也不会再抱怨零售商是建立在他们与消费者之间的一个巨大的屏障了。

但是，从另一个角度看，供应商的营销管理与我们提及的"分类管理"完全不同，因为营销管理只是建立在产品和品牌角度上对消费者的研究，而在分类框架下应用营销同样是"分类管理"所能起到的巨大作用，当然这也是对传统营销管理的一个挑战。在理解和实施"分类管理"的过程中，供应商比零售商有更大的难度，毕竟"分类管理"对供应商来说是一个全新的领域，是一个大多数供应商从来没有涉足过的领域。而且，相对于供应商来说，"分类管理"是一个更加抽象的经营管理模式，因为供应商的生产车间里并没有摆上一排排放满各种商品的货架。但是，一旦应用了"分类管理"的武器，供应商就会发现，他们的经营和营销意图才能真正被零售商所理解并获得支持。因此，"分类管理"是供零双方都要应用于日常经营管理中的重要经营管理内容，而不单单是零售商自己的事情。

本书将从三个部分展开讨论：第一篇，"分类管理"带来了领先的零售经营思想和方法；第二篇，"分类管理"是零售管理的提升和新型的供零合作模式；第三篇，经营管理实践中的"分类管理"。

第一篇讲述了"分类管理"产生的背景和市场基础，并提及了"品类管理"在当今零售环境中存在的一些局限性，最后重点介绍了"分类管理"的基本思想和原则，及其核心结构和原理等。第二篇是本书的核心内容，主要是对"分类管理"核心结构中的各个模块分别进行了讨论。这些模块包括"分类结构的定义和调整"、"分类定位的确定和管理"、"分类经营策略和目标的制定"、"商品结构的设计和保持"、"商品组织的设计和管理"、"分类的日常经营管理"，以及"分类的经营绩效评估"等七个模块。在每个模块中，都会以三个阶段展开讨论：第一阶段，从零售商的经营管理角度解释"分类管理"在此模块中的基本管理思想和方法，并重点讨论零售商如何在此模块中运用"分类管理";第二阶段,讨论在此模块中,供应商如何在日常的营销活动中应用"分类管理",这往往是供应商一个全新的工作内容;第三阶段,讨论供零双方各自在此模块中进行合作的优势和资源,即在此模块中供零双方各自应用"分类管理"的长处和发挥的职能,以及双方如何在"分类管理"的经营管理平台上更加默契合作。最后,在本书的第三篇中,讨论了零售商和供应商在日常的经营中应用"分类管理"所应具备的各种能力,比如组织能力、相关知识和数据能力等,只有具备了这些能力后,供零双方才能更好地应用"分类管理"。另外,第三篇中还特别介绍了中小供应商和经销商如何应用"分类管理"的问题,毕竟他们在与零售商的合作中面临着更大的压力,而且他们与分类中的大供应商在应用"分类管理"时也有着不同的角度和侧重。更好地应用"分类管理"会帮助他们摆脱因弱小而备受挤压的艰难境地,并发现和保持属于自己的市场生存空间。

"分类管理"将是一个大胆而诱人的设想,它既是对零售业管理能力的全面升级,也是对新型供零关系的一种探索。另外,"分类管理"是立足于对企业经营思想的讨论和提升,并没有更多涉及企业的管理思想和体系。也就是说,"分类管理"是帮助企业及其经理们建立起更强的商业思维能力,并成为一个会赚钱的企业和商人的。大家知道,经营和管理是不同的概念,目前我们国内的企业过于强调管理而忽略了经营,不管怎么说这是一个问题。对于一个企业来说,经营往往指导着企业获得利润的来源和方向,而管理则帮助企业尽量通过内部的努力而提升现有利润水平,双方各自扮演着不同的角色,当然这并不是经营和管理之间唯一的区别。

作为供应商来说,如果不从经营的角度与零售商合作的话,也就是在与零售商合作中缺乏利润观念的话,那么供应商很容易在零售商巨大销量的引诱下,而逐渐丧失掉利润。显而易见,当供应商发现自身利润很低无法维持时,零售商不会轻易降低自己的利润水平而补贴给供应商。因此,对于供应商及其营销管理人员来说,更加需要或者说更加缺乏的是经营意识和方法，而不仅仅是营销管理。对于零售商来说，经营往往具有更加重要的意义，技术的创新和员工士气的高涨确实可以带来效率的提高和成本的降低，从而能更多反馈给顾客以更低的价格。但是，当顾客发现在超市的各个分类中总是找不到自己希望购买的商品和品牌，或者在寒冷的冬天无法在超市中找到自己喜欢的火锅食品，自己经常购买的分类中的商品总是缺货，而周转很慢的分类却占有了更多的货架空间时，那么超市将会慢慢失去这些顾客，也就失去了营业额的来源，最终也将会受到供应商的轻视。

当然了，书中讨论的"分类管理"并不一定十分完善，毕竟一个新的经营管理模式，或者说理论体系需要一个长期积累和完善的过程，因此，对"分类管理"的探索和积累必将不断进行。"分类管理"的所有思想和方法都来自于零售商的经营管理实践，以及供零双方的合作实践，"分类管理"的最终目的也仍然是希望能将其思想和方法运用于零售商的日常经营实践和供零合作的实践中去，并给企业提供一些实际的帮助。那么接下来，我们将会发现和进入一个全新的、迷人的经营管理世界，也可以称之为一次在零售世界的经营探险吧！希望经由这番大胆的尝试，我们将来能看到更多优秀的零售商，以及更加和谐的供零关系。

第一篇
分类管理带来了领先的
零售经营思想和方法

零售业是一个奇怪的行业，虽然全球的现代零售业发展已经经历了几十年，但是其发展方向却有很大的不同，这种不同毫无疑问说明了现代零售业还未发展成熟，仍走在彷徨和探索的道路上。这并不是一个小问题，因为彷徨和探索的是零售业基本经营模式及其在供应链中的定位。因此说零售业是一个奇怪的行业不如说是一个尚未发展成熟的行业，但是这个尚未成熟的行业却在供应链中起着至关重要的作用。比如，沃尔玛将经营的重心放在了其零售链管理当中，希望供应商能发挥自身对消费者的理解优势，从而为消费者提供更好的产品；而家乐福却将管理的重心放在对每个分类的管理上，家乐福认为使每个分类更适应当地顾客的需求，是成功经营的关键；特易购则一直视顾客会员卡为其赢得顾客的重要手段。

不同的零售商对供应商的理解也各不相同，甚至有时候走向了相反的两个方向。比如，家乐福认为应该使供应商在自己的控制之下进行合作，沃尔玛则倾向于与供应商建立一个平等的合作平台。因此，这也造成了供应商在与零售商合作中的复杂性。供零之间的矛盾一直是一个挥之不去的痼疾，即便实施了"品类管理"的合作项目，供零之间也依然经常陷入矛盾之中。即便是经验丰富的零售商，他们在激烈的行业竞争环境中，依然感到来自经营管理上的压力，何况在零售市场上，还同时存在着诸多不同经营管理水平的零售商。那么零售商怎样才能持续赢得顾客？零售业未来的经营管理提升机会究竟在哪里？供应商又将如何适应不断变化的现代渠道呢？

第一章

分类是零售业经营管理的新大陆

当我们说起"牙膏"时，它不仅意味着一件商品、一个品牌，以及一个行业和一块细分市场，它还是一个"分类"。

一 分类是为顾客提供相同利益的商品范围

如果你刚巧碰到一位准备去超市购物的邻居，出于礼貌你问她准备去买些什么东西，她一般会这样回答："哦，我要买牙膏、酱油、卫生纸、牛奶、袜子、拖把什么的。"当然，她在回家后也许买回来的东西不止这些，不过她一定不会这样给你说："我准备买'高露洁'牙膏、'真真'卫生纸、'光明'牛奶、'海天'酱油……"实际上，上面提到的牙膏、酱油、卫生纸、牛奶等就是零售商最为关注的分类。

其实，每个分类为顾客提供了一个独特而完整的利益，比如牙膏分类为顾客提供了刷牙的利益，洗衣粉分类为顾客提供了洗衣服的利益。这些分类品牌和产品不同，每个分类所代表的顾客利益体现的是顾客某个最基本的需求。比如顾客需要刷牙，那么他们首先需要的是牙膏和牙刷，而不是首先想到"高露洁"和"三笑"。"高露洁"和"三笑"只是顾客对牙膏和牙刷分类中的品牌偏好，它们只是顾客对刷牙利益的进一步需求，而不是最基本的需求。当然，1.25L 和 2.5L 的可乐型饮料也只是顾客对商品包装的进一步需求，他们最基本的需求仍然是想喝可乐型的饮料。同样的道理，5 元一支和 9 元一支的牙膏也只是顾客对牙膏分类中价格的进一步需求，顾客的基本需求仍然是刷牙。因此，如果我们给分类下个定义的话，即它是代表顾客某个独特利益的商品范围，而且它代表了顾客对这种利益的最基本的需求。

正如前面提到的，每个分类代表了一个独特的顾客利益，零售商通过经营和管理分类而力图更好地满足顾客对各种利益的需求。因此，一般情况下，每个分类与某个顾客利益是相对应的。但是，也并不是说各个分类的定义完全都是从顾客角度出发的，在有些分类中，尤其是在非食品部门，由于强烈的行业和技术特点，使得分类的划分往往以某些技术特性为标准。比如在锅大分类中，小分类的划分标准是材质，有不锈钢锅、搪瓷锅、铝质锅、铁质锅和合金锅等，这种划分即是以一种制造工艺为标准的。不过，如果我们深入去思考的话，在锅大分类中，材质实际上是隐含着顾客对锅分类的某些不同需求的。因为不同的材质除去价格区别以外，还会给顾客带来其他的利益，比如轻便、不粘、健康、美观等等。无论如何，对于任何一个分类来说，它总是更多地体现了顾客的某种利益，正如罗伯特·斯佩克特在《品类杀手》一书中写道："专业化的本质已经改变，由按具有相似分销渠道或者用途特点的产品分类向按具有相似生活方法的产品分类转变。"

其实"分类"早已是零售商和供应商都已经非常熟知的名词了，而且它被提及的次数也越来越多。"分类"实际上与"品类"表达了同一个意思，它们都是源于同一个英文单词"Category"，只是翻译为中文时的对应词不同。如果说这两种中文表述之间稍有区别的话，那么"品类"更多的是与"品类管理"联系在一起，两者之间会使人产生更直接的联想。而

"分类"更加清楚地表示了一个独立分类的意思，也就是说，"分类"着重暗示了分类作为一个独立的经营管理单元的含义。而且"分类"还更清楚地标明了其与其他分类之间的从属关系，我们可以称某个分类为："大分类"或者"小分类"，一个分类就如在一张分类大网中的一个节点，但是如果说"大品类"、"小品类"，恐怕就有些不自然了。

每个分类代表了顾客某个最基本的需求，而在每个分类下还容纳着顾客进一步的需求，这些进一步的需求是由各种各样的商品和品牌组成的。比如，在分类中有不同的品牌、包装、口味、功能，以及不同的价格和市场定位等。如表 1－1 所示，这是一个虚拟的果汁分类商品组织表，也就是说它并不是一个真实存在于某个超市中的商品组织表，我们在第八章"商品组织的设计和管理"中会讨论到，每个商品组织是有其科学的逻辑思想在其中的，并不是随意堆积起来的。那么从表 1－1 中可以看出，在这家超市的果汁分类中，有 42 个单品、14 个品牌、13 种不同规格的包装，以及 2 个价格带（单位价格在 0.01 元以下，以及单位价格在 0.01 元以上）。当然，零售商绝对不会将市场上所有的产品和品牌都摆放到超市的货架上，因为超市的货架空间是有限的，从这个角度说分类是封闭的，或者说，分类是有范围的。零售商经常会考虑在果汁分类中引进 14 个品牌是否太多了呢，当然也可能还不够，同样零售商也会考虑果汁分类中的 42 个单品是否太少了呢，等等问题。我们看到，满足顾客某个利益的商品范围构成了零售商的每个分类，每个分类中有着丰富的内涵。

不过，零售商的分类并不是一劳永逸的，可以说他们的分类是处于随时变动中的，而这种变动与供应商有着很大的关系，或者说分类中的商品变动更多地受到了供应商的影响。首先，供应商为了获得竞争优势而不断推出新的产品和品牌，而零售商一般情况下是无法抵抗新产品给自己带来的高毛利，以及给顾客带来的时尚性利益的诱惑的。其次，供应商的产品和品牌总会因为某种因素而出现滞销，也总会有某些产品走入了其生命周期的衰退期，因此在零售商的分类中总是不断的有很多商品处于无销量和低销量状态。零售商为了提高货架贡献率，必须不断评估和清除这些商品，因此商品在分类中的进进出出非常的频繁，而且也是很正常的。例如，沃尔玛就深深地意识到这一点，因此他们不厌其烦地每月为供应商提供"80/20 销售分析报告"，让供应商自己主动分析其产品的销售状况，从而不断优化产品组合，当然，沃尔玛这样做其更重要的目的自然是为了使自己的分类在货架上的表现更加高效。

表 1 - 1　　　　　　　　　果汁分类的商品组织表

小分类名称	单品名称	容量（ml）	单位价格（元）	小分类名称	单品名称	容量（ml）	单位价格（元）
橙汁	统一鲜橙多	330	0.003	橙汁	100% 农夫果园（橙味）	380	0.008
橙汁	统一鲜橙多	1500	0.003	橙汁	大湖茹梦橙汁	1000	0.009
橙汁	1.8L 两盒组合装都乐橙汁	3600	0.008	橙汁	黑松纤果珍（鲜橙）	500	0.004
橙汁	三得利橙汁	500	0.004	橙汁	黑松乳果乳酸鲜橙	350	0.005
橙汁	三得利橙汁 1.25L	1250	0.003	橙汁	大湖明朗 2L 促销装	2000	0.008
橙汁	统一鲜橙多 2L	2000	0.002	橙汁	鲜的每日 C 鲜橙汁 2L	2000	0.002
橙汁	新奇士鲜橙汁	1500	0.009	橙汁	康师傅鲜橙汁 2L	2000	0.002
橙汁	汇源橙汁	2000	0.008	橙汁	大湖明朗橙汁饮料	1000	0.005
橙汁	汇源橙汁	1000	0.007	橙汁	华晶橙汁	2500	0.004
橙汁	华邦鲜橙汁 1.5L	500	0.010	橙汁	统一1.5L鲜橙多+1.5L绿茶	220	0.035
橙汁	麒麟20% 鲜橙汁饮料 1.5L	1500	0.003	橙汁	大湖明朗橙汁	2000	0.005
橙汁	黑松纤果汁鲜橙 2L	250	0.013	橙汁	汇源 1.25L100% 橙汁	1250	0.007
橙汁	都乐橙汁	250	0.011	橙汁	华邦鲜橙汁 2.5L	2500	0.004
橙汁	九发深海泉橙汁 500ml	500	0.003	橙汁	都乐 100% 鲜橙原汁（加钙）	1000	0.011
橙汁	九发深海泉橙汁 1500ml	1500	0.002	橙汁	酷儿香橙味果汁饮料	1000	0.002
橙汁	都乐橙汁（玻璃瓶）	1000	0.009	橙汁	酷儿香橙味（330ml）	330	0.006
橙汁	都乐盒装鲜橙原果汁 1L	1000	0.009	橙汁	酷儿（橙）	1500	0.003
橙汁	都乐盒装鲜橙原汁 1.8L	1800	0.008	橙汁	鲜的每日 C 鲜橙汁	500	0.004
橙汁	统一喝柳橙	300	0.003	橙汁	鲜的每日 C 橙汁 300ml	300	0.004
橙汁	大湖果汁	255	0.017	橙汁	麒麟 100% 橙汁	1000	0.012
橙汁	大湖果汁	2000	0.008	橙汁	汇源真鲜橙	500	0.003

最后，分类的商品范围对于不同的零售业态、不同的区域甚至不同的门店是不同的。因此提及分类时，往往要将零售业态、区域、零售商，甚

至零售商的每家门店作为前提条件。比如，同样是"食用油"分类，对于大卖场和便利店来说就有着不同的意义，这正如我们将在第五章"分类定位的确定和管理"中讨论的。每个分类在不同的零售业态中有着不同的分类定位，也可以说，不同的分类在不同的零售业态中扮演着不同的角色，那么它们的商品范围自然也就不同了。其中更为重要的，是在分类中区别区域和门店，但这也是很多零售商容易忽略的问题，甚至全球零售业排名第一的沃尔玛也未能充分理解这一至关重要的问题，他们更加倾向于在各个分类中在不同门店采用统一的商品范围。而家乐福却采用了更加灵活的分类商品范围，这是基于他们认为每家门店周围的顾客需求是不同的这一认识基础上的。比如，家乐福在某一年的进口葡萄酒分类中，上海宝山店的进口干红葡萄酒分类的单品数量是 210 个左右，而古北店却有 635 个，显然，这是根据两个区域的消费水平和消费能力灵活制定的。

因此，当我们理解分类概念时，静止的、孤立的观念会扭曲对分类的认识，而且更加严重的是，我们不是纸上谈兵，或者做沙盘模拟，对分类的不同理解将直接导致零售商在经营中对分类的经营管理行为。如果抱着一种静止的分类认识就会导致上述家乐福宝山店和古北店的进口红葡萄酒分类有同样的单品数量，如果宝山店也有了 635 个单品，那么这样合理吗？进口葡萄酒分类如此多的单品数量必然需要占据更大的货架空间，自然也就意味着宝山店的饮料部门要减少其他分类的货架空间，那么宝山店周边的顾客对进口葡萄酒分类真有如此大的需求吗？答案不言自明。那么其结果必然导致宝山店饮料部门的货架效率降低，最终的后果就是影响了饮料部门的销量和毛利。

如果对分类能更进一步了解，那么用分类与细分市场进行比较是一个更好的方法。分类不等同于营销管理中的市场细分，虽然有时它们看似一致。比如，可口可乐公司分别向市场上提供了"可口可乐"和"酷儿"果汁，那么可口可乐公司可以宣称他们进入了两个细分市场，即碳酸饮料细分市场和果汁细分市场。他们可以这样分析：在碳酸饮料细分市场上的占有率第一，而在果汁细分市场上的表现并不是很好。在这种情况下，显然细分市场与分类是等同的，他们可以说在碳酸饮料分类中的占有率是第一，但是在果汁分类中的表现不是很好。但是，这并不是全部的事实真相，在营销管理中，细分市场往往指的是具有某些共同特征的消费者群体，比如20—30岁的白领女性、月收入在5000元以上的消费群体等。因此，实际上在任何一个分类中，都包容了众多的细分市场，即包容了众多不同的顾客群体。

正如表1−1中提及的案例，如果从价格带来划分顾客群体的话，那么在那家超市的果汁分类中，至少包含了两个细分市场，可以粗略地称之为高端消费人群和低端消费人群。如果从品牌定位来看的话，可以将以上的果汁分类划分为三个不同年龄段的消费群体：儿童、青少年和成年，那么也就形成了三个细分市场。

从零售商的角度来看，他们希望在每个分类中尽量容纳进更多的细分市场，这样才能满足门店商圈内更多的顾客群体的需求，虽然从供应商的角度来看，这多少有些不可理喻，但是对于零售商来说，却是天经地义的。比如，某供应商的品牌锁定了分类中20%的细分市场，但是，零售商却永远不会只让这20%的顾客进店，他们希望门店周边商圈内的所有顾客都来门店购物。因为他们需要更多的顾客来超市购物，从而不断增加销售额，这样才能最大限度地分摊门店的固定成本，比如房租、水电费和员工工资等。因此，零售商只限定商圈内部分顾客群体的做法是愚蠢的，至少在国内零售市场上还没有发展到进行超市定位区分的程度。当然并不是在国内所有的零售业态都没有必要进行顾客群体细分，比如屈臣氏就是一个典型的市场细分的例子。屈臣氏是全球最大的个人护理品零售商，他们明确地定位于收入较高的年轻女性，而且这往往是品类杀手一贯的做法。在零售市场中，在那些竞争已经非常成熟的专业零售业态中，进行超市定位细分是必然的选择，这是走向差异化竞争的必由之路。

因此，在零售商的分类当中，他们会力图从不同的角度考虑容纳更多的细分市场。他们会选择各个价位的商品使其覆盖高、中、低各个价格带，并在分类中选择各种包装、功能、口味等等，这样就保证了商圈内不同的顾客群体都能买到他们想要的商品。不过，我们继续前面提到的品牌定位的话题，为了吸引商圈内更多顾客群体来门店购物，零售商必须考虑选择不同定位的品牌进入到超市的货架上，至少他们要选择一些品牌来满足余下的那80％的细分市场。当然，作为零售商来说，他们还会在同样的品牌定位中选择更多的品牌，以给顾客更多的选择性。因此，从零售商的角度来看，供应商的品牌定位是有必要进行细分的，也就是说，某个品牌应该是立足于满足某个细分市场中的消费群体，任何一个品牌几乎无法满足所有的消费群体。即便是可口可乐也不可能吸引所有饮料消费群体，现在它也更多地倾向于选择把自己的品牌打造得更加年轻时尚了。供应商品牌定位的细分在零售商那里会得到回报的，这是因为零售商为了满足不同的顾客群体的需求，必须考虑引进不同定位的品牌，从而使各个分类中不同供应商的品牌与零售商不同的顾客群体一一对应，而没有明确品牌定位的品牌将逐渐被零售商淘汰。当然，被消费者和零售商认为某个品牌有着独特的定位是品牌成功的标志，那么这样的品牌便具有令消费者和零售商尊重的价值。

　　这里仍有个问题需要界定清楚，即分类和行业。虽然看起来牙膏分类和牙膏行业好像具有完全一致的含义，它们都为消费者提供了刷牙的利益，但是二者之间的差异还是巨大的。可以这样说，行业包含了市场上为消费者提供某种利益的所有品牌和产品，行业中包含了与之相关的所有细分市场。但是，分类往往是与不同的零售业态、区域和零售商等联系在一起的，如果提到分类，那么它必然是属于某个零售业态、某个城市和某个零售商的分类。也就是说，同样的分类名称在不同的零售业态、区域和零售商中具有不同的内涵，甚至会存在很大的差别。比如，前面提到的家乐福进口葡萄酒分类的例子，在家乐福不同的门店进口葡萄酒分类中的单品就存在着很大的差异，那么古北店和宝山店的进口葡萄酒分类实际上代表了不同的内涵。因此可以说，行业代表了某个区域中为消费者提供某种利益的所有品牌和产品的总和，而分类只是针对某个零售业态、某个区域和某个零售商的一个具体称呼。家乐福的啤酒分类与沃尔玛的啤酒分类是不同的，而屈臣氏的洗发水分类与欧尚的洗发水分类同样差异很大。

因此，分类是零售业一个重要的专业名词，它不曾出现在营销管理中，营销中提及的更多的是品牌、细分市场和行业，它们与分类有着巨大的区别。因此，供应商比零售商在理解分类时更加困难，但是不管是零售商还是供应商，都有必要更加透彻地了解什么是分类，因为它是"分类管理"的基础。但是可惜的是，在有关零售业的各种管理书籍中，往往会直接跳过对分类的本质和概念的讨论，而直接进入了诸如分类结构、分类定位、商品结构和商品组合等环节中。如果缺乏对分类的深入认识，很容易导致零售商和供应商无法理解和实施分类管理，或者是简单地将营销管理思想和方法加入到零售商的经营管理中，正如"品类管理"所表现出来的一些弱点那样，我们将在第二章就此做深入讨论。

二 分类是零售商的基本管理单元

制造业相对于零售业是一个更加成熟的行业，虽然沃尔玛已经雄踞世界企业500强第一，但与可口可乐相比，它仍然是一个小弟弟。这种成熟性给供应商带来了稳定和坚实的经营管理基础，比如他们坚信品牌是供应商存在于市场上的根本，他们并不怕失去工厂。可口可乐就曾说过，如果有一天全世界的可口可乐工厂都烧掉了，他们仍然可以依靠可口可乐的品牌价值获得银行贷款，而继续开工生产。从零售商的角度看，也确实如此，零售商一直惧怕强势品牌，因为这些品牌被大部分消费者所接受，如果门店里缺少了这些品牌，就会流失很多顾客，任何一家零售商都不敢冒这个风险。分类中的大品牌往往占据着最大的货架空间，以及最多、最好的促销位置，而零售商只能从他们身上获得微薄的利润，甚至是负毛利。

而分类中的中小品牌往往是被零售商欺负的对象，这是因为零售商很清楚，他们没有更大的品牌价值，即便更换掉他们，也不会给顾客带来不快或不便。因此，供应商以品牌为管理单元是一种更加理想的管理模式。但是，仍然有很多供应商无法建立起更有价值的品牌，或者在品牌的基础上没有建立起以品牌为单元的管理模式，使品牌不能得到持续的发展和更新，这也是国内供应商普遍存在的现象。

其实，以供应商为参照可以使我们更容易看清楚零售业，毫无疑问，零售商的生存基础并不是品牌，零售业的本质是将商品买进来再卖出去，然后获取每次买卖中的差价。但是由于零售业发展尚未成熟，因此不同的零售商对零售业的基本管理单元有不同的理解，而零售业的复杂性也给零售商们提供了产生不同理解的机会。以供应商为经营管理单元是零售商最容易想到也是最容易操作的模式，就如沃尔玛的零售链系统，其中 GM-ROII（从存货投资上获得的毛利）指标就是沃尔玛对每个供应商的库存投资回报的考核，而且沃尔玛通过零售链让供应商清楚自己每个月给沃尔玛创造了多少利润，当供应商无法完成沃尔玛的利润指标时，往往意味着供应商将要被要求给予补贴。还有一些零售商采取了更加粗犷的管理方式，即简单地对商品的管理，即便有时是以分类为单元的，但也只是进行单纯的商品排名分析，即 80/20 销售和利润分析等。

不管是以供应商为单元的经营管理，还是以商品排行为单元进行经营管理，本来都是应该的，但是它们都应该是一个更大的管理框架下的一部分，否则零售商将会失去一项最重要的东西，即对顾客的了解，以及顾客的满意。这是因为，无论是从供应商的角度还是从商品的角度都无法反映出顾客的需求，它们所能反映的只能是某个供应商的表现，以及某种商品的表现。而且，供应商和产品总是处于不断变化中的，这种变化指的是"有"和"无"的变化，很多供应商会进入超市，也会有很多供应商被超市淘汰，或者主动退出，而产品的进出就更加频繁了。因此，零售商以总是处于"有"和"无"的变动因素作为经营管理单元其风险是很大的，而且容易造成很多无效的经营管理行为。

那么，能够同时容纳供应商和商品的无疑就是分类，任何一个供应商和商品都是从属于某个分类中的，因此分类正是零售商最合理的经营管理单元。以分类为经营管理单元就意味着，零售商不再把门店看作是几万个、几千个商品的组合，而是由一些有机组合在一起的分类构成的，他们的视角从商品开始向分类转移。以分类为经营管理单元最大的好处在于：第一，零售商完全可以通过对分类的全天候不间断的管理不断地增加对顾客的了解，从而赢得顾客的满意。正如前面讨论到的，分类本来就是代表顾客一种独特利益的商品范围，每个分类代表了一个顾客利益，经营管理分类就是经营管理为顾客提供每一种利益的能力和绩效。比如，如果零售商在分析分类的发展趋势时，发现色拉油和调和油分类的销售在下滑，而玉米油和葵花籽油分类的销售在快速增长，那么在排除大量促销和季节性等各方面的影响后，这种趋势的背后体现着顾客对几种不同油种的需求变化。很显然，当地顾客已经开始不喜欢使用色拉油和调和油了，更多的顾客开始青睐于玉米油和葵花籽油。如果零售商没有对分类趋势分析的管理思想，那么顾客消费习惯的这种变化便不会被及时发现。

显然从供应商和商品的角度进行经营管理，几乎无法至少是不能及时发现顾客利益的变化。首先，通过单纯的供应商分析几乎无法及时发现上述顾客消费习惯的变化，如果某供应商的主导产品是在调和油分类中，供应商在零售商一定阶段中的销量有所上升或下降，那么零售商根本无法发现其所在分类的整体变化，而且供应商自身销量的变化，还受到供应商自身很多因素的影响。比如，虽然调和油分类在整体市场上是呈下降趋势，但是某供应商在当年采取了给这家零售商更多支持的策略，给了零售商更多的促销活动，花钱抢占了更多陈列空间，或者改善了他们自身的物流问题，使缺货率大大低于上一年度，那么这些措施都仍然可能带来在这家零售商的销售增长，但却可能与调和油整体市场趋势不一致。其次，如果只对整个油分类中各个单品进行销售排行分析，得到的结论几乎与分类的趋势相去甚远，销售排名第一的商品可能仍然是某个调和油单品，即便零售商分析增长最快的单品是某个在葵花籽油分类中的单品，但是某个单品销量的变化和排名，显然无法代表整个分类的趋势，零售商不敢根据一个单品的变化而推断整个分类的变化趋势。与供应商一样，单品的销量变化与供应商的总体销量变化有着类似的原因，比如供应商给零售商提供了更多促销支持等。

当零售商无法及时发现分类的发展趋势，即不能了解自己的顾客消费习惯的变化时，那么零售商就如在黑暗中行走一样，供应商也许会适时的提供一盏指路明灯，但是将对自己的顾客的了解工作交给别人去做，总是要承担巨大风险的。但是对于零售商来说，更大的风险是缺乏对分类趋势分析的经营思想，使他们根本没有考虑到分类的趋势，那么即便有了供应商的正确建议，零售商也往往仍然麻木不仁，迟迟不能采取行动。但问题是，如果旁边竞争对手的门店及时发现了分类的变化趋势，而他们采取了措施，后果会怎样呢？毫无疑问，没有发现分类趋势的零售商将会慢慢失去顾客。因为顾客在他们的门店中找不到他们逐渐喜欢的玉米油和葵花籽油分类中更多的商品和品牌，他们也许总是不能很快地找到这些分类中的商品，而总是看到满货架的色拉油和调和油，而且它们仍然占据着最好的促销位置。这时，顾客便会在竞争对手的门店中得到惊喜，他们发现玉米油和葵花籽油分类的商品丰富，有很多新品和新的品牌，还有很多的促销活动，而且由于它们占据了更大的货架空间，出现缺货的现象也很少。

第二，零售商以分类为基本的经营管理单元，有利于内部利润的获得和控制。虽然以供应商为单元的管理模式也可以通过控制每一个供应商的利润贡献来控制零售商自己的利润，但是这种方式往往容易陷入到供应商自身利益导向的陷阱之中。假如某供应商的产品分别在色拉油和玉米油两个分类中，在市场上真实的情况是玉米油分类在增长，而色拉油分类在衰退，但是如果供应商的核心产品是色拉油，而玉米油只是他们的附加产品，那么供应商不会轻易放弃其主导产品，而且有时也是无法轻易放弃的,那么他们势必仍然坚持其在零售商门店的产品组合以色拉油为主。但是,作为衰退性行业,其毛利率是逐渐走低的,而且一般会低于整个油分类的平均毛利率,那么即使这家供应商的利润贡献多于去年,但是有一种可能是零售商仍然损失了利润。因为如果零售商站在分类的角度来看,他们当然会大力支持增长性的分类,如玉米油和葵花籽油分类,而这两个分类的毛利率一般会高于整个油分类的平均毛利率,他们的支持体现在了给予这两个分类更多的单品数量、更大的陈列空间、更好的陈列位置、更多的促销机会等上,那么就会极大的推动这两个分类的销量增长,很显然,高毛利率的分类销量的增加,必然会给零售商带来更大的利润增加。

但是在以分类为管理单元的情况下,上面作为例子的那家供应商在这家零售商中将会受到无情的压制,因为货架空间是有限的,当零售商将分类中的资源向玉米油和葵花籽油分类倾斜时,部门中其他的分类自然就减少了资源投入。比如,零售商可以取消对色拉油的促销支持,那么,这家供应商将会在这家零售商遭受很大的损失。这样看来,显然这家供应商吃了大亏,但是这种结局是不合理的,或者说是不公平的吗?恐怕结论应该不是,因为零售商顺应了分类所在市场的发展趋势,满足了顾客的需求变化,那么他们的做法是公平的。而此时问题恰恰是出现在供应商自身,他们的产品无法适应市场的变化了,因此他们的产品理所当然要被市场所淘汰。当然这只是一种假设,如果这家供应商与零售商一起意识到油分类的变化,适时调整产品组合,以及企业的资源投入方向,加大对玉米油和葵花籽油分类的投入,而减少对色拉油的投入,那么供零双方就得到了一致的发展方向,并采取了行动,那么双方最终应该是双赢的结果。这种结局正是"分类管理"作为一种新型的供零合作模式希望达到的核心目标。

第三,符合顾客需求的分类是零售商构成自身竞争优势的最关键因素之一。虽然选址资源是零售业中非常重要的一个资源,但是随着竞争的加剧,选址资源将趋于耗尽,而门对门的竞争势必变得异常惨烈。比如,现在家乐福正在一级城市推行小型大卖场策略,很显然,家乐福仍然认为在一级城市还有可以利用的选址资源，而同时也意味着在上海、北京这样的大城市中，传统大卖场的选址资源几近耗尽。那时，选址资源已经成为各个零售商平等的资源，而不能构成竞争优势了，那么对每个分类的经营管理势必成为获得竞争优势的重要因素。虽然分类中的商品是来自于供应商，但是正如前面提及的油分类的例子那样，每家零售商对分类的判断和理解是不同的，而每家零售商对分类策略的执行其正确性也是不同的，那么就构成了分类经营结果的不同。也就是说，顾客会感到两家超市在商品上的不同，当然是优劣的不同，那么顾客选择谁就不言自明了。因此，经营管理好每个分类是获得顾客满意的最根本的因素，虽然友好的服务、宽敞舒适的购物环境等仍然非常重要，但是它们已经无法为零售商建立不同于竞争对手的优势，它们是最容易复制和学习的。正如全球最大的家居饰品零售商好必来（Hobby Lobby）的董事长大卫·格林在《我爱零售》一书中说的，"你最重要的事情就是买卖货物，这就是零售的全部，其他的一切都是外围的东西，或是让你分心的事务"。

其实仔细想想，零售商的分类就是供应商的产品组合，供应商为消费者提供他们喜欢的各种产品，从而获得自己的利润，同样零售商是为顾客提供不同的商品组合以满足其利益。因此，在分类上获得优势，对于零售商来说就如供应商在产品上获得优势一样，是为顾客提供服务的核心。但是仍然有很多零售商在连自己的核心服务都无法很好地为顾客提供的前提下，就忙于更高层次的顾客服务，这怎么能建立起扎实的竞争优势呢？他们无法真正获得顾客的心。因此，评判一家零售商的经营管理水平，首先要看他们是否以分类为基本的经营管理单元，同时是否有相对完善的分类管理思想和方法。因此，零售商以分类为基本的经营管理单元，可以将对顾客的了解与企业内部的利润目标很好地结合起来，使零售商一直在满足顾客需求的前提下，稳健地获得自己的利润。而且，以分类为经营管理单元可以构筑起自己真正的竞争优势，并在顾客内心建立起超市的差异性。

更为有趣的是，分类是连接消费者、零售商和供应商三者之间的纽带，而且是三者之间不可替代的唯一的纽带。正如前面讨论的，每个分类代表了消费者的一种利益，或者说，消费者的每一种利益都对应于某一个分类。从供应商的角度来看，供应商的所有产品和品牌都可以放入到某个或者某几个分类中去，虽然某一个供应商的产品和品牌只是整个分类中的一部分；对于零售商来说，就是将分类中适合的商品、品牌和供应商都组合到超市的货架上，提供给顾客供其选择。因此，零售商经营和管理每个分类就是最直接的满足消费者的利益，同时也是在管理着供应商，因为所有的商品和品牌都来自于不同的供应商。而供应商经营和管理自己所涉及的每个分类，也是在考虑如何更好地满足消费者的需求，同时也是在考虑如何更多地为零售商创造价值。因此，不管是零售商还是供应商，建立分类观念，并以分类为单元进行经营和管理，都是在为消费者创造价值。

三　分类是零售业经营管理的新大陆

除了管理商品和供应商之外，分类给零售商的经营管理带来一个全新的领域，它就像供应商从管理产品到现在管理品牌一样。也就是说，零售商以分类为经营管理单元，围绕着每个分类进行各种经营活动。比如，定义每个分类在零售商中的定位，并进而制定出各个分类的经营策略，然后转化为明确的分类财务目标，即每个分类给零售商创造的销售额和毛利指标。接下来，零售商基于分类的经营策略而建立起每个分类的日常经营框架，包括分类的商品组合、分类的价格政策、分类的促销计划、分类的陈列设计和分类的物流计划等。那么，零售商还可以根据分类的经营策略和日常的经营活动，向供应商提出要求，希望供应商在产品供应、促销、定价、物流等方面配合零售商的分类经营策略。当然在很多情况下，供应商并不知道零售商背后的分类经营策略是什么。正如前面讨论的，零售商对每个分类的经营结果代表了商圈内顾客的需求是否得到了更好的满足，如果分类经营策略得到了供应商的配合，并在零售商内部认真地执行了分类的经营策略，那么顾客盈门是毫无疑问的。虽然在这个过程中，供应商也许会感受到不舒服，因为他们实际上是在零售商的带领下被动地执行和配合。但是，对于供应商来说，面临这样的情况几乎是无法避免的，因为零售商最终都要走向以分类为核心的经营管理之路，并且经营管理水平会越来越高。但是，供应商也不一定就会完全变成零售商的执行者和配合者，因为在对分类进行经营管理的各个环节中，供应商会有很多自己的优势和资源，而这些是零售商无法做到的。比如，对分类所在行业的理解，对消费者是如何认识分类所在行业的把握，对新产品的开发等。正是这些资源和优势使供应商有机会与零售商一起展开对分类的管理，并获得平等的合作地位。

当然，零售商是否能最终赢得顾客还是要依靠零售商对分类的正确判断和认识。假如某个零售商认为在内衣分类中顾客并不十分看重品牌，也就是说，零售商认为内衣是一个非品牌导向的分类，顾客在选择内衣时并不重视品牌。那么，零售商很容易就形成这样的分类经营策略：他们将会减少分类中的供应商数量，并在内衣分类中引进自己的自有品牌，然后倾向于在分类中寻找中小供应商进行合作。那么，内衣分类中具有知名品牌的供应商将会面临一些问题，他们的品牌将很难走上这家超市的货架，零售商并不为这些知名品牌所动。零售商更加喜欢那些经营灵活且能给他们更高毛利率的供应商。一般情况下，这些供应商往往是那些以仿制为主，而无独立设计能力，且没有任何品牌资金投入的中小供应商，显然这样的供应商也容易为零售商提供更大的利润空间。那么，零售商也将努力避免这个分类的价格战，而且在无品牌导向的分类中，消费者也失去了在不同超市之间比较零售价格的基础，这时候分类中的供应商将更加有机会与零售商建立起共同发展的合作伙伴关系。但问题是并不是每家零售商都有同样的分类经营策略，而且有时零售商会作出错误的分类判断。比如，如果零售商在减少了内衣分类中的品牌数量并引入了自有品牌后，经过一年的经营他们发现，自己的自有品牌销量没有弥补被清除掉的供应商的销量，而剩下的供应商又开始变得太强大了，因为他们可能占了分类中40%以上的销售份额，超市反而受到这家供应商的牵制。显然，事实证明他们以前对内衣分类的判断是错误的。但是不管零售商对分类判断的对错，这一切都来自于零售商研究和满足顾客需求的努力。因此，还是回到那句话，供应商不会完全处于被动地位，供应商利用自身的优势和资源对分类有着自己的判断，从而能够规范零售商对分类的错误策略和不理智行为。

对分类的经营管理其实就是对顾客利益的经营管理，正如前面提到的，分类代表了顾客的利益。而且，对分类的经营管理更侧重于对顾客购买行为的研究，即顾客在店内的购物行为，而不是店外的消费者需求研究，当然后者是供应商的长处。零售商总是试图研究哪些因素影响了顾客的购买行为，而这些因素又是如何影响顾客的购买行为的。同时，顾客的购买行为又是不断变化的，零售商也要考虑如何能始终跟随顾客购买行为的变化，从而调整分类的经营策略，以及日常的经营活动。但是，目前国内关于顾客店内购物行为的研究非常少，绝大部分的消费者研究还是集中在消费者店外的需求特征上。比如，有些零售商认为顾客在选购牙膏时首先考虑的是牙膏品牌，而另外一些零售商认为顾客在选择牙膏时首先考虑的是牙膏的功能，比如防蛀、美白、药物等。基于这种不同的认识，他们将会有不同的牙膏分类的陈列原则，前者将会按照品牌进行陈列，而后者将会按照牙膏功能进行陈列。假设持以上两种看法的零售商的门店都在同一地区，那么必然是有一家零售商的看法是对的，即他们对顾客购买习惯的认识是正确的。而另外一家零售商由于对顾客购买牙膏时的选择因素的错误判断，他们的牙膏货架陈列原则将不能迎合顾客的购买习惯，那么顾客在他们的门店购买牙膏时，总是感觉很难找到想要买的牙膏。如果零售商店内的很多分类都没有正确反映顾客的购买习惯，那么顾客逐渐流失将是必然的。但是，很多零售商不仅在各个分类中对顾客的购买习惯有错误的认识，甚至还有一些零售商根本就没有对顾客的购买行为进行分析的思想和方法。正如我们前面提到的一个例子，一家国内的大卖场一年有十几个亿的营业额，但是在他们偌大的卖场内，几乎所有的分类都是按照品牌进行陈列的。毫无疑问，这说明他们根本就不具备对分类中的顾客其购买习惯的分析思想和方法，那么，最简单的陈列方法当然就是依照品牌进行陈列了。

对分类的经营管理不仅是对分类中顾客购买行为的研究，以及对各个分类的经营策略的制定，而且在诸如商品组合、定价、促销、陈列等零售商的日常经营活动中，也需要从分类的角度进行管理。对分类的经营管理不仅要在这些日常的经营活动中加入一些分类分析的成分，更加重要的是要将这些日常的经营活动完全置于分类的框架之下进行，这就使这些日常的经营活动带有了全新的含义。如果说分类的经营策略、顾客购买行为分析等是分类管理中独特的内容，那么在分类的框架下管理日常的经营活动，将是对传统零售管理的更新。比如，在定价方面，很多零售商在制定新品的零售价格时，只是在商品进价的基础上简单顺加一个固定比例的毛利率。这本身并没有什么不对，但是如果零售商将定价放在分类的框架下，那么必将得到更适合市场的零售价格。比如，非食品和包装食品所代表的一些分类有很大的不同，在一些非食品分类中，由于采购人员不易在其他超市找到类似的产品可以比较市场价格，因此参照市场定价将无从下手，那么这些分类的定价更适合采用分类固定毛利率顺加的方式；而在一些包装食品分类中，在市场上很容易找到同样的产品和品牌，至少是一些非常类似的产品和品牌，那么以平均的市场价格作为参考来制定零售价将会更加有利于促进商品的销售，而又不会白白损失零售商的毛利。当然了，聪明的零售商也必须这么做，否则在给新品定价时，采购人员直接听从供应商的建议零售价，如果这个价格高于市场上的平均价格，显然会影响到这个新品今后的销量，那么自然供应商承诺的毛利金额也将无法实现，而且更为严重的是，如果零售商习惯于这样定价，那么久而久之将会慢慢失去超市的价格形象。

对分类的经营管理是零售业一个全新的经营管理模式，零售商并不是天生就理解应该以分类为经营管理核心的。而且，一直到今天，对分类的经营管理在零售商中的应用还非常少，更不用说供应商了。这与零售业的发展历程有很大的关系，在零售业发展的初期，零售商们是没有分类概念的，这是因为供应商在市场上占有了更加强势的地位，零售商总是被动接受来自供应商的各种品牌和产品，他们没有组合商品的能力和权力，因此此时的分类对他们毫无意义。但是，在零售业的发展过程中，零售商们对分类概念逐渐觉醒，对分类进行经营管理的意识开始慢慢被零售商所认识和应用。而且，同业中也确实出现了像家乐福这样能够老练而纯熟地对分类进行有效的经营管理的零售商，但是更多的零售商受到了品类管理模式的巨大影响，失去了探索真正的分类管理的机会，这部分内容我们将会在第二章有所讨论。

此外，供应商也必须建立起对分类的经营管理的认识和行动，正如我在《供零战略》一书中所讨论的，供应商也应该在分类的框架下进行经营和营销活动。虽然供应商没有像零售商一样多的分类，而且，供应商的产品和品牌只是某个分类中的一部分，但是，供应商增加以分类为核心的经营管理思想和方法，将为其提供一个全新的利润控制方法，一个营销管理的突破，以及一个与零售商建立更加紧密合作的平台。我们将会在后面各章的讨论中，就此问题进行深入的讨论。

四　分类是零售商经营管理的核心

就如品牌管理是供应商的管理核心一样，零售业的经营管理核心是对每个分类的经营管理。正如前面讨论的，分类是零售商最基本而且是最适宜的经营管理单元，虽然零售商可以将财务指标分解到每个供应商头上，但是大家知道，每家供应商的经营结果是不稳定的，其中有很多因素是零售商无法控制和预料的。但是，零售商对每个分类的经营绩效还是有较大的控制能力的，因为零售商如果站在分类的角度上看待供应商，就很自然的获得了一个优势，即零售商可以将分类中某个供应商的业绩变化，分担给其他的几个供应商，从而保证整个分类经营绩效的平衡。对于零售商来说，这是很容易做到的。每个分类中的资源是有限的，如果某个供应商出现了不稳定的绩效表现，那么零售商可以马上将这家供应商的资源转移给其他供应商，这很容易就促进了分类中其他供应商绩效的提升，从而保证零售商整个分类的良好绩效。当然，这也并不都是零售商的特权，供应商也可以利用同样的思路来制衡零售商，他们也经常会在谈判中以此威胁零售商。比如提出退出零售商的门店，如果零售商发现在市场上难以找到一个替代的供应商，也就是说，任何一家替代的供应商都无法带来原来供应商所带来的销售额，这时零售商将会变得很被动。

分类是零售商的经营管理核心，还体现在分类几乎像幽灵一样存在于零售商经营管理的各个环节中，不管这家零售商有没有对分类的清晰的经营管理思想，有没有对分类的完善的经营管理系统，他们都无意中体现着对分类进行经营和管理的思想。为了能更深刻地了解分类在零售商经营管理中的核心地位，我们可以从一家零售商选址开店过程中的一些环节予以分析——虽然这部分看起来没有任何对分类进行经营管理的痕迹。

零售商的任何一家门店都是从选址开始的，选址过程中的顾客调查是一个必需的阶段，虽然顾客调查是为了判断此选址位置是否适合开店，但是作为顾客调查的一个副产品，这个调查结果将为零售商设计商品结构提供最基础的依据。正如我们在前面提到的，每个分类都代表了顾客的一种利益，那么当在选址时的顾客调查中知道了顾客是谁时，就会帮助零售商有针对性地设计出适合未来门店商圈内的顾客需求的商品结构。比如，当发现在未来的门店周围的商圈内三口之家比较多时，那么儿童食品、休闲食品和牛奶等分类是否应该安排更多的单品数量呢？那么是否应该压缩老年奶粉、核桃粉和豆奶等分类的单品数量呢？具有分类的经营管理意识的零售商会这样做的。而那些分类意识和经营管理能力模糊，不了解如何设计商品结构的零售商，就会白白浪费掉宝贵的顾客调查信息。当然，更加可怕的是，有些零售商在选址时，根本就没有对门店周边商圈的顾客进行调查，那么一切就无从说起了。

接下来，零售商在进行开店前的卖场布局设计时，分类的重要作用更是表现得淋漓尽致。卖场布局设计的核心就是要考虑各个分类之间的关系，然后安排它们之间的陈列位置，但是这里有个前提，很多零售商的分类结构并不合理，这很容易造成在分类布局设计时出现不适宜的安排。比如，如果零售商将火锅调料小分类放在了火锅食品中分类下，那么它必然将会与各种火锅食品，比如羊肉片等，一起放在冷冻冷藏部门的冷藏柜中。但是，如果把火锅调料分类放在调味品中分类下时，那么它将会与干杂食品部门的调味品放在一起陈列。分类结构的设计和调整是分类管理中很重要的一个部分，从前面的讨论可以看到，它在卖场布局设计中也发挥了很大的作用。那么，零售商在设计卖场的布局时，首先要考虑到哪种布局方式更适合顾客的购买习惯呢？每个分类放在哪里才能使顾客更容易地找到它们呢？零售商要想得到适合顾客购物习惯的卖场布局，需要对每个分类有充分的了解，也就是说要了解顾客如何看待每个分类，以及如何看待相关分类之间的关系。比如，牛奶分类到底是放在卖场食品区的最里面呢，还是放在卖场食品区域的最前端呢？如果零售商认为牛奶分类是顾客必须购买的分类，那么零售商可以将牛奶分类放到卖场的最里面，从而吸引顾客购买沿途经过的其他分类的商品。如果零售商认为牛奶分类是营造超市价格形象的分类，那么也可以将牛奶分类放在卖场的最前端，从而以牛奶分类的低价营造超市的价格形象，培养顾客的忠诚度。以上这些问题，无疑都是从分类的角度进行的思考和分析。

实际上，在开店前，零售商在给未来的门店设计商品结构、商品组织、财务绩效指标等各个环节中，都体现着分类的影响。不仅如此，在开店以后的日常营运管理的各个环节中，即便不涉及超市的经营层面，分类也依然发挥着重要的作用。比如，零售商的仓库布局同样是按照分类来安排的，在每天的仓库检查中也往往是以分类为检查单位，并制定检查计划

的。此外，零售商的盘点也依然离不开分类，比如零售商可以对那些容易
发生损耗的分类增加盘点频率，而对于那些不易损耗的分类，可以减少盘
点次数，那么这样安排既可以保证盘点结果的有效性，又能最大限度节省
人力。甚至零售商对商品保质期的检查也要考虑分类，这是容易理解的，
因为不同分类的保存条件和保质期不同，将各个分类混合在一起进行保质
期管理肯定是不合理的。就如表1-2所示，干肉和腌肉的保质期是7天，
而净菜和肉片等分类的保质期是1天，它们虽然都在同一部门，但是如果
在保质期管理中不以分类为管理单元，那么质量问题就很容易出现了。如
果按照7天为周期检查保质期，那么就无法保证净菜等分类的质量，如果
每天检查保质期，那么对于干肉等分类又过于频繁，而浪费了超市的人
力。甚至连超市的防损一样离不开分类，根据分类来管理不仅可以大大减
少损失，而且还能节省人力资源。比如保安人员可以每天重点检查巧克
力、口香糖、化妆品、洋酒等分类的库存情况，而对于电视机、食用油等
分类不用经常管理损失问题。

表1-2 生鲜食品保质期

精肉课	
干肉，腌肉	D+7
新鲜肉	D+2
肉糜，肉丝，肉片等	D+1
净菜	D+1

从上面的讨论可以看出，零售商无论在哪一个环节都离不开对分类的
经营管理，对分类的经营管理不仅可以保证零售商随时把握顾客需求，获
得良好绩效，而且可以提高日常营运管理工作中的效率，降低经营管理成
本。因此，分类正是零售业经营管理的核心，任何一家零售商，不管它是
什么业态都离不开对分类的经营管理。甚至像宝洁、可口可乐等供应商也

早以开展品类管理了，在公司内部建立起品类经理制度，关注对分类的分析和经营，虽然供零双方管理分类的视角和思路不尽相同，但是其核心都是对分类的管理。

而其在零售业的变革更加明显，家乐福在 2004 年开始将原来的谈判员改为分类经理，这表明家乐福已经开始升级其对分类的经营管理。其实，屈臣氏等很多零售商早已开始执行分类经理制度，他们以分类为经营管理核心，管理供应商，管理商品。不过，屈臣氏往往过于重视分类经理在行业知识方面的能力，他们的分类经理大都是来自于供应商企业的制造和质量控制人员，他们对行业和产品有非常专业的了解。而家乐福的分类经理们却担负着另外的职能，即对分类的经营管理，家乐福并未把经营管理的重点放在行业和供应商上，而是将之转向对内部分类的经营管理上。因此，从一些外资零售商的组织结构来看，他们已经准备好了为分类进行经营管理的升级准备。但是，国内很多零售商却令人遗憾地停留于采购阶段，他们的工作核心仍然是与供应商谈价格和各种交易费用，而根本不懂如何运用经营和管理分类，使自己的谈判更具策略性和目的性。

小结

分类是零售业经营管理的新大陆

- **分类是为顾客提供相同利益的商品范围**

    每个分类就是为顾客提供一种利益,而分类中又容纳了多种多样的商品,但是分类并不等同于细分市场和行业,分类是零售业专有的概念。

- **分类是零售商的基本管理单元**

    分类在零售商企业中具有非常重要的地位,它是零售商最基本的管理单元,而不应是像现在许多零售商做的那样以供应商管理和商品管理为基本单元的。

- **分类是零售业经营管理的新大陆**

    对分类的经营管理给零售商带来了一个全新的领域,它不同于对商品的管理和对供应商的管理。零售商以分类为经营管理单元,围绕着每个分类进行各种经营活动。

- **分类是零售商经营管理的核心**

    分类渗透到了零售商经营管理的各个环节,分类正是零售业经营管理的核心,任何一家零售商,不管它是什么业态都离不开对分类的经营管理。

第二章

在新的零售环境下，
品类管理呈现出局限性

品类管理变成了一个奇怪的事物：应该由零售商主导但却被他们主动放弃，而供应商虽然承担了重任但可惜的是他们对此并不专业。

一　品类管理产生于供应商管理领先的基础上

作为供应商，尤其是在分类中市场份额较大的几家供应商，他们会经常遇到这种使人感到无可奈何的尴尬局面：基于对行业和消费者的理解，供应商很清楚顾客在选购自己产品所在分类的商品时，是首先选择品牌的，即品牌是顾客在选择此分类的商品时首先考虑的因素。那么很自然，零售商如果在此分类中按照品牌陈列将会更加顺应顾客的购物习惯，当然也会得到顾客更高的满意度，而这种结果是供零双方都希望看到的。但是，供应商们经常发现，很多零售商在此分类中的陈列原则并不是依照品牌进行安排的。因此，供应商们试图说服零售商将陈列原则改成以品牌方式进行，不过供应商得到的回答往往是否定的。那么为什么零售商总是给予供应商否定的回答呢？难道他们不关心自己的客流量和客单价吗？

实际上，至少会有两种内在原因使零售商对供应商的建议不能给予认同：第一，零售商的管理水平很低，他们根本就没有意识到陈列原则对自己以及顾客意味着什么，他们甚至在企业内部的陈列设计中，根本就没有对陈列原则进行设计的流程和方法。一般情况下，大多数零售商都是模仿一些优秀零售商的陈列，如果供应商告诉他们家乐福和沃尔玛都是按照品牌陈列的，那么他们也许会同意修改。第二，零售商有丰富的经营管理经验，但是，他们对分类中顾客购物行为的理解可能与供应商不同，他们可能认为顾客在此分类中选购商品时，首先考虑的因素是产品的功能，那么他们就会坚持以产品功能为陈列的第一原则。

对于供应商来说，如果上面的问题涉及整个分类中的所有供应商，如果零售商没有更改陈列原则，那么影响的将是全部的供应商，这样的话，其中某一家供应商也许感觉并不是非常难以接受，至少分类中的供应商都受到了同样的影响。但是，供应商也经常遇到这样的情况，自己的高端定位的品牌经常被零售商卖到很低的价格，零售价已经完全进入了分类中中低定位品牌的价格带中，那么供应商为这个品牌所支付的品牌宣传费用，以及在产品本身所做的努力，将会被白白的浪费掉而达不到效果。甚至这个品牌定位的下移，反而影响到了自己原来中低定位的品牌，如果这些中低端品牌是供应商的核心品牌，那么这种损失就不仅是那个高端定位品牌本身损失的问题了。不过，任何一家供应商都要经常面临这样的问题，即便是宝洁、可口可乐等这样的大供应商也不得不面对因零售商的利益而遭受品牌行为大受打击损失。供应商不得不花费很大的精力和财力，对零售商的价格进行管理，而与零售商在价格上的沟通也痛苦万分。这种情况几乎是无法避免的，零售商总是拿那些知名品牌打价格战，从而建立自己的价格形象。

供应商所面临的类似以上提及的这些问题，还有我们没有提到的很多问题，正在国内供零合作中上演着，其实这正是早期欧洲和美国市场上供零关系的真实写照和再现。不管零售商做得对与不对，供应商都已越来越难以控制零售商了，甚至零售商对供应商的影响反而越来越大，这是一个不争的事实。出现这种局面是因为零售商变得越来越强大了，他们有了巨大的门店规模，有了相对于供应商的强大的采购能力。现代零售业正是利用自身的连锁规模使成本大幅度降低，并利用其标准化工作流程使工作效率迅速提高，最后借助自身巨大的采购量，获得供应商更多的折扣和各种支持，这种规模效应使得现代零售业变得异常强大。但是，正如我在《供零战略》一书中不断解释的一个问题，零售商自身强大后，拥有了包括商品组合、定价、促销、陈列和订货等主要营销因素在内的控制权，但是原本这些权力都是掌握在供应商手中的。这时候零售商的经营管理对供应商来说，变得逐渐不透明了，供应商无法了解零售商在想什么，零售商也不愿再听从供应商的指挥，而有了自己的经营主张。此时零售商就如横亘在供应商和消费者之间的巨大障碍，阻断和扭曲了他们之间的联系。因此，供应商必须清楚，某个产品销售不好，并不一定是消费者不喜欢，而很可能是零售商不喜欢，也可能是经常缺货，或者陈列位置太差了，当然也可能是消费者真的不喜欢，总之供应商面对零售商这座大山难以逾越。

供应商的噩梦还不在于此，供应商经常发现，有很多零售商的经营管理极其落后，他们有时并不是恶意在制造什么麻烦，而是他们真的不懂，而且这样的零售商并不在少数，尤其是在零售业发展初期的市场上。零售商经营管理上的问题是显而易见的，某家国内零售商，他们已经在区域市场上占据了绝对的领导地位，甚至跨国零售商在那个区域市场上都无法与之抗衡，但是只要去他们的门店看看就会发现，不管是牙膏、拖把，还是奶粉、南北干货、调味品等等，他们几乎所有的分类的陈列原则全部是按照品牌进行陈列的。可以肯定地说，对于任何一个区域市场来说，顾客不可能对全部的分类的购物选择都是首先看重品牌，这种现象只能说明这家零售商根本就没有系统的商品陈列设计流程和方法，而单一地依照品牌陈列是零售商最简单的做法。一个有趣的对比是，家乐福在开张新店时，会一寸一寸地计算货架上商品的陈列空间。

再以一家港资超市为例，其实他们做得很优秀，是专业零售商中的佼佼者，有一次他们决定要大力推动门店员工对顾客服务质量的提升，使顾客能感受到更友好的购物环境。但是一直以来，顾客会经常看到这家超市的门店员工坐在货架前的地板上聊天，即便顾客走过来，努力在他们背后的货架上寻找商品，这些员工们也仍然谈笑风生而对顾客无动于衷，不知道他们为什么越是强调员工服务，员工越是不能提供更好的服务。

还有很多作为供应商或者顾客不易察觉的问题，比如，有一家国内的电器零售商，他们的分类结构幼稚地几乎到了可笑的地步，他们在空调部门中，第一级分类居然是进口和国产，第二级分类是品牌，这种分类结构也许在几年前，国内家电制造业尚处于初级发展阶段时是有道理的，但是为什么时至今日他们仍然采用这样的分类结构呢？那么，在这样的分类结构下，如果他们进行各种角度的分类分析，分析的结果又会是什么呢？比如，他们可能发现国产空调卖得越来越好了，或者是某个品牌卖得越来越好了。那么基于这种分析，毫无疑问会漏掉最关键的一个因素，即顾客的利益，也就是顾客对空调的最基本的需求，而进口空调和品牌当然都不能代表顾客最基本的需求了。但是，如果他们对空调的分类结构做出调整，比如，第一级分类是窗机、分体式和柜机，第二级分类是1匹、1.5匹、2匹等功率，第三级是品牌，那么他们将会发现另外一片新的天地，而且是极其有价值的天地。他们能发现原来分体式空调的市场份额最大，柜式空调的份额在增长，而窗机的销售在大幅下滑，而且他们还可以进一步发现，在农村市场并不是上述的趋势。他们接下来看可以看到，在按照功率的分级中1.5匹空调的市场份额是最大的，而2匹的空调销售增长是最快的。那么，他们可以采取的分类策略是：在空调分类的商品组织中，加入更多的柜机单品和2匹的单品，并为它们留出更多的陈列空间，同时减少窗机的单品数量和陈列空间，等等，那么这无疑也是对顾客需求和市场变化的最佳反应。

　　因此，供应商真正面临着巨大的挑战，首先零售商变得越来越强大，而且他们逐渐夺取了营销因素的控制权；其次，很多零售商的经营管理极其落后，他们没有规范的分类管理，他们根本就不懂营销。供应商就像面对一个行为不理智的大力士，就是在这种极端不利的情况下，宝洁、可口可乐等供应商发明了品类管理模式，他们希望通过品类管理能解决以上的痛苦，重新树立供应商在市场上的领导地位。因此，他们花费精力和费用，对零售业运营管理进行了充分研究，并形成了一套让零售商易于接受的完善可行的品类管理模式。宝洁、可口可乐等这样说服零售商：品类管理是零售管理的核心，能帮助零售商站在消费者的角度思考问题并管理超市，如果零售商能与供应商在充分信任的前提下开展合作，必将降低整个供应链的成本，从而使零售商有更大的空间给顾客提供低价，供零双方的努力最终将实惠反馈给消费者。

　　事实上，很多零售商开始接受了品类管理，尤其那些管理落后的零售商，他们希望通过品类管理切实提升自身的管理水平。而且从现在看来似乎有很多成功的例子，当然这个成功指的是零售商的成功，即零售商真的通过品类管理项目提升了自己的管理水平，从而具有更强的竞争能力，或者更好的利润回报。因为，毋庸置疑，供应商总是会在品类管理项目中获益，这是一个不用讨论的问题。

　　品类管理成熟的运作方式是：零售商在每个分类中选择一家供应商，作为"品类首领"，当然，这家供应商往往是分类中市场份额排名前几位的，然后他负责帮助零售商做品类结构定义、确定品类角色、评估品类表现、制定品类策略，最后通过品类战术反映到零售商的货架陈列上。从这个模式可以看出，实际上，品类管理是希望零售商将分类的管理权力交给分类中的大型供应商，然后在供应商的指导下进行经营管理，供应商只需要零售商为他们提供一些数据，因此，品类管理更类似一种单向的指导式的供零合作模式。也许在零售商感到自身管理水平落后的情况下，暂时同意了供应商的品类管理要求，而不得不把自己的命脉——对分类的管理交给供应商来做，那么这样的情况会长期存在吗？零售商们会一直为品类管理买账吗？

二　零售商管理水平的提高动摇了品类管理的大厦

随着零售业的发展，有些零售商慢慢地开始对品类管理不买账了。这些零售商开始动摇了品类管理大厦的基础，关键的原因是他们对分类的经营管理水平在实践中得到了大幅的提升，他们目前的经营管理水平超出了供应商们的想象，这些零售商已经进入了一个此前未见的经营管理区域，这是一个空白的经营管理领域，是供应商根本无法体验的领域。这些零售商逐渐发现并掌握了零售经营管理的核心，而且这个核心只有完全深入这个行业后才能领悟，当然也只有完全深入其中才能在不断的经营实践中得到提升。正如全球最大的家居工艺品零售商好必来（Hobby Lobby）的创始人大卫·格林在《我爱零售》一书中说的："事实上我甚至都没有读过大学，这些都是在一天天的销售过程中，为了不断寻找最直接最简单的方法来完成绩效目标的实践中总结出来的经验。"这些零售商发现，他们在某种程度上被供应商蒙骗了——虽然这是一个善意的谎言。零售商的顾客与供应商的消费者并不是完全一致的，即供应商的消费者研究内容与零售商的顾客研究内容根本不同——供应商研究的是消费者店外的需求特征，而零售商关注的是顾客在店内的购物行为特征，后者完全是一个崭新的领域，而在这方面零售商无疑有着先天的优势，供应商不借助零售商就几乎无法完成这样的研究。

零售商需要关注的并不是消费者在店外的需求，他们无需研究消费者在市场上未被满足的需求，或者潜在的需求，零售商不会从行业的角度，以及技术的角度去看待消费者，因为他们不懂，也没有相应的资源，这是宝洁、可口可乐们的长处；更不用说那些研究消费者生活价值观、心里偏向、价格偏向和权威来源等复杂的消费者研究理论和方法了。零售商们所关注和擅长的是顾客在店内的购买行为特征的分析和研究，比如零售商需要了解，顾客是如何看待零售商各个门店中各个分类的商品可选择性的，也就是说，顾客认为超市的商品丰富多样，还是认为商品不齐全；零售商还想了解，顾客认为店里的商品是否具有时尚性，这家超市是陈列着很多落后和保守的商品呢，还是总能找到市场上最新上市的商品，这是左右他们是否继续来门店购物的一个重要因素；另外，顾客也会关心各个分类的性价比，他们认为这家超市是否总是销售质量好而价格低的商品，如果零售商了解到顾客并不是这样认为的，那么他们将马上采取措施，看看是哪些分类做得不好，从而尽快改进。其实，针对顾客购买行为的研究包含很多内容，比如零售商的价格形象，各个分类的商品质量感受，以及顾客对分类是否是品牌导向等。当然还有顾客是否在选择商品时感到方便，购物环境是否舒适，收银速度是否够快，购物通道是否宽敞，超市的营业时间是否合适，超市是否承诺退货，员工服务是否友好，等等。我们看到这些领域与供应商的店外消费者研究存在着很大的不同。

正如我们在第一章中所讨论的，分类就是代表顾客一种利益的商品范围，也就是说，分类的研究和分析也就是对顾客购物需求的分析和研究，每个分类是零售商采取的所有令顾客满意行动的最小执行单元。而分类管理则是研究顾客在店内的购物需求，并不断满足顾客需求的最重要的经营管理方法。我们终于提到分类管理了，正是它使品类管理的基础发生了动摇。因为分类管理超出了原来由供应商主导的品类管理对分类的经营管理水平，开辟了一个新的经营管理领域。在这个领域中，零售商占据了有利地位，他们掌握了更加重要的资源，因为零售商更加接近他们的顾客，门店的员工们每天都能亲身接触到不同的顾客。零售商的门店员工们甚至不用看销售报表，只根据自己的补货经验就知道分类中哪些商品卖得好，哪些卖得不好，甚至他们能说出为什么卖得好，为什么卖得不好，因为他们总能听到站在货架旁边的顾客对商品的评价。

有些零售商对分类的经营管理水平已经很高了，分类中的商品组合就是一个最好的例子。零售商有时要考虑这样一个问题：超市的货架空间永远是有限的，零售商希望有限的货架空间能为自己带来最大的利润，那么持续的提高货架效率就是必需的，而阻碍货架效率提升的一个因素是分类中商品数量是否太多或者太少。分类中的商品太多了，会造成每个单品的陈列空间过小而容易造成缺货，另外如果顾客也认为分类中的商品数量过多，那么就意味着顾客在这个分类中根本不希望提供这么多的选择，顾客在面对某个分类众多的商品时感到选择的很辛苦，甚至浪费掉了顾客宝贵的时间。而商品的多少对于每个分类来说是不一样的，比如果汁饮料分类可以容纳几十个品牌供顾客选择，但是南北干货可能只需要为顾客提供三个品牌就足够了。而这种考虑是供应商不曾想过的，因为只有在分类的框架下，才会产生这样的思考方法，而且这种对分类商品容量的考虑有时是与供应商的初衷相矛盾的，供应商永远希望自己的所有品牌和产品都能一直驻守在货架上，即便有所淘汰，也必然希望那是竞争对手的产品和品牌。

从这个角度来说，零售商是公正的，他们完全是站在顾客的角度来看待问题，因此他们才能更好地满足顾客这方面的需求。比如家乐福就经常对各个分类的商品数量情况进行顾客调查，他们会根据不同分类的特点，开发出不同的顾客调查因素，让顾客为此分类中商品的各个因素打分，最后家乐福汇总顾客对每个商品的打分。如果在某个综合分数上的单品较多，那么他们将从中清除一些单品，因为综合分数一致，就意味着顾客认为这些单品对他们来说是完全重复的需求，这些重复的商品被家乐福清除出场后，顾客的可选择性没有被减少，而货架效率却大大提高了。其实事实上，供应商即便了解了这种方法，他们也无法帮助零售商做出公正的判断，如果结论是被淘汰掉的应该是自己的产品，那他们又该怎么办呢？对于零售商来说也是一样，他们怎能相信供应商在这方面提出的建议是公平的呢？零售商一定认为，在这个方面供应商是不可能公正的。那么，如果供应商在帮助零售商设计商品组织时失去了公正性，最终受到损失的还是零售商，他们将会损失利润或者顾客的满意度。

另外一个有说服力的例子是，零售商在设计分类的价格带时，并不是盲无目的地跟随供应商的建议，他们至少要考虑三个问题，而且这三个问题同样是围绕顾客展开的。首先，零售商需要考虑分类中的价格进入点在哪里，也就是说在各个分类中，根据超市的定位以及周边的顾客群体特征，什么价格应该是这个分类的最低价格，这个价格一旦制定出来，就是把那些对分类的价格需求低于这个价格的顾客群体排除在了自己超市之外。比如，家乐福的"棒"单品和欧尚的"大拇指"单品，都是零售商希望能留住更多低端顾客所做的努力，而有时候在分类中更低的价格供应商是无法提供的，而且一般情况下，供应商也不会将自己的品牌定位于如此低的价格带中。但是，零售商自己的品牌往往是有能力做到的，很显然零售商不会找自己要进店费，而且零售商永远知道，即便顾客在某个分类中购买了最低价格的商品，也并不意味着他们不会在其他分类中购买中高价格的商品，这同样是零售商对分类的分析和理解。比如顾客在购买休闲食品时一般对价格不是特别敏感，而顾客在购买油盐酱醋时，他们经常会对价格斤斤计较。而且，在这个方面供应商同样是无能为力的，没有一家供应商能跨越众多的分类，比如从饮料到化妆品、内衣、冷冻食品等，这完全不符合供应商的基本生存原理。但如果供应商只是局限于部分相邻的分类中帮助零售商做品类管理，那么他们就带有了很大的局限性，供应商帮助零售商确定的分类定位也许是有些片面的，因为他们无法站在更大的分类视角上来看待每个分类。比如，在啤酒大分类下，也许罐装啤酒分类相对于瓶装啤酒分类来说，对零售商更加重要，但是如果从整个饮料部门的视角来看，罐装啤酒恐怕无法与碳酸饮料和果汁饮料相提并论。

其次，零售商还要考虑每个分类中的价格上限，同样出于对超市定位以及周边顾客群体特征的考虑，一旦制定出分类的最高价格就意味着零售商放弃了希望购买更高端商品的顾客群体。正如罗伯特·斯佩克特在《品类杀手》一书中提到的一个笑话:"一位好事多的顾客看到一件保罗·拉夫·劳伦(Polo Ralph lanren)牌衬衣的价签上标着:原价60美元,折扣价37美元。于是顾客会说:'给我来四件白色的和一件蓝色的。'而一个在山姆俱乐部遇到同样售价的顾客则会说:'不管衬衣多好,我都不会在这里花那么多钱。'"那么,当拥有中高端定位品牌的供应商,在面对将分类价格上限规定的较低的零售商时,供应商将无法向零售商提供更适合的分类价格建议,甚至在合作中会不断地出现各种冲突。

最后,零售商在考虑分类的价格时,还会考虑分类中的核心价格点,这是分类中顾客最认同的价格,是关于综合分类中的所有品牌和产品的考虑,关于分类的价格管理我们会在第九章"分类的日常经营管理"中有专门的讨论。而在这个方面供应商同样是无能为力的,他们无法评估出分类中哪个价格是核心价格点,因为供应商无法摆脱自身品牌和产品的束缚。零售商通过对顾客的分析,然后确定每个分类的价格带范围,所有的商品将会被放入到整个价格带范围内,就像一个价格的匣子。而供应商当然无法替零售商考虑每个分类的价格匣子是多大,他们考虑的是整个分类所在市场上存在的产品价格,他们无法摆脱自己的品牌定位所带来的价格倾向,零售商当然也不愿意轻信供应商在分类价格方面的建议。在分类的价格管理中,供应商与零售商确实存在着根本上的思路差异,而且各自有着各自的优势和弊端。

虽然现在具有卓越的分类管理能力的零售商还不多,但是随着零售业竞争的加剧,以及零售业全球化的发展,更多的零售商会逐渐建立起更加优秀的分类管理思想和方法,并不断积累起更加丰富的分类管理经验。而品类管理在这样的零售环境下,实际上已经表现出了一些不适应性,品类管理在对分类的经营管理上已经开始落后于某些零售商,因此也就失去了对零售商的指导意义,随之带来的后果将是供应商更加不容易获得零售商的支持了。那么在这个时候,零售商既有了强大的实力,又拥有了先进的分类管理思想,他们变得愈发强大了。

三　失去了进取心的零售商和不专业的供应商

我们在前面讨论过，由于一些零售商的分类管理水平的提升，使得品类管理无法再有效地指导这些零售商了。其实，即便没有这个因素，品类管理也依然存在着其先天的弱点，就如其天生的优点一样。不过，这些弱点在一定时期内，即零售商对分类的经营管理水平还很低的情况下，并没有带来什么不利的影响，反而使品类管理的优点发挥得更加淋漓尽致。但是品类管理一些先天的弱点在其存在基础受到质疑时，就会表现得更加突出了。不管怎样，大家都一致认同品类管理是零售业的管理核心，只是它主要是由供应商来主导操作的。不过，在零售环境发生了很大变化的情况下，我们有必要再深入看一看，到底品类管理对供零双方存在着什么样的问题。

首先，我们从供应商的角度来看品类管理。前面曾一再提及，供应商是在看到零售商规模不断扩大，而其力量也越来越强大的前提下，同时发现很多零售商经营管理极其落后的事实后，开发出了品类管理。供应商在帮助零售商推动品类管理的过程中，同时也为自己解决了一个很大的问题，即使供应商重新建立起了自己在供零合作中的领导地位，并推动供应商的各种营销策略在零售商门店里得到更好的执行。当然品类管理带来的好处主要集中于那些在分类中作所谓的"品类首领"的供应商，实施品类管理首先为这些供应商带来了自己在零售商那里的优先权利，使之受到零售商的特殊对待，当然他们并没有绑架零售商，他们只是通过品类管理项目使零售商更加倾向于自己，更加支持自己，从而使他们的营销策略在零售商这里得到更好的执行。但是，这些供应商的根本目的还是在行业中建立更大的竞争优势，占据更大的市场份额，只不过品类管理使这些供应商的市场份额增加是从每个合作品类管理项目的零售商开始的。毫无疑问，任何一家供应商都想做"品类首领"，从而为自己在零售商那里争得更大的优先权利，但问题是，这种情况是不可能发生在每一家供应商身上的。

因为品类管理的核心操作模式是，在分类中只有一个供应商可以被指定为"品类首领"，那么有机会被指定为"品类首领"的供应商自然是分类中前几位最大的供应商，这也正是宝洁、可口可乐等热衷于品类管理的根本原因。因此可以说，品类管理不仅是对零售商的一个阴谋，同时也是对行业中其他供应商的一个更加明显的阴谋。

那么这就造成了行业中的供应商在零售商那里不平等的待遇，"品类领袖"将享受与行业内其他供应商不同的待遇，那么在这种情况下，其他的供应商往往总是在各个方面受到零售商的压制，同样的新品总是不如"品类首领"那样能更快被零售商接受，甚至当商品重复时，其他供应商的产品根本无法走上零售商的货架。最可怕的是，即使是一些优秀的产品，也会因为"品类首领"对零售商的影响而无法与他们"不太好"的产品同台竞争。因为零售商的货架对顾客有极大的影响力，更好的陈列位置，更大的陈列空间，更多的促销位置将会使产品得到更多的顾客支持。这实际上是在零售商这个小的市场环境中，建立了一个不公平的竞争环境。但是，零售商为了自己竞争能力的提升而愿意接受"品类首领"的品类管理恩惠，所以他们必然会对"品类首领"给予一些支持。但仍然是同一个原因——货架空间是有限的，某个供应商多了几个单品，那么就意味着分类中的其他供应商要减少几个单品，某个产品占据了最好的陈列位置，那么其他的产品将不得不围绕在它的周围，当"品类首领"占据了分类货架更多的空间时，零售商将不得不压缩其他供应商的货架空间，对于促销来说也是一样，因为TG台和地堆的空间也是有限的。

接下来，我们再看看作为"品类首领"的供应商是分类中最优秀的吗？他们是否具备了行业内最优秀的营销管理水平和分类管理水平呢？他们是否最懂零售管理？他们是否是最有创新精神的供应商呢？他们对消费者的理解和把握是最准确而及时的吗？他们的产品是否更能满足消费者的需求呢？……如果以上问题的回答有一项是否定的，那么就意味着在行业的竞争中有存在着违反市场规律的嫌疑。因为"品类首领"完全可以通过品类管理项目影响零售商，使零售商支持他们，即便他们在某些方面的能力或者做的效果不如分类中的其他供应商。那么如果是这样，品类管理模式本身确实存在着一些问题，这些问题发生在供应商行业内部的竞争中，而这些问题如果发展得很严重，那么是否还能说品类管理是以消费者为核心的呢？

其次，我们再来看看零售商，到底零售商在品类管理项目中能得到什么好处呢？零售商大致可以得到两个方面的帮助：第一，品类管理项目的结果给零售商带来的益处。因为通过一次品类管理项目，零售商会得到从品类结构调整、品类角色到品类策略等一系列建议，直至最后将所谓的各种品类战术体现在货架上。从理论上说，如果前面每个环节确实体现了顾客在店内的购物需求，那么货架上的商品组合、定价、促销和陈列原则等都能更加符合顾客的购买需求。那么，这样无疑会给零售商带来很大的帮助，提升其竞争能力，因此零售商将会赢得更多的顾客。第二，零售商可以通过品类管理项目，学习到品类管理的管理模式，并应用于日常的运营管理中。正如宝洁、可口可乐等宣称的那样，品类管理是零售管理的核心，它本来就是为零售商所用的。

但是，零售商是否真的能得到以上两个帮助呢？我们恐怕要讨论一下。首先，零售商如何能保证供应商所做的品类管理结果是符合顾客需求的呢？正如我们上面讨论的那样，供应商对顾客在店内的购买行为的研究并不擅长，而这恰恰是零售商的长处。其次，他们对零售商的战略意图、超市的定位、零售商的公司文化和管理流程等有深入的了解吗？所有顾客的需求就是某个零售商的需求吗？这显然是不能简单地画上等号的。最后，如果某个零售商找了一家供应商做品类管理项目，并依照项目结果执行，而另外一个零售商也找了同一个分类中另外一家供应商做品类管理，如果前一个供应商对顾客的理解有问题，而给出了错误的结果，那么这家零售商可能会因为执行了供应商错误的品类管理结果，反而在这个分类的经营中落后于另外一家零售商了。因此，从中可以看到，品类管理项目是零售商将自己的管理核心和竞争能力的提升交给供应商来把握。零售商有必要冒这样大的风险吗？那么，零售商又是否能从品类管理项目中完全掌握品类管理的方法呢？其实这也并没有那么容易，品类管理有时更像一个咨询项目，那么一个咨询项目给客户带来的价值有那么大吗？零售商企业能完全将品类管理思想和方法体现在自己日常的营运中吗？何况供应商在品类管理项目中，其自身利益导向是根本无法避免的，这个倾向又势必会对品类管理项目的结果和过程有所影响。

即使零售商能从品类管理项目中获得以上的两个好处，那么对于零售商来说也还存在一个风险，这也是一个不易察觉的问题。如果零售商在每个分类中都找一个"品类首领"帮助其做品类管理项目，那么就意味着这家零售商的主要精力不是放在对分类的管理上，而是更加关注物流和前台的顾客服务等了。那么在这样的一种情况下，零售商的分类能力永远无法得到提升。因为他们舍弃了分类管理的研究和实践，实际上也意味着他们舍弃了对顾客购物行为的研究，零售商只是为顾客提供单纯的前台服务，而谁来在平时研究每家门店的顾客购买行为呢？本来它是与分类管理连接在一起的。零售商不能将其对顾客研究的结果体现到分类的经营管理中，也就没有必要进行单独的顾客购买行为研究了。因此，执行品类管理的零售商容易失去对分类管理自我提升的机会，即便分类管理能力提升了，恐怕也是供应商得到提升了。

因此，品类管理实际上会导致一种奇怪的结果：零售商失去了对分类进行经营管理的动力，因此也无法在实践中提升分类管理能力，同时零售商也失去了对自己顾客购物行为的把握；另外，供应商与零售商不同，他们由于缺乏对顾客购买行为的研究能力，以及店内的切身感受，而使得其品类管理知识不能得到更多更快的提升，甚至是不专业的。如果是这样一种局面，那么品类管理将会体现出更多的负面作用。

当然，我们并不是对品类管理进行全盘否定，我们只是在肯定品类管理积极性的前提下，探讨品类管理存在的一些问题。真正给品类管理带来挑战的，还是某些零售商分类管理能力的提升，它动摇了品类管理生存的基础，从而必将使品类管理的弊端表现得更为明显，当供应商的品类管理知识落后于某些零售商的分类管理知识时，品类管理必将失去零售商的支持，并在今后的管理实践中逐渐淡出人们的视野。当然，真正有着优秀的分类管理能力的零售商目前还不多，更多的零售商其分类管理能力的提升还需要一个漫长的过程，尤其是国内的零售商，其分类管理的基础更加薄弱。因此，品类管理还有很大的生存空间，以及积极意义。我们只是希望，不管是品类管理还是其他的管理模式，能真正有利于供零双方以及消费者，那么它一定就是最好的管理模式。本书正是试图找到一种更适合在新的零售环境下对分类进行经营管理的模式，从而使供零双方都能获益，并最终更好地满足消费者的需求。

四　零售商管理水平的提高激发了新的供零矛盾

当零售商的分类管理水平大幅度提高以后，零售商就有了更强的自信心，分类变成了他们的黑匣子，他们已经知道分类的背后就是顾客，对分类的分析和管理能保证自己持续地理解顾客，并为顾客提供他们需要的商品。因此，他们完全可以认为供应商、品牌和产品等都是构成分类的几个要素而已，它们都必须为分类服务，必须依从于分类的框架之下。这也很容易导致零售商产生一种思维模式，即分类管理是顾客服务的关键，是超市顾客盈门的保证，当然也是获得竞争优势的基础。因此，这些零售商们希望供应商的产品、品牌、定价、促销和陈列等等，都应该遵从零售商的分类经营策略。这时候，零售商会在既定的分类经营策略下要求供应商配合，或者直接寻找更适合其分类策略的供应商。

比如在家乐福就经常能遇到这样的情况：假设他们认为在某个分类中顾客并不关注品牌，那么他们将会很快产生这样的分类经营策略，即减少分类中的品牌数量，也就是供应商数量，然后使剩余的每家供应商得到更多的销售份额，从而激励供应商的积极性。当这些供应商在家乐福的销售份额远远高于在其他零售商的销售份额时，供应商会对家乐福产生更大的依赖性。当然，家乐福也会考虑，如果某供应商做大是否会对家乐福产生威胁，因此他们往往会在分类中平衡几家供应商，使他们均衡发展，最好不要让其中一家的业绩远远高于其他几家供应商。即便在某些分类中只有一家供应商的情况下，作为一个聪明的零售商来说，那也是有其计划和预谋的。他们并不是忽略那个分类中的供应商，而是由于零售商很清楚一点，只有一家供应商的分类一般是在某个中分类或者大分类中销售占比最小的一个分类，也就是说，这个分类本身就极其不重要，那么某供应商即便独霸这个分类，也丝毫不会给零售商带来威胁。还有一点，这样的分类一定是零售商认定的顾客不关注其品牌的分类，那么在如此小的分类中，顾客又完全不考虑品牌，当遇到一些不愉快的合作纷争时，零售商还是可以轻易地随时找到替代者。这样的分类往往更多出现在非食品部门。

　　类似家乐福这样的零售商们会非常坚持自己对分类的判断，因为他们有更加先进的分类管理思想和方法来保证其对分类判断的正确性，而这些分类管理的思想和方法是经过几十年的经营实践积累而得的。他们非常相信自己的经验，毕竟零售业仍是一个经验积累型的行业，一个刚上班一周的员工与一位有一年工作经验的员工，两者更换商品价签的速度至少能相差 10 倍。一个经验丰富的门店经理，能在不看商品包装上的保质期的情况下，凭借他对分类特点的理解，以及对商品的包装、商品陈列位置等的把握，马上判断出这个单品是否有过期的可能性。一个门店经理如果埋头查看可口可乐的保质期是会让人笑话的，而在牛奶分类中总是检查陈列是否整齐也是一个错误的管理方向。这些都是基于多年的工作经验逐渐培养起来的，如此多的细节管理是无法在各种零售培训课程中体现出来的，只有通过日常的工作慢慢积累。这也意味着零售业的培训与其他行业有很大的不同，它更加注重现场的培训，同时更长的培训时间也是不可避免的。

　　有时，供应商的产品就如同上门求婚的小伙子一样，期待获得零售商的垂青。分类管理经验丰富的零售商会经常做分类价格带的市场调查,他们不断派人到竞争对手那里去了解在每个不同的价格带中,竞争对手与自己的商品数量的差异,从而调整自己的分类状态。例如,当零售商发现在拖把分类中,邻近的竞争对手在20元以上的单品有10个,而自己的分类中只有2个,那么这时候零售商便会急于寻找20元以上的产品,否则他们很容易给顾客留下可选择性较差的印象,那么顾客也就很容易流失到竞争对手那里去了。这是因为在零售业总是存在着所谓"劈开篮子"的现象,意思是说,顾客经常会这样选择商品:他们到某超市购买生鲜食品和其他包装食品,但是总是到附近另外一家超市去头一些非食品分类中的商品。因为顾客可能认为,第一家超市的食品价格便宜质量好,而第二家超市的非食品有更多的选择性,而且价格更加便宜,这其实是所有零售商都不愿意看到的现象,因为这会使他们的价格政策伤害到自己的利润,同时又没能获得顾客的青睐。关于零售商如何建立分类的价格形象,我们将在第九章"分类的日常经营管理"中有专门的讨论。那么,当零售商为了填补拖把分类中的不足寻找20元以上的商品时,符合条件的供应商和品牌将会被零售商选中,而供应商一款新的10元以下的产品有可能仍然无法进入这家超市的货架。

但此时,供应商往往会感到很不理解,为什么顾客欢迎的产品却不能被零售商所接受呢?供应商最后的结论往往是零售商就想赚取进店费,实际上并不完全是这样的。正如上面的例子一样,分类管理经验丰富的零售商会对每个分类有明确的经营策略,只有符合分类经营策略的供应商和品牌才有可能与零售商合作,在这个前提下,才能考虑进店费等问题。正如一家欧洲的零售商说的:他们(供应商)不会再在我们的大舞台上轻盈飘舞了。因此,当这些先进的零售商以分类管理水平高而著称时,他们与供应商的关系就在其原有的利益纷争基础上又激发出了新的矛盾。其实简而言之,就是零售商的分类管理和供应商的营销管理之间的矛盾,更深的层次是零售商为顾客提供服务,与供应商满足消费者需求之间产生的矛盾。

正如前面讨论过的，零售商的顾客购买行为与供应商的消费者需求是不同的，当然双方都没有错，而且也是必须要这么做的。因此，当零售商拿起分类管理的武器时，供应商很容易败下阵来，供应商为满足消费者需求而做的所有营销努力很容易在零售商的分类框架下失去力量。当供应商告诉零售商，这个产品的价格应该更高一些时，零售商可能把这个产品定位为吸引客流的产品。结果供应商努力解释消费者可以接受更高的价格，而零售商内心想的是，虽然顾客能接受这个产品更高的价格，但如果我卖的价格比竞争对手更低，那么便会强化我的价格形象，虽然这个产品提供的毛利率降低了，但是顾客的篮子里永远还会装着其他更多的商品，而那里面总会有其他高毛利的商品。

如此一来，供应商确实又面临着一个更加艰难的处境，零售商已经拥有了更大的市场力量，供应商已经不能再像过去一样通过培训和品类管理，获得零售商的崇拜而对他们施加影响了。供应商给零售商的消费者需求分析与零售商的店内顾客购物行为的分析是不同的，这些也已经不能在打动零售商的芳心了。因此，零售商分类管理的出现，及其水平的不断提升，给供零关系带来了新的矛盾，而这种矛盾不是靠一些"客情关系"就能解决的。而且，零售商的分类管理水平只会是越来越高，只会被越来越多的零售商所掌握，如果供应商停滞不前的话，这种矛盾将会越来越多，越来越尖锐。那么，供应商对消费者的理解将更加不容易被零售商所接受。

当然，零售商也存在着一些问题，难道他们有了分类管理就可以傲视供应商对消费者的理解了吗？他们对分类趋势的把握，以及消费者对分类的看法他们就能把握得那么准确吗？他们可能只知道分类在自己超市中的表现，而这并不能代表分类在市场上的整体表现，他们为了自己的利润而忽略了供应商的品牌定位，那么实际上零售商们很有可能聪明反被聪明误——也许他们本来可以从那些品牌上赚取更多的利润。有很多事情，其实零售商不知道也搞不懂，他们很容易陷入到自以为是的分类框架中不能自拔，毕竟零售商的顾客在一定意义上说，也是供应商的消费者。

小结

在新的零售环境下，品类管理呈现出局限性

- **品类管理产生于供应商管理领先的基础上**

  品类管理的产生源于当时的零售环境。零售商通过连锁形式迅速扩大了规模，使他们具有强大的采购能力，同时拥有了对营销因素的控制权，从而对零售商形成了强大的压力；但是，很多零售商的管理极其落后，尚处于无法很好满足顾客需求的低效状态下。因此供应商此时积极推行了品类管理项目，这一举措是适应当时的零售环境的。

- **零售商管理水平的提高动摇了品类管理的大厦**

  随着零售业的迅猛发展，有些零售商通过多年的零售经营管理实践，逐渐提升了自身的分类管理能力，在一定程度上使他们的分类管理水平甚至高于品类管理的知识结构，从而使品类管理失去了对这些零售商的指导意义。

- **失去了进取心的零售商和不专业的供应商**

  当品类管理的基础被动摇后，品类管理模式也随之表现出了一定的局限性，这种局限性为供应商和零售商都带来了一些不利影响，当然最后还是体现到对顾客的影响上。这种影响主要体现在零售商失去了自身提升分类管理能力的动力，以及供应商行业内在零售商内部建立了一个不公平的竞争环境。

- **零售商管理水平的提高激发了新的供零矛盾**

  零售商分类管理的出现，及其水平的不断提高，使供应商对

消费者的理解总要处于零售商的分类框架下，否则就会因无法得
到零售商的认同而不能摆上货架，这是零售商的分类管理发展所
带来的新的供零矛盾的写照。

第三章

分类管理成为零售经营之魂

我们将要进入一个完全不同的经营管理世界，也许并没有创造一个新的市场环境，但是却能给我们一个新的视角，用不同的眼光看待原来的世界，这个世界就变得异常生动多彩了。

一 零售商和供应商的经营思想具有惊人的一致性

只要我们认真想一想就会发现很多有趣的事情，尤其是在零售业经营管理和供零合作领域里。当我在《供零战略》一书中提出供零合作的本质是竞争的时候，就曾不停地想到，任何事物都有其两面性，供零之间不可能只有竞争，同时他们之间也必然存在着某些一致性。这种一致性体现在很多方面，而零售商和供应商从业人员之间的流动更增加了双方的一致性趋势。如果我们有机会从零售业的角度再去看供应商，或者从供应商的阵营中进入零售商的世界，只要你善于思考和总结就会发现这种一致性越来越多，而且一致性的层面也越来越高，有时还会产生错觉，自己到底是身在供应商呢，还是身在零售商？

其实，在现实的经营实践中，有无数的事实可以证明这一点。零售商经常要面临一个选择，当其与分类中某个供应商出现了不愉快的合作，或者供应商的产品销售绩效不好，或是给零售商提供的毛利太低的时候，零售商可能会考虑是否应该换一家供应商，当然前提是这家供应商并不是分类中强势品牌的拥有者，因此这种情况常会发生在非食品部门。但是，在做出是否更换供应商的决策之前，零售商首先要判断，如果这家供应商被清除掉，剩余的供应商是否能弥补这家即将离开的供应商原有的销售份额；或者要考虑是否能尽快找到另外一家至少能提供如此多销售份额的替代者。当零售商不能确定以上两个方案能得到有利于自己的判断时，零售商就不敢轻易清除这家供应商，而会想办法恢复与该供应商的良好合作。当然，管理经验丰富的成熟的零售商一般都会这么想。但是，如果零售商发现分类中的其他供应商确实能弥补即将离开的供应商的销售份额的话，那他们就会断然采取措施了。

但是，并不是只有零售商有这样的特权和想法，供应商其实也有着与之完全一致的经营思路，当然前提是这家供应商也是具有丰富经营管理经验并非常成熟的企业。当供应商发现某个零售商在合作中出现了一些不愉快的合作状况，或者在这家零售商中根本无法获得利润时，他们也会考虑是否应该从这家零售商撤场，为什么要在没有利润的情况下继续合作呢？但是且慢，在做出撤场决定之前，供应商一样要考虑一个关键问题：如果撤出这家零售商，那么供应商在其他零售商身上是否能弥补这家零售商的销售损失？如果把给这家零售商的各种支持提供给其他零售商，是否能换来相应的销售份额？不管怎么说，意气用事地撤场导致的销售份额的损失总是不明智和不成熟的表现。当然，供应商也可以考虑是否重新与一直未合作的零售商进行谈判，从而得到销售份额的补充。不管是欧美还是国内，这种情况都在不停上演着，但是我们发现，供零双方在遇到同样问题时，所进行的思考过程是完全一样的。

另外一个例子也同样具有说服力。从现代零售业进入国内零售市场的十余年中，家乐福一直是做得比较好的一家外资零售商，他们赢得了国内消费者的认同，家乐福绝大部分的门店都顾客盈门。家乐福门店更大的客流量成为其制衡供应商的一个重要因素，虽然家乐福在国内并不是拥有门店最多的零售商，也不是总体营业额最大的零售商，但是他们的单店赢利能力始终名列前茅。一直以来，很多供应商经常抱怨家乐福依托其门店的巨大客流总是向他们索要更多费用，使他们很难赚到钱。但是他们并不知道家乐福是怎么想的。实际上家乐福完全了解供应商的想法，因为家乐福的门店客流较大，供应商的品牌在门店销售不仅会带来更大的销量，还可以带来在消费者面前更多的露面机会，这实际上也是一种品牌宣传的手段。正如一家国内供应商的总裁说的：不进家乐福还叫做现代渠道吗？不进家乐福，就意味着你不是一个全国品牌和优秀品牌。我们先不管这种说法是否有些夸张，但是家乐福正是认识到了这一点，他们相信自己的门店能给供应商的品牌带来一定的市场影响，所以他们认为供应商为此多支付一些费用是合理的，也就是说，他们会利用供应商的这种心态，尽量向其提出更多的要求。

但是，令人感到兴奋的是，曾有一家跨国消费品企业的渠道开发部提出过这样的疑问，并试图找到解决问题的方法：他们同样认为每个零售商对他们来说意味着不同的价值，因为不同的零售商会给他们带来不同的利润贡献，以及品牌推广贡献，这也正是前面提到的家乐福的想法，因此公司的营销资源要根据零售商提供的价值进行合理的安排，这是非常科学而聪明的做法。但是他们的困惑在于：如何评估每个零售商给自己提供的价值？除了零售商为供应商提供的利润和销售份额，还有什么其他考虑因素？他们也认识到其中品牌推广是一个非常明显的价值，但是如何评估一家零售商为供应商带来的品牌推广价值呢？其带来的品牌推广价值与其提供的利润贡献价值又该如何权衡呢？也就是说，如何安排它们两者所占的权重呢？

这正是让我感到兴奋的所在，他们的思路与家乐福一样，也就是说双方都意识到了零售商的门店对品牌推广带来的价值，只不过零售商也要评估自己能给供应商带来多少价值，从而决定自己向供应商索要多少费用支持；而供应商同样考虑每家零售商给他们带来的品牌推广价值，然后安排合理的费用投入。更使我兴奋不已的是，假如双方的分析结果是一样的呢？即家乐福认为他们为供应商提供了更多的品牌推广价值，而供应商也认为家乐福确实给他们创造的品牌推广价值更高，那么他们也安排了更多的营销费用支持给家乐福，那会是一种什么局面呢？是否会得到一个双方都非常满意的合作局面呢？聪明的供应商给予家乐福更多的营销支持，而家乐福也乐意为他们提供更多的支持以突出他们的品牌。当然，供应商会对零售商带来的价值进行定量评估，其所提供的营销费用支持并不是随意给出的，而是经过定量评估计算而得的。

前面提到，由于有些零售商分类管理水平的提高，为供零之间的合作增加了很多新的矛盾，这些矛盾就存在于双方每天的业务往来中。零售商根据对分类的分析，认为顾客在此分类中并不关注品牌，而且顾客对此分类并没有寻求更多选择性的需求，那么零售商便做出了减少供应商数量的分类经营策略。如果分类中某供应商与零售商一样看到了顾客对此分类的需求，并认为这是顾客真实的想法，那么他们的分类经营策略当然不会是主动退出了，而是想办法使自己留下来，因为留下就意味着比以前有更大的销量。即便是面对一些分类管理水平落后的零售商，并没有对分类进行分析，更没有上述的分类经营策略，聪明的供应商也仍然可以不动声色地抢占其他供应商的市场份额，当其他某些供应商的销量太小时，自然会被零售商清场，由于分类是非品牌导向的，所以剩余的份额就是留下来的供应商的。此时供应商通过分析分类，便由被动变为主动了。

当零售商开始引入自有品牌时，就标志着他们开始真正研究品牌管理了，但是他们更关注的是在分类中各品牌的定位，以及自有品牌在分类中所处的位置。零售商希望为顾客提供更加丰富的商品和品牌，但是他们也不愿意看到有很多定位重复的品牌陈列在货架上，这不仅不能给顾客带来商品多样化的印象，反而使货架效率降低。因此，他们在开发自有品牌时，会选择分类中的空白区域，或者竞争不激烈的区域，包括在价格、包装和功能口味等方面体现出来的市场空白。不仅在自有品牌的开发过程中，而且在选择分类中的品牌组合时，他们也要通过判断哪些品牌没有明确的定位，或者有几个品牌处于同样的定位中，来保证各种不同定位的品牌都能摆上货架，零售商总是想让分类中的品牌有最合理的组合。但是，品牌管理是供应商的特长，他们拥有丰富的品牌管理经验，他们同样希望自己每个品牌都有一个明确而有差异性的定位，这样的品牌将会得到特定消费者的喜欢，而避开了同样定位下的残酷竞争，以及价格战。这次又令我们感到惊讶，在品牌定位管理上，供零双方又存在着同样的思路，零售商需要有差异性的品牌而提高货架效率并赢得不同的顾客群体，供应商则希望自己的品牌有差异性的定位而获得特定消费者的青睐。那么，差异性定位的品牌肯定会受到零售商的欢迎，而这样的零售商也会得到品牌管理出色的供应商的喜欢。

这时候我们得出了一个大胆的结论：不管是零售商还是供应商，双方在经营思路上其实是完全一致的，双方都在考虑着同样的问题，并用同样的思路去解决问题，也就是用同样的思路去为顾客和消费者提供服务。供零双方在竞争的同时，却在同一个舞台上演绎着同一场话剧，只是大家的角色和视角不同而已。这给了我们一个启示：如果供零双方在经营思路上有如此惊人的一致性，那么为什么供零双方不能应用同一种经营管理模式呢？假如双方使用了同一种经营管理模式，那么双方在一样的管理模式下会得出具有更多一致性的经营结论，并分别利用自己的优势和资源朝着同一个方向努力，那么供零双方的合作也许火药味就少了很多。那么到底什么才是供零双方都可以应用的经营管理模式呢？

二　分类管理融合了更多的营销管理思想

　　零售商和供应商双方在经营管理上的一致性，使试图寻找一种双方都能使用的经营管理模式成为可能。供零双方确实存在着互相依存和支持的关系，双方紧密合作的确可以更大地发挥各自的优势和资源，从而为消费者创造更多的价值。正是在这个前提下，分类管理诞生了，而且，它并不是单纯的零售商的内部营运管理，在分类管理中它融合了更多的营销管理思想。正如我们前面讨论到的，对分类的经营管理已经构成了零售商的经营管理核心，而且也是零售业最先进的管理方式，它指引着零售商不断发现顾客的购物需求，从而不断提供相应的商品以满足顾客。同样，营销管理也是供应商至关重要的经营管理内容，营销也是供应商与零售商合作中的最重要的部分。零售商的分类管理的结果会对分类中的供应商、品牌和商品发生直接的影响，而这种影响正是对供应商营销管理工作的一个回馈。同时，供应商的营销管理结果往往也影响到了零售商的分类管理，如果供应商并没有开发出 20 元以上的拖把，那么，零售商现有分类中的价格带空白将不能被这家供应商填补，零售商可能不得不寻找其他的供应商。

　　因此，分类管理就是在分类管理的框架下，融入更多营销的思想和方法。对于供应商来说就是，所有的营销管理问题都要放在一个分类的虚拟的货架下进行思考，这个虚拟的货架具有重要的意义，它远远比站在行业的角度来考虑营销问题更加有效。在行业的基础上考虑营销问题就如在大雾中开车，总是不能看清楚前面的道路，总是走到了十字路口才发现自己应该转弯了，但有时已经走过了头，有时则是在看不清其他车辆的危险情况下突然急转。或者说，是在标志不清晰的有几十个出口的地铁站寻找自己要去的出口。而如果我们有了一个明确的分类货架，就如同我们站在一个真实的分类货架前，所有的品牌、商品、价格、促销、陈列、产品功能、包装等等，都活生生地摆在了眼前。当然，这对供应商来说非常有价值。同样，分类管理对零售商来说也意味着对每个分类的经营管理能力的提升，它时刻提醒着零售商不能完全以内部绩效为导向，也不应该以每个供应商为导向，而应该更多地看到顾客的需求，更多地看看分类所在的外部市场的情况，使自己对分类的理解和判断更加趋向真实，而不会被自己超市的分类表现所误导。

但是，分类管理并不意味着以传统的营销管理理论为基本框架，恰恰相反，分类管理是零售商的核心经营管理模式，它完全体现在零售商日常的经营管理中，因此，分类管理是以零售商对分类的经营管理的基本结构为体系的。也就是说，分类管理不仅使我们看到了一个形象的分类货架，而且还给了我们一个以分类为核心的经营管理结构。当然，这并不是说分类管理要优于营销管理，而是正如我们一直讨论的，零售商在当今市场环境下的强势地位，以及营销因素控制权被零售商更多地掌握着。正如我在《供零战略》一书中讨论的，供应商为了更好地管理现代渠道，他们需要创造两个价值，即消费者价值和客户价值，客户价值的核心就是零售商的价值。因此，分类管理将会有助于使供应商更加理解零售商的经营思想和方法，这样他们才能为零售商创造更多的价值，从而获得零售商的支持。因此，在分类管理的结构中，出现了传统营销管理中没有的很多内容。比如，分类结构的定义、分类定位的确定、分类经营策略的制定等等。

即便是传统营销已经存在的内容，在分类管理体系中往往也带有不同的含义。比如，同样是定价，在分类管理中更多的体现了分类的整体定价，即从分类的角度看价格，如果某个分类在零售商内部是带来客流的分类，那么零售商会给这个分类中的所有商品制定更低的价格，当然他们也需要牺牲自己在这个分类上获得的一部分毛利。很显然，这与传统营销管理中的定价不同，如果供应商没有考虑到零售商对这个分类的定位，那么很容易出现供零双方在零售价上的冲突，但是在目前的供零关系现状下，吃亏的往往还是供应商。当然，这并不是要舍弃传统营销管理中的定价方法，而只是给供应商提供了一种新的定价方式，并作为传统营销管理中定价方法的补充，当然，这会使供应商对产品的定价更加容易被零售商接受。因此，分类管理的内容体现出两个特点：第一，在分类管理模式中，存在着很多零售商以分类为核心进行经营管理的内容；第二，分类管理中存在一些营销管理中的内容，比如品牌、产品组合、定价、促销等，但是分类管理是将他们放在了分类的框架下进行思考和管理的。

比如，市场细分是营销管理中一个重要的内容，任何一个产品和品牌都不可能满足所有消费者的需求，它们总是定位于满足特定的消费群体。比如，去屑洗发水是满足有头皮屑的消费者，而可口可乐公司的酷儿果汁是针对儿童市场的，有机蔬菜是给较高收入的消费者提供的，而普通居民很少购买。但是，当零售商对分类的经营管理水平很低时，零售商很容易忽略对市场细分概念的理解和应用，因为一般情况下零售商是要满足商圈内的所有顾客群体的需求，他们很难做到只满足一部分顾客的需求。但是，如果零售商结合市场细分的营销思想将会对吸引不同顾客有非常重要的作用。零售商希望吸引不同层次的顾客到他们的超市购物，因此选择了各种各样的产品和品牌，但是零售商往往非常重视产品之间的包装、功能和价格等的不同，却很少关注品牌之间对不同消费者的细分。也就是说，如果零售商忽略了对市场细分的关注，那么他们可能会在毫不知晓的情况下，失去一部分顾客，但是这些顾客是谁呢？零售商可能一直不知道。

因此，零售商如果在分类的框架下，认真分析市场上各个品牌的定位，然后根据自己超市的定位，以及周边顾客群体的特点，有目的地选择适合的品牌进入超市，那么不同定位的品牌就会为零售商带来不同的顾客群体了。而且，零售商还可以利用市场细分的方法，看到不同品牌所对应的消费群体，从而确定哪些品牌是重复性的定位，那么这些品牌是都要引进呢？还是选择一个或者几个呢？另外，零售商在清楚了不同品牌的定位后，即他们对应的消费群体后，他们将立足于有利的位置，来制衡那些有着相同市场定位的品牌。也就是说，零售商完全可以利用市场细分思想和方法，确定自己超市的每个分类需要哪些品牌才能覆盖商圈内所有不同类型的顾客，然后他们仍可以确定在众多有着相同目标顾客的品牌之间如何取舍，从而在提高自己货架空间利用率的同时，又增加顾客对商品可选择性的认知，最后零售商还可以利用不同品牌定位于相同的顾客群体，而使之互相制衡。零售商在应用市场细分思想之前，也就是具备更高的分类管理水平之前，以上提及的经营管理思想对于零售商来说几乎是空白的，即便有所作为，在很多情况下，也是无意识的行为。

其实从供应商的角度来看，分类管理带来的好处更大，可以给供应商带来更多的惊喜。假设供应商有一个新上市的牙膏，当他们在为这个产品定价时，如果他们应用分类管理的思想和方法，就可以使定价具有更加意想不到的结果。供应商可以想象一个虚拟的牙膏分类货架，在这个货架上放着各种品牌，各种价格、包装、功能的牙膏，它们实际上在分类的货架上构成了品牌的分布、价格带、包装分布、功能分布等。那么，从供应商给产品定价的角度来看，在整个牙膏分类中可以勾勒出清晰的牙膏分类价格带：在整个价格带中，哪些区域商品较多，也就是竞争比较激烈，哪些价格区域商品较少，那么就意味着竞争不是非常激烈。当然这还不够，供应商在给产品定价时，还要结合自己的品牌价值，那么供应商可以分析不同品牌的价格分布，可以考虑将自己产品的价格定位于稍微低于其品牌价值的价格，而打击与自己有同样品牌价值的竞争对手，获得更高的销售份额；也可以将定价略高于同等品牌价值的产品，因为你有可能发现竞争对手的同等品牌定价低于了他们产品的价值，那么竞争对手实际上在损失利润，并损害品牌价值。在分类的框架下，总能使供应商清晰地看到分类中竞争对手的状况，从而判断自己的位置，并寻找分类中的机会，最终获得更好的销售业绩。

供应商利用分类管理还可以做更多的考虑，比如供应商应该分析牙膏分类在零售商中的整体价格政策是什么，当然这与分类的定位有直接的关系，关于分类定位我们将在第五章"分类定位的确定和管理"中重点讨论。假如零售商希望牙膏分类给他们带来客流，而且牙膏是顾客的目的性购买分类，零售商不能不把这个分类做得更好，那么牙膏分类的价格政策就必然更加倾向于有竞争力的价格。因此，在考虑到新品应该首先有更高定价的前提下，在牙膏分类中可以适当减少毛利空间，给出较低的价格，这将符合整个分类的价格政策，那么就容易得到零售商的支持，而不用担心零售商会提出更多的毛利要求。其实，单独看一个零售商还不能完全反映出分类管理的作用，如果将各种业态的零售商综合考虑，分类管理的优势就更为显著了。就以一家便利店为例，牙膏分类可能对超市来说意味着利润来源，那么给出更高的定价是合理的，不仅能得到超市的支持，而且也不会损失销量。这是因为到便利店买牙膏的顾客并不十分在意价格，而是关注其便利性。因为他们刚好用完一支牙膏了，还没有时间去更远的大卖场去买。

　　不论是从零售商的角度还是供应商的角度，我们看到分类管理都能发挥巨大的作用，而且这种作用不仅像上面提到的那些，实际上分类管理给我们带来了另外一个价值，即一种全新的供零合作模式，这是一种更加容易被双方接受，并使其充分发挥作用的合作模式。此外，分类管理并不是在每个相关的模块中都要求供零双方完全无缝的结合在一起，在分类管理的某些模块中需要供零双方紧密合作，然而在另外一些模块中可能是供零双方各自应用分类管理和营销管理就可以发挥出很大的作用。不管怎么说，让我们来看看到底分类管理给我们带来了怎样的新型供零合作模式吧！

三　分类管理带来了新型的供零合作模式

　　分类管理不仅给零售商和供应商带来了一种新的经营管理模式，而且实际上它也同时开创了一种全新的供零合作模式。在当今供零矛盾激化的情况下，它更具有现实的价值。这种合作模式并不是品类管理那种合作方法，正如前面讨论的那样，品类管理存在着一些问题，而分类管理恰恰避免了这些问题。分类管理带来了这样一种合作模式：零售商和供应商使用同样的经营管理模式，即分类管理，这就使供零双方具有同样的经营和管理思想，并在日常的经营中应用同样的经营管理方法，从而使供零双方在日常合作的各个环节中，更加容易形成一致的观点和结论。当供零双方在合作的各个环节中都有了一致的结论和看法后，供零双方就存在着更多的默契，而且是双方发自内心的和谐。

比如对分类趋势的判断就是供零双方在分类管理的帮助下一个良好合作的例子。显然，零售商的货架空间是有限的，他们不能照顾到所有的分类，因此零售商对分类趋势的分析和判断至关重要。他们将根据分类的发展趋势安排分类的货架空间和促销资源等，从而保证零售商在满足顾客需求的同时，获得最大的货架效率。如果零售商通过分析几年的历史销售数据，判断出钢笔分类的销售在大卖场业态呈下降趋势，那么他们对钢笔分类的经营策略就将趋向于减少单品数量，并减少货架空间。如果一家做文具的供应商通过对行业的分析也发现了同样的发展趋势，那么他们自然要减少对钢笔分类的投入，减少钢笔的生产和研发，因此在与零售商合作时，他们就会决定减少钢笔的进店单品数量。那么，不管是供零双方谁先提出的要求，只要双方有对分类的分析和一致的结果，那么大家都会欣然接受。这样一来，供应商就不会因为零售商要削减他们的钢笔单品数量而气愤，甚至请客送礼避免钢笔单品数量的减少，即便"客情关系"发挥了作用，供应商保持了更多的钢笔单品数量，那么无论对供应商自身还是零售商其实都是不利的结果。同样，若供应商主动提出减少钢笔的单品数量，而向零售商提出是否可以增加中性笔的单品数量，如果零售商答应了，那么在快速增长的中性笔分类中供应商就有了更多的单品数量，其竞争力显然要好于其他供应商了。其实对于零售商也是一样的，即便零售商没有发现钢笔分类在下滑，如果供应商告诉他们这个事实，零售商在进行了初步分析后，也会参照供应商的建议减少钢笔分类的单品数量和货架空间，那么对零售商来说也是一个贡献。

如果我们从产品组合的角度来看也会得到同样的结果。假如零售商发现在某分类中，核心的价格点从 2 元上升到了 2.5 元，那么零售商将会努力寻找更多 2.5 元的产品，或者调整原来产品的价格以接近 2.5 元的价格点，这将有利于零售商获得更好的利润，并满足顾客对这个分类的购物需求。如果刚巧某供应商也同样发现了这个问题，他们迅速开发出了在 2.5 元左右的产品，去找零售商要求进店，那么这时候零售商还会犹豫吗？他们还会一直盯着进店费用不放吗？理智的零售商肯定不会的，因为适应顾客需求的产品尽快上架，将会为零售商赚取比进店费更多的利润。当然，供应商也因此而获得了更大的市场份额。如果零售商和供应商经常如此默契配合，那么零售商和供应商都会超越各自的竞争对手，这是双方合作的最佳收获。

其实只要想一想就足以令供应商和零售商倍感兴奋了，尤其是供应商，供零双方基于同样的经营管理模式而得出彼此接近的结论，那么供零双方的合作将会自然走向紧密。这绝不是零售商依靠强势力量给供应商施加压力而逼迫供应商屈从。当然，也不是供应商利用品类管理项目，或者手中的一些资源，骗取零售商的信任，而达到自己的目的。因此，分类管理是立足于供零双方都应用分类管理的经营管理模式，它使双方能互相了解对方的想法和意图，从而支持对方的经营决定。因此，分类管理使供应商和零售商有了共同的语言，他们的沟通将在分类管理的基础上变得简单，且易于沟通和理解，甚至在双方都有高水平的分类管理能力时，总是会不谋而合，这是一种多么愉快的合作状态啊。

分类管理更加强调供零双方都要应用分类管理的思想和方法，不管是零售商还是供应商，双方在合作中始终以分类管理为基本的工作方法和思想，并体现在各自的工作中。也就是说，分类管理并不像品类管理那样，强调供零双方必须共同成立一个项目小组，并在供应商的带领下共同工作。其实，分类管理更侧重于双方都要完全理解这种全新的管理模式，并在各自的日常工作中加以应用，然后供零双方在适当的时候会对分类得出同样的结论，从而实现更默契的合作。也就是说，供零双方各自运用分类管理是有意义的，而没必要在分类管理的各个模块中都共同操作。

此外，分类管理还强调一个观点，即供零双方在各自的工作中，在整个合作过程中，双方在每个模块中所具有的资源和优势不同，因此双方应在不同的模块中互相交换资源，并各自担负不同的责任。也许在某些模块中，供应商具有更多的优势和资源，那么供应商将要做更多的工作，从而提醒零售商。比如，在分类结构的定义中，由于最关键的资源是对行业的理解，显然供应商更具有优势，当他们发现随着市场变化，分类结构已经不合理时，那么他们可以进行独立的研究，然后将结果告诉给零售商，然后零售商在供应商的建议下，及时地调整分类结构，从而保证自己日常的分类分析工作的正确性。

我们仍然用分类结构进一步解释供零双方各自资源和优势的问题。分类结构是零售商分类管理的起点，分类结构实际上是零售商各个分类的有机组织，它限定了不同分类之间的相互关系。分类结构来自于对行业的理解，以及消费者对不同分类的看法，我们将在第四章"分类结构的定义和调整"有详细的讨论。在分类结构的定义中，零售商往往并不能扮演更加重要的角色，因为零售商无疑缺乏对分类所在的行业，以及整个市场上顾客对分类的看法的了解。但是相反的是，供应商在分类结构定义中却有着天生的优势，他们本身就是行业专家，所有的产品都是他们研发并生产的，他们从研发产品开始，就对产品的使用、功能、顾客需求特征、包装等有着清醒的认识；任何产品都是归属于某个分类的，而且一般情况下供应商总是力图生产临近分类的产品，以扩大市场份额，分摊生产成本、管理成本和营销成本等。比如临近的分类往往有同样的渠道，因此将众多的产品提供给一个渠道客户将会大幅度减少销售成本。可口可乐在饮料行业从碳酸饮料到果汁、纯净水等的扩散就是一例，当然有些供应商倾向于更大跨度地生产产品，比如法国达能不仅做饮料和牛奶，还拥有众多食品产品等。

　　那么毫无疑问，跨越分类越多的供应商越容易对各个相关分类有更深入的认识，他们清楚相关分类之间的关系，也了解当一个分类的市场规模足够大时，应按照什么标准将其进一步细分成小分类，以便于零售商进行管理。一个反面的例子是，当龟苓膏产品从药店刚刚走入超市时，由于国内生产龟苓膏的供应商虽然对行业有着深刻的理解，他们完全了解龟苓膏产品的特征，以及顾客对龟苓膏的消费特征和目标消费群体，但是他们却缺乏对分类管理的概念，他们根本不知道超市接受一个新的分类时，往往是无所适从的，超市不知道应该把这些看来怪怪的产品放在哪个分类下。很显然，放在不同的分类下意味着陈列位置的极大不同，很可惜的是，国内供应商没有一家想到告诉超市龟苓膏应该放在哪个分类下，它应该跟哪个分类有更紧密的关系，从而便于顾客的购买。同时，在这个分类中，根本没有外资供应商，就如豆浆一样，龟苓膏是一个典型的国内产品。结果是像家乐福这样的外资超市根本不懂龟苓膏是一个什么样的产品，于是他们便把它放到了罐头分类中，因为从外包装上看，它与罐头食品类似。这是一件很可笑的事情，购买龟苓膏的顾客们说什么也想不到龟苓膏居然放在了干杂食品部门的罐头分类的货架上。很显然，龟苓膏是一个目前来看季节性很强的产品，消费者往往认为它是在夏天防暑祛火的药物食品，那么把它们放到冷冻冷藏部门的冷风柜中至少是更合理的。麦德龙同样把龟苓膏放在了罐头的货架上，而本土超市，如华联吉买盛却恰恰是与盆菜、豆制品等一起放在了冷风柜中，显然华联吉买盛比家乐福、麦德龙做得更好。如果国内的龟苓膏供应商懂得了利用分类管理的方法，在分类结构定义中帮助零售商，那么就会带来整个龟苓膏分类的增长，这不仅有利于自己的销售，也帮助零售商获得了额外的销售增长。很显然，零售商在分类结构定义中是处于弱势地位的，他们缺乏更加专业的知识来做好这件事情，而供应商在此反而可以大显身手。

　　当然，在分类管理的整个过程中，零售商具有更多的优势和资源，我们在第二篇中会对每个模块进行详细的分析和讨论。但是，分类管理模式也并不是说供零双方要完全独立的工作，其实，正是因为供零双方在不同的合作模块中有着各自不同的优势和资源，因此双方在日常工作中，如果能更多地交流彼此的信息和优势，那么将会有助于供零双方更好地履行自己在分类管理中的职责。例如，虽然供应商对分类的发展趋势有更前瞻的看法，但是零售商的历史销售数据也会有助于供应商作出更正确的判断，毕竟购买行业数据也是不小的花费，而且购买的这些行业数据到底可信度有多大尚未可知。但是，零售商 POS 机中的销售资料至少是完全真实的，当供应商拥有了几个零售商相同分类的数据后，那么对其分类趋势的判断将会更加准确，若再将判断的结果分享给零售商，自然就形成了良性的合作关系。因此，分类管理模式同样强调供零双方信息的共享，以及优势的互补和建议，而这些都体现在日常的工作中，而不是体现于某个项目中，这是与品类管理的不同之处。

其实我们看到，在分类管理下的合作模式有两个显著特点：第一，承认供零双方在分类管理的各个模块中有着各自的优势和资源，因此双方应该在各自的专长领域发挥作用，然后将成果共享；第二，供零双方在资源和各自的优势上可以进行更多的交流，以帮助对方做好他们各自擅长的那部分工作。也就是说，分类管理并不把双方以项目的形式捆绑在一起，而是强调双方在各自的优势领域发挥作用，然后分享成果并互相给出建议。但是，这个大前提是，供零双方都应用分类管理，并都具有高水平的分类管理和营销管理能力，都是成熟和理智的企业。

分类管理为供零双方都提供了一个赢得更多竞争优势的机会。有着优秀的分类管理能力的零售商总能在自己的优势领域做得更好，而且也能更快地理解供应商正确的营销建议。同样，优秀的供应商也总能依靠分类管理对分类作出正确的判断，并采取相应的营销行动，因而总能更好地满足零售商的需求，或者在适当的时机给零售商更多的支持和建议，当然他们也会得到零售商更大的支持。那么最后，供零双方都能在各自的行业竞争中胜出。

虽然在分类管理下的供零合作模式是强调供零双方各自独立应用的，但实际上，供零双方并不是拥有对等的优势和资源的，毕竟分类管理是源自于零售商的经营管理实践。因此可以说，零售商完全应该而且也有能力独立应用分类管理，当然，如果得到供应商的支持，他们会做得更好。另外，供应商在整个分类管理过程中，有很多模块是无法独立运用的，而且也没有必要应用。也就是说，供应商独立的应用分类管理与零售商稍有不同，但是，分类管理是供应商一个全新的管理内容，它会给供应商带来新的价值，尤其是在供零合作中。我们将会在第二篇中对此进行详细的讨论。

四 分类管理将沿着零售商的管理大道前进

虽然分类管理代表了新型的供零合作模式，但是正如前文讨论的，分类管理仍然是以零售商对分类的经营管理过程为其主体结构的。如图3－1所示，依照零售商对分类进行经营管理的几个关键环节，分类管理共有七个组成部分：分类结构的定义和调整、分类定位的确定和管理、分类经营策略和目标的制定、商品结构的设计和保持、商品组织的设计和管理、分类的日常经营管理和分类的经营绩效评估。我们将在第二篇就每一个模块分别进行讨论。尽管看起来分类管理的结构与品类管理非常相似，如图3－2所示，但实际上两者之间存在着很大的区别。首先，这种区别体现在七个模块之间顺序的不同，比如在品类管理中将"品类评估"放在了"品类角色"的后面，这是整个品类管理中的第三个步骤；而在分类管理中将"分类经营绩效的评估"放到了七个模块中的最后。其次，品类管理和分类管理两者之间更大的区别在于：分类管理中增加了"商品结构的设计和保持"和"商品组织的设计和管理"两个模块，这两个模块正是零售商在对分类进行经营管理中，连接分类的经营战略和经营战术的关键部分。而品类管理中这两个模块的缺少也正是其缺陷所在，也就是说，缺乏了这两个部分更加说明了品类管理的供应商导向，它无法真正深入到零售商的内部经营中去。因为商品结构和商品组织也是零售商与供应商最易发生冲突的地方，而且是零售商最具有独立经营管理思想的环节。很显然，品类管理中这两个环节的缺乏是一种有意或者无意地回避。那么，缺乏了这两个环节的品类管理其推行结果将会导致零售商失去独立的商业思维能力。

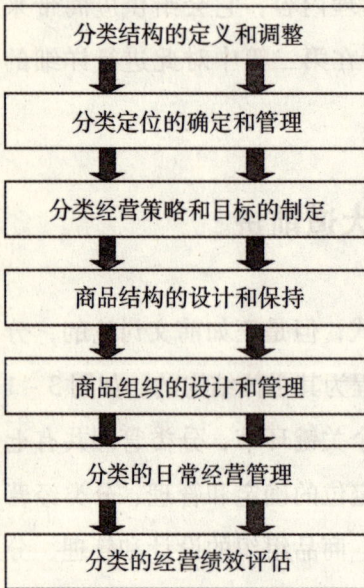

<table>
<tr><td>分类结构的定义和调整</td><td>品类定义</td></tr>
<tr><td>分类定位的确定和管理</td><td>品类角色</td></tr>
<tr><td>分类经营策略和目标的制定</td><td>品类评估</td></tr>
<tr><td>商品结构的设计和保持</td><td>品类评分表</td></tr>
<tr><td>商品组织的设计和管理</td><td>品类策略</td></tr>
<tr><td>分类的日常经营管理</td><td>品类战术</td></tr>
<tr><td>分类的经营绩效评估</td><td>执行</td></tr>
</table>

图 3-1　分类管理结构　　　　　　图 3-2　品类管理结构

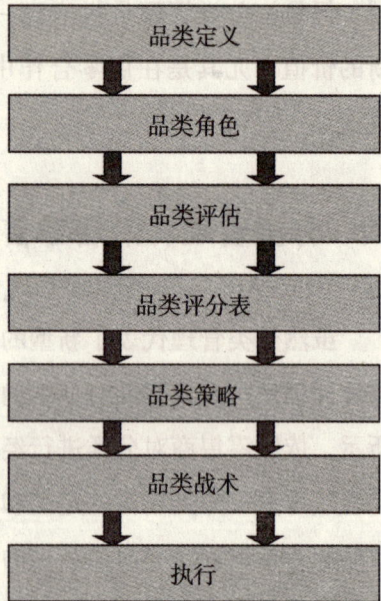

最后，分类管理与品类管理最大的不同在于：即便在看起来有着相近名称的每个模块中，实际上其内涵也有很大的差异。比如，在品类管理的"品类定义"中，更加强调按照消费者生活习惯的变化重新组合各个品类，甚至打破大分类和部门的界限，最终将这些重新组合的品类体现在货架的集中陈列上，这样能更好地满足顾客某一个特定的需求。但是，在分类管理中的"分类结构的定义和调整"中，更加强调零售商如何设计出合理的分类结构，这样才能保证零售商始终经营和管理正确的分类，否则零售商容易忽略对某些分类的经营管理，或者浪费零售商的资源而经营管理没有必要管理的分类。而以某个消费者生活主题为核心的陈列方式完全可以在不改变分类结构的情况下，单独调整相关分类的陈列位置就可以了。也就是说，分类管理中的分类结构更加侧重于讨论零售商如何能保持以正确的分类作为经营管理单元。如果零售商的分类结构定义错了，那么就意味着零售商将一直经营和管理着错误的分类。比如仍以龟苓膏为例，虽然它看起来确实是一个独立的分类，但是作为零售商来说，根本就没有必要像对待一个分类一样来评估龟苓膏的销售占比、毛利占比和平均毛利率等营运指标，因为它的市场份额实在太小了，在现阶段以单品来对待龟苓膏是更加合理的。但是如果零售商将龟苓膏过早定义为一个分类来管理，那么这无疑浪费了零售商的经营管理资源。

同时，对于零售商来说，分类管理这七个部分是一个不可分割的整体。零售商必须定期回顾整个分类管理的过程，至少一年一次是有必要的。而且在绝大部分的模块中，零售商是每日、每周、每月不间断在实施。也就是说，分类管理并不是一个项目性质，而是日常的经营管理。而供应商在分类管理的每个模块中则与零售商有所不同，他们更加侧重于分类管理的战略性部分，以及后面将提到的分类的经营绩效评估，而在中间的几个模块中，供应商更多的是支持零售商，我们在第二篇将详细讨论。

此外，需要说明的是，本书的写作方式并没有以外部案例的形式进行，而且也没有太多的理论推理。这是因为分类管理的目的是解决企业在经营角度上的问题，而并不是管理角度上的问题。那么，一个企业在日常的经营过程中，其最大的特点就是灵活多变，没有一个经营策略是固定不变的，因为外部市场环境和顾客是随时在变化的，尤其对于零售业来说，可以说每天都有很大的变化。因此，某个外部案例根本无法指引企业的日常经营实践，同样理论推理对于经营领域也没有太大的价值，在经营领域需要的是商业思维，是对市场的高度敏感性，或者说，企业在经营中有了某种艺术性，而这种艺术性不是源于天生，而是来自于长时间的经营实践和用心的积累。因此，结合零售业和经营本身的特点，我们更多的是运用了一种创新的讨论形式，即模拟经营场景的形式来讨论分类经营管理的原理和应用。显然，经营思想是说不尽的，而且随着外部环境和企业内部环境的变化，经营思想和策略总是应该随之快速变化，经营思想应该随着企业的日常经营实践而不断积累和提炼。因此，我们更多的是从经营思路的角度展开讨论，而不是关注于某个模块中的工具和方法。也就是说，分类管理的精髓在于经营思想或者说是"商业思维"，而不是理论和工具。

另外，在第二篇的讨论中，大部分都是以大卖场零售业态为背景来讨论分类管理的，但是，这并不是说分类管理只适用于大卖场业态，分类管理是没有零售业态的区分的。只是由于大卖场有更多的分类，而且其经营管理是零售业中相对复杂的，所以，我们才选择大卖场作为背景进行讨论。

接下来，我们将进入第二篇，即分类管理的核心部分，让我们尽快进入正题开始讨论吧。

小结

分类管理成为零售经营之魂

- **零售商和供应商的经营思想惊人的一致性**

    零售商和供应商其实在经营思想上是非常一致的，只是由于长期的竞争和积怨，而没有充分了解对方，这种一致性恰恰奠定了分类管理的基础。

- **分类管理融合了更多营销管理的思想**

    在分类管理中，融合了更多的营销管理思想，因此，分类管理使供零双方有了共同的沟通语言，使供零双方能更容易地理解对方。

- **分类管理带来了新型的供零合作模式**

    分类管理还带来了新型的供零合作模式，共同的管理模式，即分类管理，使双方的合作走向和谐。

- **分类管理将沿着零售商的管理大道前进**

    分类管理是以零售商对分类的经营管理过程为主体结构的。虽然表面看起来分类管理与品类管理的框架非常类似，但是两者之间存在着巨大的差异。

第二篇
分类管理是零售管理的提升及新型的供零合作模式

2006 年年底，家乐福在上海的门店中书写工具分类的陈列方式是：纵向按照笔的包装，横向按照品牌；而在同样的时间，沃尔玛在上海新开的五角场店的书写工具分类的陈列原则是：纵向按照品牌，横向按照包装。全球排名前两位的零售商为什么在同样的时间、同样的城市对同一个分类的陈列原则却截然相反呢？那么又是什么原因导致他们有了迥然不同的陈列设计呢？他们之中谁的陈列设计更加符合上海顾客对书写文具的购物习惯呢？

同样是在 2006 年年底，家乐福在上海的中山公园店，卖场面积大约接近 2 万平方米，他们安排了 5 个牙膏货架，5 个保暖内衣货架；而在同样的时间，仍然是沃尔玛在上海的五角场店，卖场面积大概有 2.5 万平方米，却安排了 4 个牙膏货架，2 个保暖内衣货架。为什么沃尔玛的五角场店拥有比家乐福中山公园店更大的卖场面积，但是这两个分类的货架空间反而是家乐福更大呢？又是什么内在因素驱使这两家超市做出不同的决策呢？针对这两个分类，究竟哪一种货架空间设计更加符合顾客的购物需求呢？

我们不管是家乐福的做法符合了顾客需求，还是沃尔玛的做法符合了顾客需求，但有一点可以肯定的是，两家超市对同一个分类有着不同的看法，那么也就有了不同的分类经营策略，最终就体现在能被顾客看到的货架上。然后，经过一段时间的经营，两家超市会得到不同的经营结果，即零售商的营业额和毛利，以及顾客对超市的满意度。所有这一切都源自于一个最基本的因素，即分类管理，它才是导致零售商之间绩效差异，以及顾客满意与否的一个最根本的因素。

再拟一例，国内一家大型的食品供应商，经过市场部对消费者的充分调查，开发了一款迎合消费者需求的新产品，并设计了完善的新品上市方案。但是，当他们的 KA 经理拿着新产品的样品和上市方案来到一家外资零售商的采购那里谈进店时，却遭到了采购经理的拒绝。那位 KA 经理一再强调，这是一个能迎合消费者需求的好产品，一定会受到消费者的欢迎。但是超市的采购经理告诉他，他们认为这款新品并不适应现在的市场需求，它应该是未来几年更加需要的产品，超市没有必要为未来的产品提供紧张的货架空间。

那位 KA 经理感叹道，零售商简直成了好产品与消费者之间的巨大障碍，为什么零售商不能理解供应商的营销意图呢？为什么零售商没有更多关注消费者呢？

第四章

分类结构的定义和调整

零售商失去了正确的分类结构，就意味着零售商错误地认识了外部市场，那么他围绕分类所做的一切工作都将与真实的市场无关，但遗憾的是他很可能一直蒙在鼓里。

一　分类结构是零售商分类管理大厦的基础

分类是零售商的基本管理单元，但是在分类简单朴实的外表下却隐藏着极其复杂的管理内涵，这不仅是因为每个分类在零售商的日常经营中总是处于不断变动之中，比如当月的牙膏分类比上个月的牙膏分类多出了5个单品；其实分类带给我们更加复杂的一面是分类之间的关联性，也就是说，零售商并不会孤立地管理每一个独立分类，虽然表面和开始的原因是零售商感觉到分类太多而带来的管理复杂性的增加，但是更加深层的原因是零售商们发现，各个分类之间有着一定的内在联系，而这种联系却给零售商的分类管理带来了更加有效和简捷的思路和方向。每个分类就如大网中的一个节点，当然在每个相邻的节点之间总会有些细线将它们连接起来，使各个分类不再是一个个孤立的节点。这些连接各节点的细线所代表的分类之间的内在联系就是顾客购买各分类的商品之间的联想和习惯，而这张大网就是零售商的分类结构。

分类结构将各个分类依照一定的逻辑关系组织起来，就如一个企业的组织结构，各个分类之间存在着类似的上下级关系和同事关系。分类结构构成了零售商的基本经营管理框架，比如分类结构将承载零售商的商业利润指标在各个分类上的分配，其利润指标分配的表现方式就如零售商将利润指针分配给各级区域采购部门一样，零售商也会在分类结构的框架下，将利润指标一层层分配到每个分类的头上。如果缺乏了分类结构，那么零售商将利润指标分配到各个分类将会变得毫无章法，对此我们在第六章中会有专门的讨论。

再比如，卖场布局设计、货架陈列设计和库存空间设计等也都是建立在分类结构的基础上的，某个大分类下的各个小分类必然要陈列在一起，从属于它的小分类很少能被陈列到其他的大分类之下，任何一家超市的牙膏小分类都不可能与饼干分类放在一起陈列，因为牙膏分类与饼干分类分别从属于两个不同的大分类。当然，这只是一个极端的例子，在实际的营运中，任何零售商都不会犯这种低级错误。但是，如果零售商在定义分类结构时出现了错误，势必导致各相关分类之间从属关系的不合理，那么就会自然出现各种不合理的卖场布局和陈列设计，不合理的布局和陈列所带来的负面作用显然使这些分类的营业额受到损失，但零售商只能在很长一段时间内才发现这个问题，而且他们有时并不一定能发现问题的真正原因。而这对于顾客来说却大不一样，顾客们往往比营运人员有更加敏锐的洞察力，他们会马上发现在购买这些分类的商品时，总是感到不方便，无法快速找到想要购买的商品，然后不得不询问超市里的营业员。

当然，前面的例子是描述了一种常规情况，但不排除还有其他特殊情况。比如在一些有极强关联性的分类之间，如鞋油和皮鞋，很多零售商就希望将它们放在一起陈列，沃尔玛更加擅长研究顾客在跨分类之间的关联购买，这当然也体现了顾客的购买习惯，虽然鞋油和皮鞋并不是从属于同一个大分类之下的两个小分类。

此外，零售商的采购部门和门店的组织结构也是完全按照分类结构进行划分的，比如百货是一个最大的分类了，它组成了零售商的采购和门店的百货部门，在百货部门之下还有文化用品分类、家居用品分类等等，它们组成了零售商的采购和门店的文化用品部门和家居用品部门。

实际上，分类结构在零售商经营中的重要作用不仅仅如此，不过通过以上的讨论已经使我们充分看到，分类结构是零售商经营中的基本管理框架，并成为零售商分类管理的基础。

零售商所有的商品都要纳入到各个分类中，而每个独立的分类最终也要纳入到整个分类结构中，每个独立的分类都是分类结构中的一名成员，正如每个商品是分类中的一名成员一样。但是，准确定义出一个分类结构并不是一件容易的事情，在大部分的分类中至今还没有如《中国图书分类法》那样的对图书的分类结构标准，而且目前的图书分类标准也并不能完全反映图书购买者不断变化的购买需求。这是因为分类结构定义的标准越来越受到外部市场的影响，即受到顾客购买习惯和购物需求的影响，它在逐渐摆脱行业和技术的羁绊，但这并不是否定行业技术在分类结构定义中的重要作用。总之，所谓的分类结构标准会因为市场的快速变化而无法适应顾客的购买需求，除非它能不断地调整以适应这种变化。

每家零售商以及供应商对外部市场或者说顾客购买需求的理解是不尽相同的，因此造成了各个零售商系统中的分类结构也是五花八门。但在各不相同的分类结构中，一定存在着一种最合理也就是最适应外部市场和顾客购买需求的分类结构，但它究竟是怎样的呢？毫无疑问，它肯定是属于那些对顾客的购买需求有更深入的理解，并可以随着顾客购买需求的变化而及时调整的零售商们。因此，对分类结构的准确定义是体现零售商分类管理水平的一个重要衡量标准，正确的分类结构定义无疑是来自于对顾客购买需求的准确理解，尤其是顾客在购买各个分类的商品之间的需求和习惯。

比如顾客在选择牙膏时，一般情况下，他们还会考虑到与牙膏相关的其他哪些利益呢？很显然，顾客在购买牙膏的同时也会想到牙刷是否需要购买，还有些顾客会想到爽口液、牙线和其他一些口腔清洁用品是否也需要购买了。那么以上的这些分类从顾客的角度看，就有了更强的关联性，因为它们都与顾客刷牙的利益有着直接的关系，那么它们组合在一起并形成一个更大的分类就是合理的，也是符合顾客的购买需求和习惯的，我们可以称它为"口腔清洁用品"中分类，在它的下面有牙膏、牙刷、爽口液、牙线和其他刷牙附属品等五个小分类。

借用欧尚使用过的一个分类结构大树能更加形象地理解什么是分类结构，如图4-1所示，图中的大树表示的是"口腔清洁用品"中分类，最大的三个树枝分别代表了三个小分类：牙膏、牙刷和附属用品，当然，如

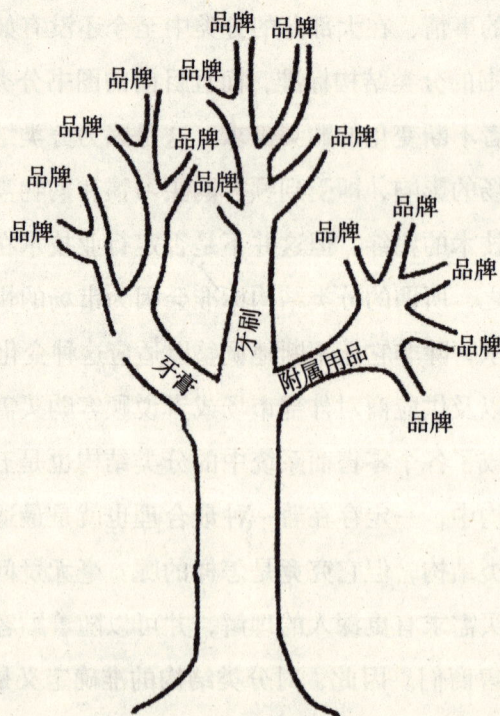

图4-1　分类结构大树

果我们细心观察会发现，这棵大树与前面例子中提及的情况稍有不同，缺少了牙线和爽口液两个小分类，它们将为我们后面进一步解释分类结构时，继续提供案例。随后在大树上我们看到，在那三个最大的树枝的外面是一些小树枝，它们就是每个小分类下的品牌和商品了。

如果站在"口腔清洁用品"中分类的角度来看，它并不是孤立存在的，零售商们发现，顾客在购买口腔清洁用品时，他们也常常会考虑到洗发水、香皂、洗手液、护肤品、剃须刀和面膜等商品，这些商品存在于洗发护发用品、美发用品、剃须用品和洗浴用品等中分类中。因为顾客会认为这些分类都是对人身体各个部位进行清洁时所使用的商品，它们之间存在着很强的关联性，所以它们又可以结合在一起构成"卫生清洁用品"大分类。如果按照这样的思路继续思考，那么顾客在购买"卫生清洁用品"大分类的商品时，还会有其他几个利益与之相关，比如美容化妆品和纸类用品等，很显然，美容化妆品和纸类用品同样是对人身体的护理，因此卫生清洁用品、美容化妆品和纸类用品可以组成零售商的一个基础部门了，比如很多零售商称之为"化妆品"部门。

作为一个完整的分类结构，到此并没有结束，也就是说不同的部门之间也会有不同的关联性，其实部门也就是大分类之上一个个更大的分类。比如熟食部门肯定与肉部门、蔬果部门和面包部门等有更强的关联性，因为它们都是提供食品给顾客，它当然与文化用品和电视的关联性更少一些，顾客一般是不会将它们联系在一起的，他们不会想，在买肉时顺便买回一台电视吧。因此零售商不同的营运部门依据其关联程度将会组成更大的部门，比如生鲜处往往要包含以上提及的几个部门，即熟食、肉、蔬果和面包，一般还会有鱼等。

因此，零售商只有准确地把握了顾客购买各分类商品时的关联思考习惯，才能定义出正确的分类结构。如果一家零售商没有正确的分类结构，其实意味着他们根本就没有深刻认识到顾客对各分类的购买需求之间的关联性，那么这家零售商将会走入一条错误的分类管理道路，不管用什么样的人才和管理流程，都不会得到顾客的满意，毫无疑问，他们的经营在开始时就错了。如果附近竞争对手的门店有了正确的分类结构，那么顾客会选择谁呢？他们会更喜欢去哪里购物呢？

在零售商的每个营运部门之下——比如蔬果部门、饮料部门和文化用品部门等——容纳着很多分类，这些分类都在各自的大分类的带领下形成了一个个完整的分类结构，这些更加具体的分类结构往往代表着顾客对某一类商品的购买利益，比如解渴、写字、充饥等，而这些大分类带领的分类结构形成了在单独的分类之上的一个独立的经营管理平台。如表4-1所示，这是一个软饮料的分类结构，在软饮料大分类带领下，有碳酸饮料和果汁两个中分类①。首先，我们把关注的焦点放在果汁中分类上。从表中看到在果汁中分类下有含纤维果粒、橙汁、苹果汁、其他果汁和浓缩果

表4-1　　　　　　　　　　**软饮料分类结构**

100	软性饮料
1000	碳酸饮料
10000	可乐
10001	无色（柠檬）汽水
10002	橙味汽水
10003	其他口味汽水
1001	果汁
10010	含纤维果粒
10011	橙汁
10012	苹果汁
10013	其他果汁
10014	浓缩果汁

①　在软饮料的大分类中，并不是只有这两个中分类，这里只是节选了这两个分类作为例子，以便于解释。

汁等五个小分类，它们是果汁中分类下的小分类，顾客可以在这五个小分类中挑选他们喜欢的口味。而在果汁中分类的层次上，顾客还可以考虑选择不买果汁饮料，而购买碳酸饮料，以及在软饮料大分类之下其他中分类的商品，因为不管怎么说它们都可以解渴。在软饮料大分类中，从各个中分类再到各个中分类下的小分类，构成了一个完整的分类结构，或者说这是一个完整的分类结构单元，它是零售商整体分类结构中，一个能代表顾客一类完整购物利益的商品组合单位。

其次，从顾客的角度看，在这样一个大分类中，各个中分类之间和小分类之间顾客有时会关联购买，有时也会做出替代性选择。比如顾客也许既购买了一瓶"酷儿"苹果汁饮料，又购买了一瓶2.5L的"可口可乐"，"酷儿"是给家里的孩子喝的，而"可口可乐"是给家中的成人喝的。但是这名顾客可能选择了"酷儿"的苹果汁后，就不会再选择购买"酷儿"的橙汁了，因为她知道她的孩子喜欢苹果口味的果汁饮料。顾客的这种购买习惯对零售商的分类管理有着重要的意义，因为顾客非常频繁地在大分类下各个中分类和小分类之间作出关联购买和替代性购买的决策，并且会随着时间和外部市场上的变化而不断变换着各种购买习惯，这些变化都直接带来了零售商各个分类的销售和毛利的变化，而且进一步又可以影响到零售商的商品组合、价格政策、陈列设计和促销计划等等经营活动的变化。而顾客在各个大分类之间却一般不会作出更多的关联性和替代性购买决定，顾客一般不会在购买啤酒和购买软饮料之间强迫自己作出选择，一般也不会在购买软饮料时，强烈地联想到要购买葡萄酒。因此，零售商将每个大分类所带领的分类结构作为一个基本的经营管理平台，会给零售商带来经营上的适应性和有效性，当然也只有这样才能在满足顾客购物需求的情况下获得更好的销售和利润。

因此，零售商在大分类的框架下，管理每个大分类下的中分类和小分类是合理的，而且也是非常有必要的。某个中分类和小分类的销售变化或者毛利变化会影响其他相关的分类，同样某个中分类或者小分类的销售变化或者毛利变化，有可能是受到其相邻的其他分类的影响。如果顾客更加喜欢喝果汁饮料，那么碳酸饮料的销量也许会下降，但是零售商会发现整个软饮料大分类的销量也许并没有多大的变化，不过由于碳酸饮料分类与果汁饮料分类的平均毛利率不同，可能会导致它们销量的变化给零售商软饮料大分类的毛利带来最终的影响。如果零售商果汁饮料中分类的平均毛利率高于碳酸饮料，那么碳酸饮料的销量被果汁饮料替代过来一部分，就增加了软饮料大分类的毛利，当然也就增加了零售商的整体毛利。同样，如果顾客越来越喜欢喝浓缩果汁，那么可能会导致其他几个果汁小分类的销量下降，但是零售商发现虽然他们果汁中分类的销量没有多人变化，但是果汁分类的毛利也许却增加很多，因为浓缩果汁的平均毛利率一般情况下要高于其他几个果汁小分类。

我们体会到，在一个完整的大分类框架下，对各分类的管理不仅要求理解并满足顾客的需求，而且对于零售商的自身经营也有着很大的影响。如果零售商发现了浓缩果汁分类的销量在增长，那么作为一个聪明的商人，他们完全可以迅速引进更多的浓缩果汁品牌和产品，并扩大其排面量，甚至将它调整到更好的卖场位置，那么不仅顾客需求得到了更好的满足，而且也增加了零售商自身的利润。本书充满着类似以上这种浓烈的商业思维，这也是本书想要传达的最核心的思想。

分类结构除了使零售商对分类的管理更加简单，以及提供了对一组相关联的分类的经营管理平台之外，它还给了零售商一个机会，即分层管理分类，实际上就是分层管理顾客的利益。比如零售商可以分析橙汁小分类的销售发展趋势，以及整个分类平均毛利率的变化，并设计橙汁小分类的陈列原则和陈列空间的大小；零售商还可以分析果汁中分类的销售发展趋势，以及其平均毛利率的变化，并设计果汁中分类的陈列原则和陈列空间大小。当然这还远远不够，零售商还可以继续分析整个软饮料大分类的销售发展趋势、销售占比和平均毛利率变化等等，也就是说零售商可以以同样的管理方式和管理内容来分析大分类、中分类和小分类，从而对分类，也就是顾客购买需求有了更加深入和细致的管理。

分类结构在零售商的经营管理上的意义还不止于此，零售商还可以对大分类下的各个分类之间的经营变化进行分析和管理，这就为零售商对每个分类的经营提供了更加明确的方向。如果零售商发现果汁中分类的销售呈现了下降趋势，其在部门中的销售占比下降了 3%，这时零售商会考虑，为什么果汁中分类的销售会下滑呢？问题出在哪里呢？我们可能会看看相关供应商和商品的绩效，以及其他的内部管理问题，比如是否饮料部门刚刚换过了采购员等，但是除此之外，分类结构还为零售商提供了另外一个更加有用的分析角度，即首先看看在果汁中分类下的这些小分类到底是谁的销量下滑了。比如通过分析销售数据发现，在果汁中分类下的五个小分类中，含纤维果粒小分类的部门销售占比下滑了 5%，而浓缩果汁的部门销售占比增长了 2%，其他三个小分类的部门销售占比未发生大的变化，那么问题的原因就找到了，是含纤维果粒小分类的销售出现了大幅度下滑导致了果汁中分类的销售整体下滑。

当然，找到了问题所在，零售商就会有明确的解决问题的方向，比如零售商发现含纤维果粒分类的销售下滑是由于此分类在整个国内市场上都在下滑，那就可以说明国内的消费者已经开始逐渐放弃对这个分类的需求，而转向浓缩果汁和其他的类似需求了。那么，基于这样的原因，零售商的改善方法也就可以轻松地制定出来了，他们应该减少含纤维果粒分类的品牌和单品数量以及陈列空间，而增加浓缩果汁的品牌和单品数量以及陈列空间，并继续跟踪果汁分类中各个小分类的销售变化，从而保证及时做出进一步的调整，直至有一天从软饮料大分类的分类结构中取消含纤维果粒小分类为止。对果汁中分类进行以上的调整后，经过几个月的经营，零售商也许会看到，果汁中分类的销售又恢复到了原来的水平，部门的绩效指标又可以轻松实现了。

并不是每家零售商的分类结构都是一样的，表 4 - 1 中的分类结构例子只是家乐福 2003 年的分类结构，正如前面提到的，这是由于每家零售商对顾客购买需求的理解不尽相同所致。而且更加有趣的是，并不是每家零售商的分类结构都像上面提到的是三层，有很多零售商采取了两层的分类结构，比如沃尔玛和欧尚就更加类似一种两层分类结构，他们的分类结构有可能只到果汁和碳酸饮料等中分类就停止了，而没有继续细分出橙汁、苹果汁等小分类。如表4-2所示，这是沃尔玛果汁饮料的分类结构，从表中可以看出，沃尔玛分类结构中的饮料大分类类似于家乐福的饮料部门，他们的小分类近似于家乐福的中分类，因此我们看到家乐福的小分类，即橙汁、苹果汁等在沃尔玛的分类结构中是没有的。

表4-2　　　　　　　　沃尔玛的果汁饮料分类结构

大类号	大类描述	中类号	中类描述	小类号	小类描述
1	饮料	2	果汁饮料	0	果汁
				1	纯果汁
				2	浓缩果汁
				3	其他果汁

　　分类结构的不同当然最主要的还是基于各零售商对顾客购买需求的理解不同，但是并不能说沃尔玛对顾客的理解就不如家乐福，实际上零售商对于分类结构的定义除了依据顾客的购买需求外，还会受到各个零售商自身经营和管理思路的影响。很显然，分类结构的层次越多，就越使零售商的经营管理趋于复杂，零售商将不得不管理更多的分类，对更多的分类做出经营决策，这必然会增加零售商的管理成本和经营管理难度，而且有的零售商会认为将分类结构划分的太细致并没有必要，他们认为这对其自身经营结果和顾客满意度没有太大的影响。不过，分类结构层次的不同体现在零售商的经营管理中却有很大的区别，而且细致地划分分类结构，能给零售商带来一个更大的好处，那就是零售商可以更加细致地分析并满足顾

客的利益，即顾客的购买需求。比如，如果零售商的分类结构只划分到果汁中分类就结束了，那么他们将无法对橙汁、苹果汁等小分类进行进一步分析，也就是说他们永远不知道橙汁和苹果汁小分类的销售趋势是怎样的，它们在部门中的销售占比是多少，它们的平均毛利率是多少并有什么变化，顾客是如何看待橙汁和苹果汁分类的，橙汁和苹果汁分类的陈列原则应该是什么，等等。那么在这种情况下，零售商就很容易忽视某些顾客的利益，也就是说，零售商根本就没有对这些顾客利益进行分析和管理，当然也就谈不上获得顾客在这个分类层次上的满意了。因此，从某种角度上来说，零售商分类结构划分的细致程度往往也代表了这家零售商分类管理水平的高低，换句话说，在给分类结构定义时，零售商的分类管理水平就已分出高下了，那么这将成为影响各零售商之间竞争态势的一个重要因素。

如果零售商的分类结构定义错误，将会给零售商带来一场其自身不易察觉的灾难。首先，零售商如果对某些分类定义错误，就会导致零售商总是管理那些不应该管理的东西，以及错误的管理各个分类之间的关联。假设在上面提及的例子中，浓缩果汁小分类在果汁中分类的销售占比很小，也就是说，它不具备成为一个分类的规模，那么如果零售商拿它与橙汁、苹果汁等小分类一起分析，就是浪费了经营管理资源。正如前面提到的口腔清洁用品中分类，在那棵分类结构大树上，缺少了牙线和爽口液两个小分类，那也许是零售商的明智选择，因为目前牙线和爽口液在国内市场的销量很小，零售商完全没有必要对它们进行单独的分析和管理，把它们都放入到刷牙的"附属用品"小分类中会更加合理。

其次更加可怕的是，分类定义的标准产生错误，将导致对分类的整体分析和管理方向的错误。如果某零售商把果汁中分类下的小分类按照包装划分，比如有 500ml、1000ml、1250ml 等，那么零售商对果汁分类的分析和管理就是将方向确定在了产品包装上，当然在这种情况下他们就不知道顾客是如何看待果汁分类中口味之间的区别了。如果顾客在购买果汁中分类的商品时，首先关心的是果汁的口味，那么显然零售商将失去分析重点，他们无从知道顾客对果汁口味的看法和满意程度，也无法分析果汁口味之间的顾客偏好，那么就会忽略顾客关键的购买需求。

最后，零售商如果错误理解了相关分类的关联性，也会给自己的经营带来麻烦。比如前面提及的龟苓膏的例子，如果零售商将龟苓膏小分类放在了罐头食品中分类下，那么它将与八宝粥、水果罐头、鱼罐头和肉罐头等小分类陈列在一起，即便是零售商发现不能把龟苓膏与这些小分类陈列在一起，而放在了他们认为更加合理的地方，但是在进行分类的数据分析时，零售商总是在考虑龟苓膏与水果罐头和沙丁鱼罐头之间的销售数据关联，可是龟苓膏与水果罐头和沙丁鱼罐头又有什么关系呢？显然，这样的分类分析不仅无效，而且遗漏了应该进行的分析，也就是说龟苓膏分类究竟会影响到谁，或者哪个小分类影响到龟苓膏。

当某个供应商企业引进或者开发了一款新产品时，也许并不会引起行业以及零售商的特别关注，大家认为那只不过是一款新产品而已，但是在很多时候，某些新产品正意味着一个新分类的兴起。这样的例子很多，比如"金龙鱼1∶1∶1"调和油开创了调和油分类，"九阳"豆浆机开创了豆浆机分类，"乐美文具"的一款中性笔产品开创了国内中性笔分类，当然更为著名的就是"可口可乐"开创了可乐型饮料小分类，等等。不仅如此，有些分类由于市场需求的扩大，零售商发现这些分类的销售占比也越来越大，它们可能由一个小分类演化成中分类，这就意味着零售商将这个小分类升级为中分类的同时，要考虑对这个分类进行进一步的细分，也就是在它的下面要安排一些小分类。比如在多年前的国内市场上，小包装油还是一个从属于调味品中分类下的小分类，但是现在它已经成为零售商分类结构中一个至关重要的中分类了，在它的下面有了色拉油、调和油、花生油、葵花籽油、橄榄油和茶油等；又比如，中性笔小分类在书写工具中的销售占比太大了，那么不管是零售商还是供应商毫无疑问都应该考虑将中性笔分类进行细分，唯一的分歧就是该以什么标准来划分中性笔分类了。

另外，在分类结构中，还有很多分类随着市场的变化开始出现衰退迹象，并会慢慢退出市场，也就是说分类与产品一样存在着生命周期。因此，零售商的分类结构并不是一劳永逸的，在分类结构中总会有些新的分类出现，而又有些老的分类退出，分类结构实际上需要不断进行调整。这种调整并不是零售商或者供应商人为的调整，而是以分类所在行业发生的变化为依托的，如果零售商的分类结构不随着市场变化，必将导致前面提到的分类结构错误，从而使零售商的经营管理无法适应外部市场的变化。

如表 4-3 所示，家乐福在 2002 年发现，在国内市场上，茶饮料中的绿茶出现了很多的新产品，而且其总体销量在大幅上涨，在分类中的销售占比也越来越大，因此他们在 2003 年决定在茶饮料的分类结构中增加绿茶小分类。虽然现在看起来这种决策并没什么新奇之处，绿茶几乎已经成为茶饮料中最大的一个小分类，但是在当时的市场环境下，零售商能及时发现增长中的新产品，并及时将它们作为一个新的分类来管理，并不是很容易的。又比如，龟苓膏过去一直是在药店销售的产品，当它首次进入上海的超市时，当时市场上只有一个品牌，但是短短的两年内，在超市的货架上已经能看到超过 5 个品牌的龟苓膏了，龟苓膏其实完全可以构成一个独立的小分类了，但是我确信现在很多零售商并没有将它加入到分类结构中去。当然，对于分类结构的调整不仅仅是增加，很多情况下，删除分类是一件更加频繁的事情，如表 4-4 所示，在糖果中分类下，家乐福发现棒棒糖小分类销售急剧萎缩，而且判断这是由于顾客对棒棒糖分类的需求

表 4-3　　　　　　　　　　　　茶饮料分类结构

茶饮料	Tea drink
红茶	Black Tea
奶茶	Milk Tea
加味茶	Tea with Flavor
凉茶	Herbal Tea
绿茶	Green Tea

add subfamily

表 4 - 4 糖果分类结构

糖果
水果糖
薄荷糖
奶糖
口香糖
泡泡糖
棒棒糖
特殊糖果
散装糖果

cancel

发生了变化,即顾客对棒棒糖的需求正在减少,因此家乐福同样在 2003 年决定从分类结构中把它删除了。

因此,为了保持分类结构的正确性和有效性,零售商定期对分类结构进行评估是非常有必要的,最合理的期限应该是一年。年度的分类结构分析和评估是零售商一项重要的经营管理工作,但可惜的是,很多零售商根本就没有这样的工作内容,他们不能每年对分类结构进行系统的评估,缺失了这样一个重要的经营管理环节,那么在未来的一年中如何能保证获得更加合理的分类结构呢?进而又如何能保证更好的管理各个分类呢?又如何通过优化分类结构不断满足顾客的需求呢?如此一来,为顾客提供优质的服务不就成了一句空话了吗?因此,零售商每年应该坐下来,对所有的分类进行逐一评估,以确定每个分类在分类结构中的去留,以及各分类之间的关系是否合理。当然在进行分类结构分析时,内部销售数据是最重要的依据,但这恐怕还不够,因为零售商在很多时候并不具备独立做好分类结构定义和调整工作的能力。虽然零售商对顾客购买需求的理解有着先天的优势,他们可以轻松地调查和分析顾客对每个分类的购物需求及其变化,但是零售商却缺乏对每个分类所在行业的了解,他们不能更加清晰地认识每个分类的行业特性变化和市场发展趋势,以及顾客对这些分类的总体看法及其变化，那么剩余的工作由谁来做呢？我们不要忘了还有供应商，他们才是行业专家，他们更了解消费者对某个行业的需求变化，他们也更了解各个分类之间的关系，因此他们将是帮助零售商进行分类结构定义和调整的最佳合作伙伴，那么供应商如何帮助零售商定义和调整分类结构呢？

二　分类结构是供应商需要添加的一个管理环节

到目前为止，所有人都认为分类结构的管理纯粹是零售商的经营管理范畴，虽然在分类结构的最初定义中供应商会起到一定的作用，但是分类结构在供应商企业内部的独立管理恐怕是绝大多数供应商所空缺的，尤其是国内供应商，很多跨国消费品企业早已领先一步，建立了品类经理的管理角色，并随之带来了品类管理相关工作内容。但是即便有了品类经理，也并不能说明这些跨国公司就有了对分类结构的管理内容，实际上他们一般只是在与零售商合作品类管理项目时，才对分类结构进行重新定义或者调整。因此，总体上来说，供应商并没有将分类结构管理作为企业内部一项常规的管理内容，这有时会致使供应商们对自己所在的各个分类的市场情况不能及时了解，当然也就失去了尽快调整策略以适应市场变化的机会，他们对分类结构中各个分类变化的感知往往滞后于市场的实际变化。

那么，当某个有着先进分类结构管理流程的零售商更加及时地对分类结构进行了适当的调整时，不仅分类中原本占据领先地位的供应商失去了指导零售商的能力，而且供应商对分类的认识变得与零售商不一致了，而这种不一致是由于零售商对分类结构的调整产生的结果，经过调整零售商比供应商理解的分类情况更加适合市场的变化。在这种情况下，供零双方对同一个分类未来的经营策略必然产生严重的分歧，在目前零售商处于强势地位的供零关系现状下，供应商更加无法在零售商的货架上体现自己的经营策略和思想了。这时候，供应商往往由于其分类结构不能更准确反映市场需求而使自己的分类经营走向歧路，也许是没有及时减少某个衰退分类的促销支持投入，或者是没有及时增加某个增长分类的产品研发力度，或者是眼看着竞争对手快速开发的产品占领了一个新兴的分类，并占据了先机。因此，在供应商企业内部增加完善的分类结构管理内容是极为重要的，与零售商一样，首先，分类结构为供应商的分类管理奠定了基础，也就是说供应商的分类管理也是从分类结构开始的，其管理思想与零售商几乎是完全一样的，分类结构也为供应商搭建了一个分类经营管理的平台。

其次，分类结构影响着供应商的分类管理方向，并影响着随之而来的企业资源投入方向的决策。换一句供应商经常说的话，就是它影响着供应商企业进入和退出某个细分市场的决策，以及决定哪些是其重点细分市场，哪些是其次要的细分市场等，而且能进一步影响到供应商如何将企业资源投入到各个细分市场上的决定。从消费者的角度来看，对分类结构有着很好管理的供应商总能不断开发出适应市场变化的新产品，这些新品实际上代表了一个新兴的细分市场，消费者认为这个新产品与其他的类似产品不同，代表了他们一个全新的利益；而且消费者们会发现，这些供应商的产品和品牌总是更多出现在成长性的分类中，消费者在这些分类中总是能看到标有他们品牌的产品；另外，这些供应商往往能快速退出和减少对衰退市场的资源投入，他们在这些分类中的产品和品牌会在消费者们的眼中逐渐消失，而并不会影响消费者对此品牌的信任和忠诚。

假如有一家生产小包装油的供应商，他们的产品几乎覆盖了小包装油市场上所有的油种，从大豆色拉油、调和油、花生油到葵花子油、玉米油、橄榄油和茶油等都有他们的品牌，我们先不讨论他们在各个油种中是采用了单一品牌，还是多品牌的策略。如果他们有完善的分类结构管理流程，那么他们会与零售商一样，每年对自己商品所在的分类进行一次分类结构评估，供应商无疑是行业专家，他们应该有充足的数据分析分类结构，甚至一些分类中的大供应商根本就不用购买外部资料，自己在全国的销售资料已经基本上代表了整个行业的发展趋势。如果他们发现在国内一级市场上，葵花籽油、玉米油和橄榄油等分类的市场份额都有大幅度的增长，实际上这是一个真实的市场趋势，如果我们留心超市的小包装油货架就可以发现，围在橄榄油和茶油等分类旁边的顾客明显增多了。而色拉油和调和油等低端油种的市场份额出现了大幅度下滑的趋势，尤其是大豆色拉油分类。供应商可以通过外部数据和内部数据分析得出结论，在国内一级市场上，高端油种市场呈现上升趋势，而低端油种市场呈现下降趋势，此时他们确信高端油种将走向较快的发展之路，而一些低端油种将逐步走向衰退。

那么，面对小包装油分类的市场趋势变化，供应商便可以对分类结构做出明确的调整。假如他们以前并没有把玉米油和橄榄油作为一个独立的分类来管理，而只有几款玉米油和橄榄油产品，那么此时他们可以决定将玉米油和橄榄油作为两个独立的小分类来管理，使其与色拉油、调和油、花生油和葵花籽油等共同组成小包装油中分类，也就是说在这个中分类下，又增加了两个小分类。在新的分类结构框架下，供应商将会对各个分类的管理和资源投入方向有更明确的认识，供应商无疑可以将公司当年的资源更具倾向性地投入到玉米油和橄榄油等高端油种中，而这部分资源的来源是进一步减少对低端油种的投入。当然这有可能体现在产品的研发、营销费用投入，以及不同渠道的重点投入等上。公司决定在玉米油和橄榄油等高端油种中将要投入更多的产品品种，以及加大对高端油种的促销和广告力度，并拿出部分资金投入到重点零售商的货架陈列改善上，而这一切都可以以一个完全量化的指标分配到玉米油和橄榄油分类上。而且供应商还可以推行这样的策略，在大豆色拉油分类中，积极与零售商配合生产零售商的自有品牌，从而尽量多占据一些市场份额，这样他们就做好了将来从这个分类中退出的准备。经过这一系列调整，如果供应商率先占据了高端油种市场，其实就是占据了未来的市场，假设他们现在还不是此分类中国内市场上的第一供应商，但是当他们占主导地位的高端油种有了更大的市场份额后，他们必然将成为新的市场第一。那么他们将会是一家充满希望的、明智的供应商，他们定会在未来的竞争中逐渐走向优势地位。

不过一般情况下，一家供应商的产品和品牌并不会进入大分类下的所有中分类，或者某个中分类下的所有小分类。比如，某家供应商可能在口腔清洁用品中分类下没有牙刷小分类，或者没有刷牙附属用品小分类，而只有牙膏小分类；当然在大分类下，缺失某些中分类的可能性就更大了。比如在软饮料大分类下，某些供应商没有碳酸饮料中分类，或者没有茶饮料中分类等是很常见的，因为从行业角度来说，各个中分类之间往往有很大的差异。比如，碳酸饮料与茶饮料，口腔清洁用品与美容化妆品或纸用品等。再次，在这种情况下，其实分类结构给供应商提供了另外一个非常有价值的管理角度，即从分类的角度看到市场机会。供应商在分析和评估分类结构时，很容易发现分类结构中的新兴分类，即发现新的细分市场的机会，假如在市场上出现了一个新的产品，即便是行业内其他供应商开发的，甚至在拥有此新产品的供应商还未察觉的情况下，认真做分类结构评估的供应商很容易发现这个新产品实际上代表了一种新的顾客利益，也就是代表了一个新的细分市场，而不是一个普通的新产品。那么，供应商完全可以迅速开发类似的产品，尽快进入这个新的细分市场，如果配之以合理的品牌策略，甚至有可能替代第一个新产品，而使自己的品牌成为这个未来新兴的细分市场的代名词。

当这个新产品所代表的细分市场的市场份额足够大时，做分类结构评估的供应商又可以率先发现这个变化，并将它作为一个独立的分类加入到分类结构中去管理了。正如前面提到的玉米油和橄榄油分类，并不是每一家生产小包装油的供应商都能同时发现这两个分类的价值；当然，假如供应商发现虽然茶油确实代表了一个新的细分市场，但是在目前的市场环境下，它的市场份额还很小，还没必要将它定义为一个新的分类。那么这也是一个明智的选择。因此，供应商在做分类结构定义和调整时，更容易使自己站在一个个分类的角度，即一个个细分市场的角度来看待产品，并能更加清晰地理解消费者的利益，当然这就为更好地满足消费者的需求提供了机会。同样，供应商在定义和调整分类结构的同时，还能更加清晰地发现哪些分类的销售呈现出了衰退的趋势，从而尽快采取措施应对。虽然在市场营销的理论体系下，早已提出了行业和产品的生命周期理论，但是从分类的角度来看，分类管理为供应商及时判断行业的生命周期提供了更加有效和简捷的工具，这正是它在供应商经营中的独特作用，分类管理更好地保证了供应商经营和投资方向的正确性。因此，认真执行分类结构评估的管理流程，能够保证供应商不会错过进入和扩大新的细分市场的机会，同时可以及时发现衰退分类避免企业资源的浪费。

最后，在定义和调整分类结构的同时，供应商不得不认真做一个思考，即在某个大分类下各个中分类之间的关系，以及某个中分类下各个小分类之间的关系，实际上也就是考虑消费者各个相关利益之间的关系，也可以说是各个细分市场之间的内在联系。比如在茶饮料中分类下的红茶、绿茶、凉茶、加味茶和奶茶等各个小分类，这些小分类代表了各个茶饮料的细分市场，同时它们代表了顾客对茶饮料不同的利益。如果认真分析各个小分类之间的关系，供应商很容易发现哪些小分类代表的利益更受消费者的青睐，哪些小分类代表的利益正在向另外一个小分类代表的利益转移。也就是说，各个分类之间的关系变化导致了茶饮料中分类的销量和利润在各个分类之间的变化，那么相应的企业资源将依据消费者利益的变化而随之调整，以使自己的产品、品牌、定价、促销和陈列安排等都能适应这种变化。供应商的资源和经营方向随着消费者利益的转变而快速调整，这无疑为供应商满足消费者需求提供了更多的机会。

如果在茶饮料中分类下，凉茶小分类的销量持续增加，而茶饮料中分类的总体销量没有变化，那么很显然凉茶小分类的销量是来自于茶饮料下的其他小分类，比如奶茶小分类等。这时，供应商很容易在茶饮料中分类的框架下，重新分配企业资源和经营方向，从而更快适应消费者需求的变化。而且，定义分类结构时，供应商必须不断深入重新思考顾客利益，比如到底消费者在购买书写工具时最关心的利益是什么？他们追求的利益本身是否在发生变化？他们是更关心书写工具的外观和包装，还是更加关心书写工具的专业用途和笔头粗细？消费者的这些利益变化将成为供应商和零售商定义分类结构的最关键要素，也就是说，消费者最关心什么利益要素，那么供应商和零售商就应该依据这个要素定义其分类结构，或者调整分类结构。比如消费者如果对书写工具的利益需求因素转变为用途，那么也许对于书写工具中分类下的小分类的划分将是考试用笔、时尚用笔、办公用笔、专业用笔等等，而不是现在的钢笔、铅笔和中性笔等，当然这只是我们的假设。因此，做分类结构定义和定期调整的供应商必然更加了解消费者的需求，他们是研究消费者需求的专家，那么当供应商对消费者需求有了更加深入和准确的理解后，势必会对供应商的资源投入、品牌管理、产品研发等各个方面带来巨大的帮助。

看来，供应商将分类结构管理纳入到企业常规的经营管理中是非常有必要的，虽然添加了这个管理内容会带来供应商管理成本的小幅增涨，但是它将给供应商带来很多实实在在的收益，而这种收益对于增加的管理成本来说可以说是事半功倍的。第一，分类结构管理使供应商成为零售商心目中的行业专家，使零售商在分类结构的定义和调整方面对供应商产生更大的依赖性，并因此容易受到零售商的尊重和支持，而且在同样的分类结构下，供零双方更容易取得一致的经营方向和思路，这无疑提高了供应商的现代渠道管理能力。因为零售商在分类中的营销资源是有限的，分类中的某个供应商获取了更多的资源，那么分类中其他的供应商将不得不接受更少的营销资源，那么认真做分类管理的供应商往往会在占据更多的货架空间的优势下，进而提升自己品牌的心理空间。第二，分类结构管理使供应商比分类中的其他竞争对手更及时地掌握行业市场的细微变化，也就是消费者需求的变化，从而能尽快地采取措施适应这种变化。因此，供应商能在更好的满足消费者需求的前提下，更加有效地利用企业资源，从而为自己在行业中建立竞争优势奠定基础。

三 分类结构使供零双方站在了同一个经营管理平台上

毫无疑问，当供应商和零售商有了同样的分类结构后，那么就意味着供零双方拥有了同样的经营管理平台。从分类管理的角度看，这能使供零双方总是管理着同样的分类，如果从消费者的角度看，供零双方则总是管理着同样的消费者利益。在这种合作情况下，至少供零双方有了更好的沟通基础，因为双方对顾客利益和行业有着同样的理解和认识，他们有了共同的语言进行交谈。相反，如果供零双方没有一样的分类结构，那么双方提供的看似描述一个分类的数据结果可能就会出现意想不到的分歧。比如，如果零售商将玉米油和橄榄油等都纳入到了"其他油种"的小分类下，而没有将它们独立出来，那么供应商对玉米油和橄榄油小分类的分析结果将对应零售商"其他油种"小分类中的数据，而这些数据可能还包含着橄榄油、茶油等等油种的资料，或者是零售商根本就拿不出来这两个分类独立的销售数据。

更有意义的是，供零双方有了同样的经营管理平台，更加有利于使双方的经营策略和战术趋于一致性。比如，零售商也决定将原来没有的玉米油和橄榄油小分类作为独立的分类而加入到小包装油的分类结构中去，那么零售商必然会决定在明年对玉米油和橄榄油两个小分类安排更多的商品数量、更大的陈列空间和更多的促销资源等。同样，供应商基于同样的经营思想，决定在这两个小分类上投入更多的产品研发资源、更多的陈列费用和促销费用等，那么很显然，供零双方对这两个小分类的产品数量、陈列空间、促销支持等经营决策都会产生一致的意见。如果零售商决定从分类结构中取消掉含纤维果粒小分类，那么随之而来的经营策略必然是减少这个小分类中的商品数量，缩小其陈列空间，减少其促销资源的投入等；基于同样的思路，生产果汁产品的供应商在面对含纤维果粒小分类市场份额快速下滑的情况下，必然会产生同样的经营策略，即减少生产此小分类的产品数量，停止对这个分类的产品的研发活动，减少对这个小分类在陈列上的投入，并取消在这个小分类上的促销支持等。不管是对零售商，还是供应商来说，这将是一种多么令人神往的、默契的合作状态。当然，不可能所有的零售商和供应商都能有一致的分类结构，也就是说总会有一些零售商或者供应商由于缺乏科学和理性的分类结构管理内容，使之失去如此默契合作的机会，而总是陷入一种互相冲突和不理解的不良的合作状态中。

在分类结构的定义和调整中，零售商和供应商有着各自不同的优势和资源。定义和调整分类结构并不是一件很容易做的工作，零售商和供应商对行业的准确理解，以及对顾客购买需求的准确理解是分类结构定义和调整的两个基本要素。但是在分类结构的定义中，供应商发挥了更大的作用，因为他们是行业专家，分类中的产品是他们研发并投入到市场上的，在这之前，他们对行业技术及消费者需求是有着深入了解的，至少是在其中的一个方面。因此，他们对分类所在行业的技术特征和未来的发展趋势有着准确的判断，而且他们也更加理解消费者对这个分类的看法及其变化。而零售商在管理众多分类的情况下，他们无法也没有时间对每个分类进行充分的理解。更加重要的是，他们没有研发产品的职能，这使他们无法真正理解消费者对此分类的需求，因此零售商根本无法正确判断什么是更加符合市场和消费者需求的分类结构。而当分类结构定义结束后，零售商在分类结构的调整中却拥有比供应商更多的资源和优势，在每年的分类结构评估中，零售商利用其分类的销售数据很轻松地分析各个分类的销售规律，从而能更加直接的判断出各个分类的发展趋势，使分类结构调整变得有效而简单。

但是，供应商在每年的销售数据中，拥有的只是自己产品和品牌的销售情况，即便这些销售数据是覆盖全国市场的，也仍然不能窥见所在行业的全貌，因而无法知道整个分类的发展趋势是否与自己的产品和品牌的销售趋势一致。比如，供应商知道自己的产品在全国市场上今年比去年的销售增长了20%，但他们不敢确定整个分类的销售增长是否也是20%，这两者之间几乎没有更加直接的联系。当然，零售商的内部分类销售数据也并不能完全代表这个分类在市场上的表现，比如零售商知道中性笔分类在其书写工具中分类中占有60%的销售份额，但是这不能代表其在外部市场上总体的市场份额也是60%。因此，零售商需要结合一定的外部数据进行分析，而这时供应商在整个市场上的产品销售数据将是零售商分类数据很好的补充。当零售商和供应商发现，零售商的中性笔分类增长了20%，而供应商所有的中性笔产品也增长了20%左右时，那么双方就可以判断出整个中性笔分类趋势存在着20%左右的成长。因此，双方的数据分享以及就此的共同分析，能够使供零双方在很低的数据分析成本下，获得相对准确的分类结构。

另外，供应商比零售商更容易发现新的分类，也就是说，当在原有分类结构中需要加入一个新的分类时，供应商比零售商更容易发现这个时机，而零售商在这时会表现得更为麻木一些。因为一个新的分类首先是源于某个新产品被行业内其他竞争对手竞相模仿后，使这个潜在的分类的市场规模不断扩大，最终形成了一个分类的规模。但是，零售商在一般情况下，无法分析到每个商品的销售表现，分类分析已经是他们最小的分析单元了，当然这与零售商对商品的80/20销售分析并不冲突，很多零售商有着类似的分析方法，但是某些新品的销量不一定就能进入到零售商部门或者分类中的销售前20%的排名中去，而同样使零售商无法发现潜在的新分类的机会。其实，零售商也希望对每个商品进行分析，但是由于能力达不到，或者零售商认为没有必要全部由自己进行分析，就形成了沃尔玛的做法，即利用自己开发的零售链系统，将对每个商品的分析交还给供应商来管理。

但是从一个相反的方向看，零售商对分类结构中衰退分类的判断要优于供应商，供应商经常看到的是其产品的销售趋势，而无法判断某个产品的销售持续下滑是否是整个分类的销售下滑，而且即便知道某个产品的销量持续下滑，供应商也不希望尽快从市场上撤销这些产品，而是尽量坚持到最后以获得最后的利润，或者抵抗行业内的竞争。但是零售商往往不会这么想，超市的货架空间是有限的，零售商不愿意给处于衰退期的分类更多的货架空间，他们希望能尽快将衰退分类的货架空间转移给成长性的分类，这样他们能获得更好的货架贡献率。因此，零售商有很大的动力来认真分析哪些分类处于下降趋势，即使他们内部的销售数据不能完全代表整个分类在外部市场上的表现，他们也仍然愿意相信自己的分类销售数据的分析结果，以能尽快地采取改善措施。即便决策错了，对零售商来说也只需要把货架调整回来即可，并不需要付出更多的代价。

因此，供零双方完全可以利用各自的优势和资源，共享双方的销售数据，以及对分类的判断，对分类结构进行定义和调整，从而保证获得准确的分类结构。零售商应是分类结构定义和调整的主体，他们拥有详细的分类销售历史数据，这使他们很容易判断各个分类的销售状况和趋势，而且分类结构是零售商分类管理的核心，是零售商不得不重视的工作。在分类结构的定义和调整中，需要供应商从行业角度以及整体市场的销售数据的把握上，为零售商提供分类结构定义和调整的建议，甚至在必要的时候，可以彻底修正其分类结构，从而保证供零双方的沟通能够运用同样的分类结构。因此，在分类结构的定义和调整中，零售商对供应商存在着很大的依赖性。

供应商在分类结构定义和调整中也存在着一些问题，最主要的是供应商的自我经营导向，而且这恐怕也是难以避免的，供应商当然倾向于告诉零售商说，"某些分类在增长，所以你们要重视"。但是，供应商的出发点很可能是因为这些增长的分类正是他们的重点分类，或者未来的重点分类，而不一定就是在未来的市场上真的有增长的分类。因此，这时候零售商需要保持冷静的头脑，对供应商的分类结构建议加以分析和利用。供应商在分类结构定义和调整中存在的另外一个问题是，一般情况下某个供应商并不可能进入无限的商品分类，至少很少能看到某个供应商的产品能覆盖一家大卖场的整个部门，即便是宝洁这样跨越分类很多的供应商，在化妆品部门也仍有很多分类是他们没有进入的，因此这就使供应商在做分类结构定义和调整时容易一叶障目，在有限的分类中，无法看清楚更大环境下的分类结构。比如，如果某供应商的产品只集中在葵花籽油、玉米油和橄榄油三个小分类上，那么他们就很难帮助零售商做出更加完善的小包装油分类的分类结构。

此外，有很多供应商在一个部门中进入的分类彼此之间并没有很强的逻辑关联，比如某供应商分别进入了铅笔、胶棒和办公耗材等分类，那么这家供应商由于在几个有限的分类中，彼此之间的逻辑关系距离太远，那么也容易使他们失去判断分类结构的优势。而如果某供应商同时生产中性笔、钢笔、铅笔、圆珠笔、画材和书包等，这些分类几乎能构成学生文具用品中的大部分，那么它们之间有了更强的关联性，因此这家供应商就会对学生文具用品分类结构看得更加清楚。那么他们就应积极提供行业建议，甚至是完整的分类结构，并说服零售商应该改善现有不合理的分类结构，这其实对零售商提供了很大的帮助。当零售商融入了一些市场细分等的营销思想，而供应商添加了分类结构等的管理思想后，供零双方就更容易得到更加适应市场和消费者的分类结构，从而为双方构建一致的经营管理平台奠定了基础。那么在同样的经营管理平台上，供零双方更容易在经营策略上达成更多的默契和一致，从而摆脱日常合作中的各种冲突，也为供应商和零售商在各自的行业竞争中获得更大的优势和发展空间提供了帮助。

小结

分类结构的定义和调整

- **分类结构是零售商分类管理的基础**

  零售商必须正确定义分类结构，并定期对分类结构进行评估，从而根据外部市场变化及时调整分类结构。

- **供应商应在常规的经营管理中加入分类结构管理内容**

  供应商应该在常规的经营管理流程中加入分类结构管理内容，这不仅能使供应商赢得指导零售商的机会，从而获得零售商的支持，而且能使其更加深入地了解消费者的需求和各细分市场的变化。

- **零售商渴望得到正确的分类结构**

  零售商应是分类结构定义和调整的主体，他们拥有分类的历史销售数据，但是他们缺乏整体市场上的销售数据以及对行业知识的了解，因此零售商在分类结构的定义和调整中对供应商有很大的依赖性。

- **供应商是行业专家**

  供应商在分类结构的定义和调整中，应积极为零售商提供建议，因为供应商是行业专家，他们拥有更多的行业销售数据。但是，供应商也往往会有自我经营导向，这有些时候会使其失去公正性。

- **分类结构为供零双方搭建了一致的经营管理平台**

  供零双方各自提供自己的优势和资源并分享数据，从而保证分类结构的正确性，这将为供零双方在日后的经营管理中带来更多的一致性，从而使双方的合作摆脱不断的冲突，而变得更加默契。

第五章

分类定位的确定和管理

在零售商眼中,每个分类是不平等的,零售商会用不同的经营态度对待不同的分类,并为不同的分类提供不同的资源,当然,每个分类也为零售商带来了不同的价值。

一 分类定位是分类管理的起点

零售商有了合理的分类结构,就为其日常的分类管理奠定了坚实的基础,那么,零售商的分类管理之旅就可以开始了。但摆在零售商面前的一个难题是,面对每个营运部门中众多的分类,如何将超市中有限的资源合理地投入到这些分类中呢?难道这些分类都应该投入同样的资源吗?零售商希望自己诸如货架空间、促销位置、商品组合和价格政策等的资源投入都集中于满足顾客的购物需求上,并由此使自己在当地的零售商市场上获得成功。但可以肯定的是,顾客在购买各个分类的商品时,对这些分类的看法和期望是不一样的。比如,顾客也许在购买休闲食品时,对价格并不是很敏感,而更加关注其时尚性;但是在购买酱油时,顾客也许更加关注的是商品价格；而当他在选购沐浴露时，品牌又成为他选择的第一条件，他每次都是毫不犹豫地拿走"舒肤佳"品牌的沐浴露。又比如，顾客走在路上口渴时，可能会到处寻找便利店购买冰冻饮料，并在路上就迫不及待喝掉了，但是当顾客走在一家大卖场的饮料货架中间时，她则会选择购买一个大瓶装的饮料带回家，并放到冰箱里等一家人慢慢享用。

因此，零售商毫无疑问应该考虑针对不同的分类有必要提供不同的服务，这是由于顾客在购物时对不同分类的购物习惯和期望的不同所要求的。而且，经验丰富的零售商还会考虑自己的资源应该尽量多地投入到更有价值的分类中去，而不是投入到那些无法为自己带来更多利益的分类中，这将帮助零售商优化自己的资源投入，从而使之发挥出资源最大的价值。但是到底在所有的分类中，哪些分类能给零售商带来更多的价值呢？哪些分类正在走向衰退而无利可图呢？这时，分析每个分类并确定每个分类的定位，或者称之为分类的角色，就成了零售商进行分类管理的第一步。分类定位保证了零售商的资源合理投入到各个分类中去，并能在各个分类中恰当并更好地满足顾客的购物需求。而且，这将使零售商在日常经营中实施分类管理成为可能。

由于各个零售商和供应商对分类定位的理解不同，目前存在着多种不同的分类定位方式，但是将所有的分类划分到四种分类定位中，即目的性分类、标准分类、基础分类和季节性分类，是目前最流行也是最为合理的一种分类定位方式。这种对分类的定位方式正是基于零售商针对每个分类希望向顾客提供不同的服务的理解，当然，在不同的分类中提供不同的服务，也就意味着零售商将会对不同的分类付出不同的资源。实际上，通过对分类的定位，零售商巧妙地把企业资源投入与为顾客提供服务的内容结合在了一起。目的性分类、标准分类、基础分类和季节性分类为顾客提供了不同的服务，同时它们给零售商带来的价值也是不同的，如图 5 – 1 所示。

目的性分类	在这些分类中，提供最全面的服务，建立市场上的差异性
标准分类	在这些分类中，向顾客提供与其他竞争对手持平的服务
基础分类	在这些分类中，只满足顾客最主要的部分需求
季节性分类	在这些分类中，只在相应的旺季的时段内提供服务

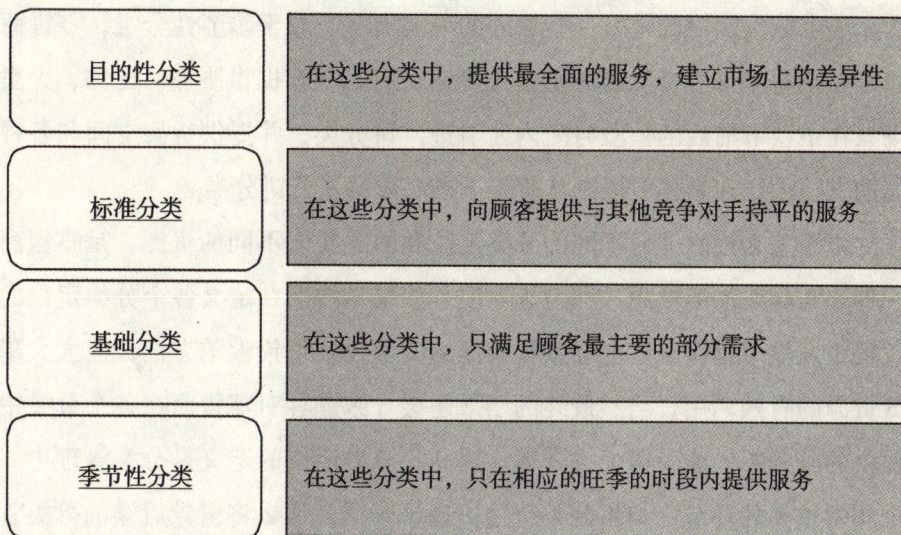

图 5－1 分类定位

　　零售商希望在目的性分类中为顾客提供最全面的服务，并希望在这些分类中建立自己在市场上与众不同的差异性，使顾客在提起这些分类时，首先想到的是自己的超市。比如，家乐福比其他大卖场引进了更多的整理箱分类的商品，而且投入了更大的货架空间，从而使顾客认为家乐福的整理箱分类是品种最全的。对于标准分类，零售商希望向顾客提供与竞争对手同等的服务，零售商不希望在这些分类中投入更多的建立差异性的资源。比如，一般的大卖场不愿意在夏季为碳酸饮料提供更多的冰柜位置，因为他们很清楚在碳酸饮料分类中建立竞争中的差异性是没有意义的，便利店是顾客在夏季购买碳酸饮料的主要渠道，所以他们希望留出更多的促销位置给其他的目的性分类。而对于基础分类来说，零售商只希望满足顾客最主要的部分需求就可以了，因此零售商在这些分类中节省了很多资源而舍弃了一些顾客需求。比如，屈臣氏虽然有休闲食品分类，但是其商品数量和货架空间远远少于一般的大卖场和标准超市，屈臣氏很清楚，他们只是希望在休闲食品分类中为顾客提供很少的一部分选择，他们希望休闲食品分类能为屈臣氏带来一些额外的毛利贡献。对于季节性分类，零售商只是在旺季等一些特殊的时段投入资源，而为顾客提供服务。比如，大卖场只在中秋节前后的一段时间内才引进月饼分类，并提供货架空间和各种促销支持，而在其他时段则从货架上彻底取消了月饼分类。

　　·不管怎么说，区分不同的分类定位并因之投入不同的资源，是零售商一种非常聪明的商业思想和行为。但是如果零售商在定义各个分类定位的过程中发生了错误，将会导致零售商的资源投向了错误的方向，而大大降低资源的有效利用，当然最终的结果还会导致顾客对零售商在各个分类中提供的服务不满意，而失去顾客。因此，分类定位的定义是分类管理中一个非常重要的环节，如果分类定位出现了错误，那么将引导后续的分类管理工作全部走上错误的道路。除了季节性分类因为有明显的特征，而极少会出现定位错误以外，对其他三个分类定位的定义并不是一件轻松的工作。事实上，对分类定位的定义需要一个综合而复杂的考虑过程，如图5-2所示。零售商应该至少考虑三个方面的因素，即顾客的购物习惯、分类在市场上的表现和分类在零售商内部的表现。

　　第一，对购物习惯的考虑应该分为两个层面。首先，顾客的购物习惯是一个不受零售商控制的外部因素，顾客在购买某分类的商品时，一般总会有一些明显的对购物场所的选择习惯，那么这些购物习惯会对零售商确定某个分类的定位有很大的影响。如果某个城市中的顾客还不习惯于在大卖场购买蔬菜，那么大卖场试图在蔬菜分类中投入更多的资源而建立差异性，其实是愚蠢的行为；那么将蔬菜作为标准分类将是一个明智的决定。如果在国内一些比较发达的城市中，顾客已经习惯了在大卖场购买肉类，而很少去农贸市场购买，那么从顾客的购物习惯角度来看，肉类已经成为大卖场的目的性分类了。因此，作为大卖场业态的零售商为肉类提供更多的资源，比如更多的品种、更大的排面和更好的陈列位置，以及投入更多的设备和高技术的员工，可以建立自己与其他竞争对手的差异性，那么就会为零售商带来更多的顾客。

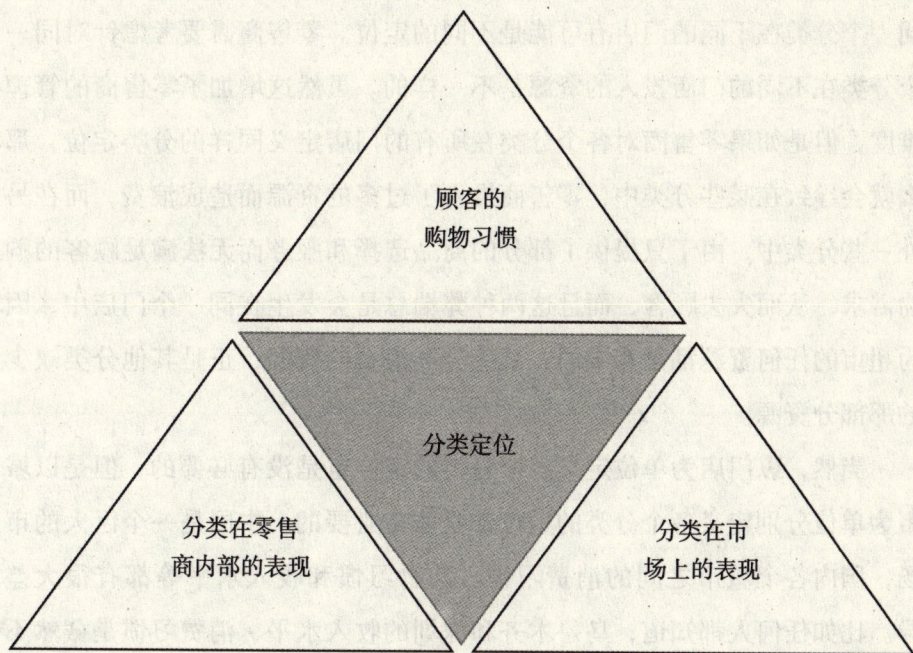

图 5 - 2　定义分类定位的因素

又比如，在上海的便利店中，饮料无疑成为其目的性分类，顾客更倾向于在便利店购买饮料，那么便利店就会在狭小的超市内尽量多地陈列饮料冰柜。而大卖场也知道，顾客很少在口渴难耐时，跑到 1 公里外的大卖场，用 10 分钟的时间走入超市并找到自己要喝的饮料，然后再到收银台排队 5 分钟，而且最糟糕的是他们可能无法在冰柜中找到自己想要购买的品牌。很显然，大卖场不能将更多的促销位置给饮料冰柜，因为消费者的购物习惯使饮料分类不能成为大卖场的目的性分类，所以他们不能提供更多的资源给这个分类。总之，顾客在购买不同分类的商品时，对不同零售业态甚至某个零售商形成的购物习惯，是零售商确定这些分类的定位的一个重要因素。

其次，零售商不同的门店周边的顾客群体不同，那么不同的顾客群体会有不同的购物习惯，这也使确定各个分类的定位变得更加复杂了，因为同一个分类在不同的门店有可能是不同的定位。零售商需要考虑针对同一个分类在不同的门店投入的资源是不一样的。虽然这增加了零售商的管理难度，但是如果零售商对各个分类在所有的门店定义同样的分类定位，那么就会导致在某些分类中，零售商投入了过多的资源而造成浪费，而在另外一些分类中，由于只提供了部分的商品选择和服务而无法满足顾客的购物需求，从而失去顾客，而且这两种弊端总是会发生在同一个门店中，因为超市的任何资源都是有限的，某些分类浪费的资源，正是其他分类缺少的那部分资源。

当然，以门店为单位定义各个分类的定位也是没有必要的，但是以城市为单位分别定义各个分类的定位却是非常必要的。中国是一个巨大的市场，国内各个城市之间的消费习惯、购物习惯和收入水平等都有很大差异。比如任何人都知道，乌鲁木齐和深圳的收入水平、消费习惯是截然不同的，上海和北京虽然收入水平接近，但是北京的炸酱面和上海的阳春面其口味差异巨大。因此，不同的城市对同一个分类的定位应是不同的，这正是 "Retail is Detail" 在日常工作实践中的应用，正如我在《推动管理》一书中所讨论的，针对不同城市分别定义分类的定位，恰好体现了一种细致的经营管理思想，即将对每个分类的定位细分到各个城市，而不是对分类制定一个统一的定位。

正如表 5-1 所示，这是一家大卖场在 2005 年饮料部门中真实的分类定位。我们看到，在果汁分类中南京和宁波是标准分类，而在上海、无锡和苏州则是目的性分类，这可能意味着在上海、无锡和苏州，消费者在大卖场消费果汁分类的趋势在增加；再看看国产葡萄酒分类，上海、南京、宁波和无锡是标准分类，而唯独苏州是目的性分类，这完全可能是由于苏州的消费者更加习惯在大卖场购买葡萄酒，而且其在家庭中饮用葡萄酒的习惯在增加。因此，以城市为单位确定各个分类的定位是较好的折中方法。

表 5 – 1　　　　　某大卖场 2005 年饮料部门的分类定位（部分）

分类名称	上海	南京	宁波	无锡	苏州
碳酸饮料	标准	标准	标准	标准	标准
果汁	目的性	标准	标准	目的性	目的性
机能性饮料	基础	基础	基础	基础	基础
茶饮料	基础	基础	基础	基础	基础
水	基础	基础	基础	基础	基础
啤酒	基础	基础	基础	基础	基础
国产葡萄酒	标准	标准	标准	标准	目的性
进口葡萄酒	基础	基础	基础	基础	基础

　　零售商要想了解顾客的购物习惯是一个非常复杂的过程，不仅仅是众多的分类要逐一定义其各自的定位，而且如果是一家全国性零售商，那么他们还要对几十个城市的所有分类分别定义其各自的分类定位。不过幸运的是，分类在市场上的表现和在零售商内部的表现这两个因素，为零售商定义各个分类的定位提供了一个更加简单而且数据化的分析方法。分类在市场上的表现正是零售商在定义分类定位是需要考虑的第二个因素，它代表了分类所在的行业在整体市场上的生命周期，即引入期、成长期、成熟期和衰退期。毫无疑问，各个分类所在的行业都在市场上处于各自不同的生命周期中，比如，牛奶分类在国内的一级城市处于成熟期，婴儿奶粉在国内三四级市场上处于成长期，而成人奶粉在一级城市中处于衰退期等。各个分类所在行业所处的生命周期意味着消费者对这个行业的看法，处于衰退期的行业自然是消费者将要淘汰的分类，而处于成长期的行业当然是消费者正在逐渐接受并习惯购买的分类。因此，各个分类所处的生命周期对零售商至关重要，考虑各个分类的生命周期就是考虑顾客的需求。

　　第三，分类在零售商内部的表现意味着这些分类在零售商日常经营中所处的位置。对于零售商来说，考虑分类在超市内部所处的位置最好的两个角度是各个分类在部门中的销售占比和毛利贡献。很显然，如果某个分类在零售商部门中的销售占比很大，而且其毛利贡献也很大，那么零售商会认为这个分类是一个非常强势的分类，是在日常的经营过程中必须非常重视的分类。如果某些分类在部门中的销售占比非常低，而且其毛利贡献也微乎其微，那么零售商会认为这些分类是弱势分类，在日常经营过程中也无法对它们更加重视。当然了，处于强势分类和弱势分类之间的那些分类，它们在部门中的销售占比和毛利贡献都处于中间的位置，零售商会将它们视为中庸的分类。

需要说明的是，以上这两个分析因素无法单独对分类的定位做出判断，而两者的结合将会为零售商提供最佳的定义方法，对分类的内外部的综合分析无疑将会使分类定位的确定更加准确。如图5-3所示，横坐标轴代表了分类在市场上的表现，纵坐标轴代表了分类在零售商内部的表现，那么在两个坐标轴组成的矩阵中构成了12个方格，零售商所有的分类将会根据其内外部表现被对应地放入到相应的方格中去。比如，某分类在外部市场上处于成长期，在零售商内部是强势分类，那么这样的分类既

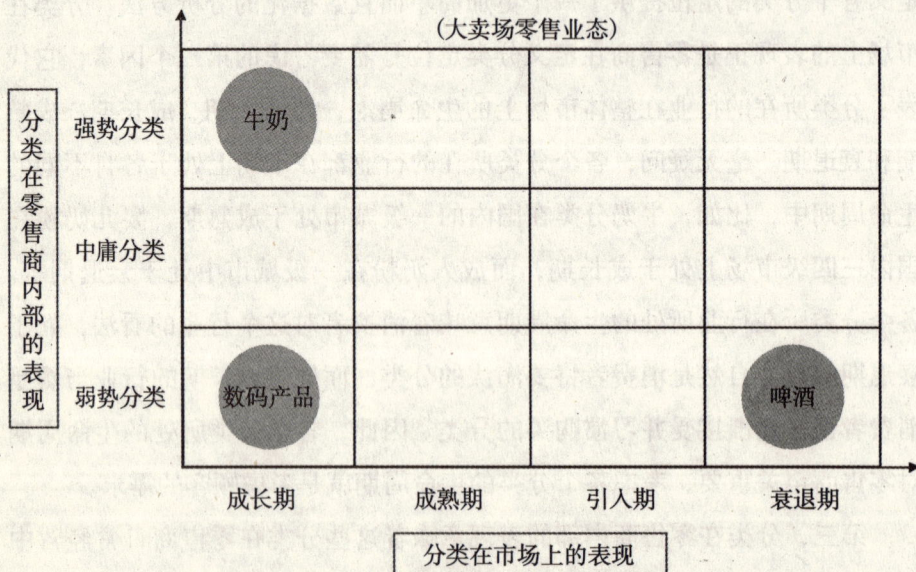

图 5-3　分类定位的定义方法

代表着消费者正在增长的需求，同时也表明它在零售商内部有良好的表现，那么零售商应该为它投入更多的资源，以支持这个分类的发展，并使自己在市场竞争中具有更大的差异性，那么这个分类无疑就是目的性分类。比如，牛奶分类在国内的一级城市中一直处于增长的趋势，而且在大卖场业态中也有良好的表现，那么它应被一级城市中的大卖场定义为目的性分类。

假如一个分类处于市场的衰退期，而且又是零售商内部的弱势分类，那么毫无疑问，零售商不应该为它投入更多的资源，在这个分类中零售商只能为顾客提供部分需求，那么它无疑就成了基础分类。比如，啤酒分类在大卖场的销售不断萎缩，实际上大卖场根本就不是啤酒的主销售渠道，因此也就导致了零售商内部的销售绩效也很差，那么啤酒就会被大卖场业态定义为基础分类。假如某个分类虽然在市场上处于成长期，有良好的市场表现，但是在零售商内部的绩效却并不是很好——当然其中主要原因可能会来自于此零售业态不是顾客购买此分类的主要渠道——那么这个分类应被这种零售业态的零售商定义为标准分类，也就是说零售商不应该为这个分类提供最多的资源，但是由于它是处于快速成长中的分类，因此也不应将它定义为基础分类。比如，数码产品在市场上一直处于成长阶段，但是数码产品在大卖场中的销售占比和毛利贡献都很低，因此，零售商不希望对它投入更多的资源，因为投入再大，这个分类也不会给零售商带来更多的毛利贡献，零售商只是为顾客提供与其他大卖场持平的部分需求就可以了。

定义各个分类的定位并不是一个一次性的工作，零售商做完一次分类的定位后是不能一劳永逸的。实际上，每个分类的定位在零售商的日常经营中需要不断进行调整，也就是说，零售商定期对分类的定位进行重新定义是非常有必要的，而且这是分类定位中更加主要的工作内容。毫无疑问，这是因为影响分类定位的三个因素是不断变化的，即消费者的购物习惯、分类所在行业的生命周期和分类在零售商内部的表现。在经验丰富的零售商理性的经营中，分类在零售商内部的表现更多的是由消费者的购物习惯和分类所在行业的生命周期决定的。因此，影响分类定位不断变动的根本因素是消费者的购物习惯和分类所在行业的生命周期。

比如，喝牛奶越来越成为现在城市居民每天的习惯了，那么他们习惯去哪里购买牛奶呢？大概在2002年之前的天津的大卖场中，牛奶分类仍然只放在卖场中的正常货架上销售，虽然牛奶分类的销售一直在增长，但是它占零售商的销售占比和毛利贡献并不是很高，作为大卖场业态的零售商一直将它视为标准分类。但是，也就是从2002年开始，超市的员工们发现放在正常货架上的牛奶销售得太快了，他们几乎无法保证及时从仓库补货到货架上，这时作为大卖场业态的零售商发现牛奶分类已经成为他们的目的性分类了。那么，他们开始考虑引进更多的牛奶品牌，并根据牛奶分类的特点提供更大的陈列空间——就是现在大家已经司空见惯的一排排由牛奶箱堆起来的小山。但是，这种情况很快又发生了改变，就在两年之后的天津市场，那里的大卖场发现他们的牛奶销量有所下降，至少已经看不到有上升的趋势了，这又是为什么呢？原来，天津市场上开始涌现出了很多专卖牛奶的小店，它们一般就开在居民小区门口，居民们开始改变购物场所，因为他们发现在这些小店购买牛奶不必拎着沉重的牛奶箱走很多的路程。那么，这时候天津的大卖场就需要考虑再将牛奶分类调整为标准分类了。

随着各个行业的激烈竞争，分类所在行业的生命周期也变得越来越短，这更要求零售商时刻关注各个分类的行业变化，并及时调整其分类定位。比如，茶饮料在2004年之前在市场上处于快速增长期，但是与碳酸饮料分类和果汁分类等相比在大卖场业态的零售商中销售占比很低，当然毛利贡献也很少，因此当时茶饮料分类是大卖场业态的零售商的基础分类或者标准分类，但是随着茶饮料分类的快速增长，现在的大卖场毫无疑问已经应该将它视为目的性分类了。又比如，消费者一开始更习惯于用洗衣皂清洗衣服，它无疑是大卖场的目的性分类。但是随着洗衣粉被越来越多的消费者所接受，以及柔顺剂和洗洁精等新兴洗衣用品分类的出现和发展，在一级城市的市场上，洗衣皂分类开始逐渐呈现下滑的趋势，大卖场可以开始考虑将洗衣皂分类视为标准分类了。

实际上，以上类似的例子很多，零售商要想及时把握各个分类纷乱的行业变动和顾客购物习惯的变化，定期对各个分类进行重新定位是非常必要的。一旦零售商的分类定位没有及时跟上行业或顾客购物习惯的变化，很快就会导致零售商的资源无法合理分配到各个分类中去，从而既造成了投入到某些分类上的资源浪费，又会导致另外一些分类无法为顾客提供更多的服务。因此，以年度为单位对分类定位进行评估是合理的，这将是零售商每年当中非常重要的一项战略性工作。如果是一家拥有几十家门店，并覆盖全国或者跨越几个大区域的零售商，那么要对每个分类的定位每年进行一次重新定义就将是一个复杂的工程了。因此，制定一套完善的工作流程和计划是非常有必要的，正如我在《推动管理》一书中提及的，将工作细分并反映到表单中，将会更有效地推动任务的完成。

作为补充，零售商有时会在内部对分类有另外一种定位，这种定位的思路是源于零售商考虑各个分类给自己带来的价值是什么。后来零售商发现，每个分类对零售商来说都扮演着不同的角色，而且这些分类之间带来的价值是如此的不同，甚至有些还相互排斥。零售商可以将所有分类归纳到五个不同的分类角色中：人气分类、客单价分类、销售额分类、利润分类和形象分类，如图 5－4 所示。正如各个分类角色的名字一样，人气分类是为零售商带来人气的分类，比如生鲜食品，经营良好的生鲜食品可以为零售商带来巨大而稳定的客流，生鲜食品的购买频率要远远高于其他分类，而不断来超市购买生鲜食品的顾客也会购买其他部门的商品，因此生鲜食品分类对零售商来说有非常重要的意义，当然这里指的是有食品销售部门的超市。而且，生鲜部门实际上成为零售商的战略性部门，它与自有品牌一起构建着零售商在市场上的差异性，但是可惜的是，很多零售商忽略了生鲜部门的重要性，不肯花费精力去提升生鲜部门的经营和管理能力。客单价分类可以为零售商带来更高的每次购买金额，比如棉被的平均单价一般在 100 元以上，那么它可能是啤酒单价的几十倍。销售额分类是指能带来高周转的分类，比如碳酸饮料往往周转率很高，他们每月可能要周转 5 次，但是棉被分类一年才周转两次，最终碳酸饮料分类自然给零售商带来了更大的销售额。利润分类，很明显这些分类为零售商提供了更高的毛利。比如最明显的是进口商品，虽然他们周转率不高，但是毛利率却极高，他们很小的销量就可以轻松为零售商创造很高的毛利，比如巧克力分类就比碳酸饮料为零售商提供的毛利高得多。此外，还有一些分类是为零售商建立价格形象的，比如大卖场中的鸡蛋和大米分类，零售商并不依靠这些分类挣钱，他们往往是为了树立超市更好的价格形象，吸引顾客来门店购物而存在的。

□ 人气分类，为零售商带来人气，比如生鲜食品
□ 客单价分类，为零售商带来高营业额，比如棉被
□ 销售额分类，为零售商带来高商品周转，比如可乐型饮料
□ 利润分类，为零售商带来高利润，比如进口食品
□ 形象分类，为零售商带来良好的价格形象，比如鸡蛋

图 5-4　零售商内部导向的分类定位

以上讨论的这种分类定位方式也会对零售商的资源投入带来很大的影响。比如，陈列位置是零售商至关重要的资源，当零售商处于希望获取更高毛利的经营阶段，他们会努力将提供高毛利的分类放到货架上顾客流向的前端，这将会促使顾客更多购买这些分类的商品，从而达到零售商提升毛利的目的；如果零售商希望提高门店的人气，那么他们就需要把各个部门中的人气分类放到顾客容易发现的地方，从而吸引更多的顾客来超市购物。因此，这种分类定位方式与零售商在不同时期的经营策略有很大的关系，或者说它是支持零售商实现阶段性经营策略的关键因素。而前面提及

的分类定位方式一般情况下是不受零售商内部经营思想影响的，很显然顾客的购物习惯和分类所在行业的生命周期是不受某个零售商控制的。因此，这种分类定位方式强调的是对市场和顾客的适应，也就是说，零售商必须调整内部资源以适应外部市场和顾客的变化。因此，两种分类定位方式的综合考虑，将帮助零售商更好适应外部市场，以及实现自己的经营策略。

　　最后，仍需进一步解释的是，分类定位对于零售商来说是一项必须执行的战略性工作。分类定位对零售商资源的合理分配确实起着很大的作用。比如在饮料部门中，如果确定其中的果汁饮料是目的性分类，而啤酒是基础分类，那么就是说，零售商希望在果汁分类上能给他们带来更大的差异性，并能比竞争对手做得更好，因此零售商就会将饮料部门的资源尽量向果汁分类倾斜。零售商将会在果汁分类中引进更多的品牌和产品，使新品更快进店，并提供更多的货架空间，以及更多的促销位置和机会。而在啤酒分类中，零售商将会舍弃很多品牌，只选择一些地方性的啤酒品牌，以及少数几个全国性品牌，而且尽量缩小啤酒分类的货架空间，并将它们陈列于饮料部门中相对较差的位置，不提供地堆等促销位置，只让啤酒分类在货架上促销。我们看到，饮料部门的货架空间和促销位置等资源是固定的，一旦将更多的资源给了果汁分类，那么必然要减少给像啤酒分类这样的基础分类的资源投入。显然，这种资源分配方法是合理的，因为，即便给啤酒分类更多的货架空间，但是由于顾客购买啤酒分类的主要渠道不在大卖场，那么啤酒分类在部门中的销售占比和毛利贡献仍然不会很高，啤酒分类的货架空间就会有些浪费，如此并没有给零售商带来更大的价值。同时，由于啤酒分类占据了更多的货架空间，那么相应的就可能减少了给果汁分类的货架空间，但是如果顾客更加习惯于在大卖场购买果汁饮料，果汁的销售占比相对较高，这时就可能会由于货架空间太小经常导致缺货，而损失了零售商的销量，并且导致顾客的不满。

　　分类定位是零售商分类管理的开始，零售商在日常经营中的各种活动，包括制定分类策略和目标、设计商品结构和商品组织，以及设计布局和陈列等，都是建立在分类定位的基础上的。如果一家零售商在没有分类定位的基础上，完全照搬另外一家超市的布局和陈列，那么他们会发现他们仍然无法使顾客认为自己超市的布局和陈列很好。这是因为分类的定位是在不断调整的，另外一家超市由于对各个分类定位进行了调整，因而也相应调整了布局和陈列。掩藏在货架背后的经营信息是无法被及时和完全地捕捉到的，因而也不可能随时予以模仿或复制。关于这些我们在后面几章中都有专门的讨论。

二 供应商的资源投入同样取决于对分类的判断

虽然分类定位是零售商的核心经营内容，但是，供应商并不应该忽视这个问题，零售商的分类定位对供应商的日常经营有很大的影响。首先，即便是同一个分类，在不同的零售业态中可能会被定义为不同的定位。比如，碳酸饮料分类在大卖场是标准分类，但是在便利店中它却应该是目的性分类。虽然电磁炉分类增长很快，但是大卖场由于不是电磁炉的主要销售渠道，所以在大卖场它被定义为基础分类，但是在家电专业零售商那里则会被定义为目的性分类。油分类在便利店只是一个基础分类，而在标准超市中它应该被定义为目的性分类。由于零售商根据分类的定位分配各种资源，所以不同的业态对分类的不同定位，导致了对同一个分类不同的资源分配。那么，供应商在其产品分销到各种不同的零售业态中时，非常有必要考虑零售商对分类的定位，这样才能合理安排自己的各种营销资源。比如，一家生产牙膏的供应商，如果他们知道：在大卖场中，牙膏是其目的性分类，那么这家大卖场一定会希望引进更多的品牌和新产品，并给牙膏分类更多的货架，同时尽量多安排促销活动；而在标准超市中，牙膏分类只是一个标准分类，店内只能容纳较少的几个品牌，而且货架空间也很小。那么，供应商基于对两种零售业态牙膏分类的不同定位的理解，他们可以给大卖场业态提供更多的产品、新产品优先上架、更多的促销支持等，而对于标准超市，他们可以提供较少的产品、较少的促销支持等。

其次，不仅是不同的零售业态对分类的定位有不同的定义，即便是同一种零售业态的不同零售商也会对相同的分类定义为不同的定位。比如家乐福以整理箱和红酒作为其目的性分类，但是沃尔玛并不认为这两个分类是自己的目的性分类；罗森便利店认为即食便当是其目的性分类，而可的便利店认为它们只是自己的基础分类。因此，了解和分析不同业态和不同零售商对分类的定位是供应商营销工作需要考虑的一个问题。实际上，很多优秀的供应商确实在做这些工作，他们每年会从零售商那里了解自己所在各个分类的定位，这将为其第二年与零售商的合作提供一个战略方向。

供应商不仅要了解零售商的定位，其实供应商还完全可以形成自己对相关分类的定位。正如我们前面讨论过的，零售商在确定分类定位时，需要了解顾客的购物习惯和分类所在行业的生命周期。因此，供应商也同样可以依据以上两个因素来对分类的定位做出判断。比如，一家生产油的供应商，他们知道一级城市中的消费者购买油主要仍然是通过大卖场和标准超市，而传统渠道的销售份额一直在减少。在大卖场业态中，他们分析得知各个油种之间的发展极其不平衡。比如色拉油是一个快速衰退的分类，调和油的销售略有下降，花生油保持稳定，而高端油种，如茶油、橄榄油和玉米油等却出现了快速增长的趋势，但是它们的销售份额依然远远小于调和油等分类。因此，他们判断在国内一级城市中的大卖场对各个油种的定位应是：色拉油为基础性分类，因为其市场份额萎缩得太快了；调和油继续保持目的性分类，因为其销售份额和毛利贡献依然是油分类中最大的；几个高端油种中葵花籽油的增长最快，并且销售占比在高端油种中是最高的，零售商应该认定其定位为目的性分类；其他几个高端油种虽然增长也较快，但是其市场份额太小，零售商只能将它们确定为基础性分类。供应商可以根据以上对分类定位的分析来决定针对于大卖场业态的零售客户的营销资源投入。比如，他们可以为几个高端油种提供更多的产品，尤其是在葵花籽油分类中，使其陈列费用、促销费用等营销资源尽量向他们倾斜。毫无疑问，他们应该减少对色拉油分类的投入，甚至可以决定停止整个分类的生产。对于调和油分类来说，他们还是可以保持与去年一样的资源投入力度，毕竟这是一个最大的细分市场。

此外，供应商还应该考虑进行独立于零售商的另外一种分类定位的分析，这种定位分析方式非常类似于零售商的分类定位分析思路，但是却有着本质上的不同。供应商通过对自己所经营的所有分类定位进行定期分析，确定各分类为自己提供的价值，并以此确定各个分类的策略和资源投入方向。如图5-5所示，供应商可以将自己涉及的所有分类划分到以下四种定位中去：潜力分类、主力分类、补充分类和衰退分类。看起来这种分类定位与波士顿矩阵有些类似，但是我们这里是从供应商与零售商合作的角度进行的讨论，而并不是从行业的角度，而且更大的区别还在于，我们在此讨论的供应商的分类定位中的"分类"是指某个行业中的细分市场，而不是不同的行业。

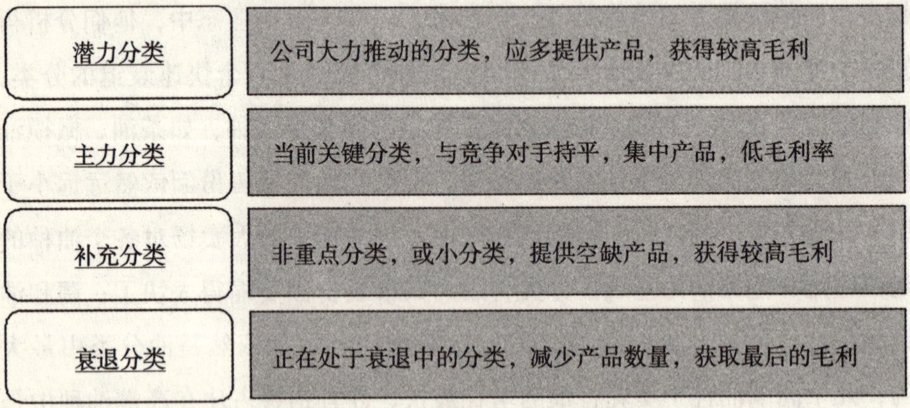

潜力分类	公司大力推动的分类，应多提供产品，获得较高毛利
主力分类	当前关键分类，与竞争对手持平，集中产品，低毛利率
补充分类	非重点分类，或小分类，提供空缺产品，获得较高毛利
衰退分类	正在处于衰退中的分类，减少产品数量，获取最后的毛利

图5-5 供应商的分类定位

其实这种供应商分类定位的方法与零售商的分类定位的方式非常的接近，如图5-6所示。以上四种分类的定位也可以从分类在外部市场上的表现和在供应商内部的表现来进行判断。分类在外部市场上的表现依然是四个不同的生命周期，分类在供应商内部的表现体现了分类在供应商中的销售占比和毛利贡献。但是与零售商的分类定位不同的是，分类所在行业的生命周期在此起到了更大的作用，比如不管分类在供应商内部有多大的销售占比，只要这个分类处于衰退期，那么供应商都应该采取停止投入营销资源等一致的策略。同样，对于处于成长期的分类来说，供应商也应该尽量投入资源以尽快占领更大的市场份额。分类在供应商内部的表现更大的价值在于区分主力分类和补充分类，为供应商判断不同的资源投入方向提供帮助。那么潜力分类往往是在市场上处于成长阶段的分类，不管供应商在这些分类中市场份额有多大，它们必然是供应商应该大力推动的分类，并尽量争取更大的市场份额，给消费者提供差异化的印象，那么向零售商提供更多的产品和促销支持就是明智的，当然这要求供应商开发出更多的产品，而且潜力分类应该为供应商提供更多的毛利。比如图5-6中的橄榄油就是供应商的潜力分类。主力分类往往是在市场上处于成熟期的分类，而且同时也是供应商内部销售占比最大的分类，这些分类是供应商的关键分类。由于市场的激烈竞争，主力分类的毛利率一般较低，但其巨大的销售额使毛利金额较高。但由于主力分类已经处于成熟期，因此供应商不应该再向这些分类中投入更多的资源了，与市场上其他的主要竞争对手保持持平就可以了，比如图5-6中的调和油分类就是供应商的主力分类。补充分类往往是一些很小的细分市场，而它们往往处于生命周期的成熟期，或者是供应商内部的销售占比很小的分类，供应商完全可以只专注于少数几款产品上，并尽量减少对这些分类的资源投入，同时使这些分类维持较高毛利率。最后衰退分类当然是指那些在市场上处于衰退期的分类，不管它们在供应商的内部占有多少的销售占比，供应商无疑应该逐渐压缩产品线，停止对这些分类的资源投入。比如图5-6中的色拉油分类。

图5-6 中，纵轴为"分类在供应商内部的表现"，从下到上依次为"弱势分类"、"中庸分类"、"强势分类"；横轴为"分类在市场上的表现"，从左到右依次为"成长期"、"成熟期"、"引入期"、"衰退期"。图中"调和油"位于强势分类与成熟期交点，"色拉油"位于中庸分类与衰退期交点，"橄榄油"位于弱势分类与成长期交点。

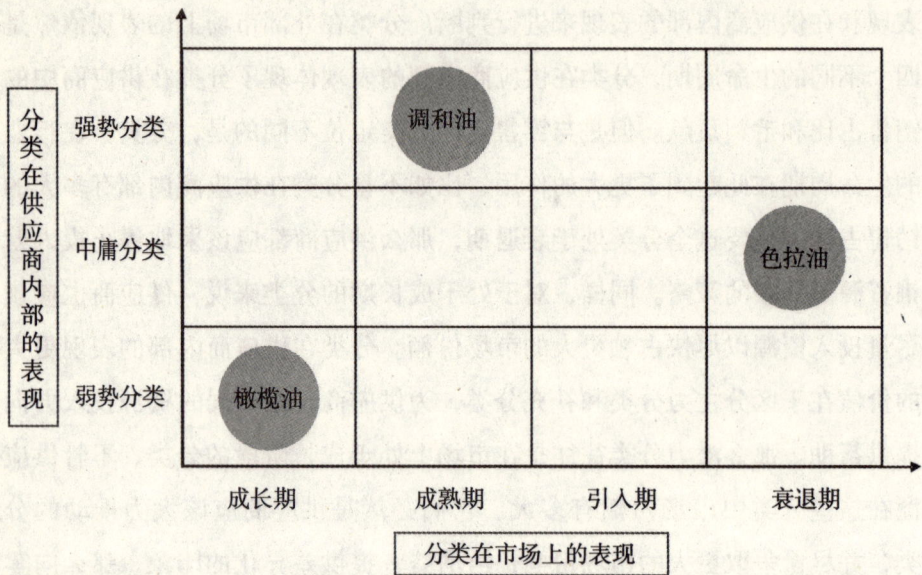

图5-6 供应商对分类的定位

三 没有口舌之争的供零合作

当零售商和供应商分别或者合作进行分类定位的定义时，供零双方的资源投入方向往往会相一致，那么也就更容易使双方在日常的经营合作中保持更多的一致。比如，如果零售商认为葵花籽油从去年的标准分类改变为目的性分类，那么零售商必然在下一年的经营中，更多引进葵花籽油分类的产品和品牌，并扩大葵花籽油分类的货架空间，增加其促销机会等。同时，零售商如果认为色拉油应该从去年的标准分类改变为基础分类，那么零售商也必然在下一年的经营中，减少色拉油分类中的单品数量，缩小其货架空间，不再提供促销支持等。作为一家有着良好判断力的供应商，如果他们与零售商对葵花籽油和色拉油这两个分类做出了完全一致的结论，那么，他们也将自己的营销资源投向做了改变，更多地向葵花籽油分类倾斜，而减少甚至停止给色拉油分类的资源投入。但是，如果是一家没有做过分类定位的供应商，他们也许仍然要提供新的色拉油产品给零售商，并给零售商提供陈列费用，希望扩大色拉油的陈列空间。当他们面对有着清晰分类定位的零售商时，他们的营销策略不会受到零售商的支持。当然从另外一个角度来看，如果零售商没有清晰的分类定位，那么将导致零售商和供应商都损失了销量和利润，只是双方不知道而已。因此，不管是零售商还是供应商都应该定期地对相关分类进行分析，并形成清晰的分类定位，这不仅使供零双方内部资源能够投入到更正确的方向，而且也有利于双方合作的顺畅。

当然，零售商仍然是分类定位中的主体，分类定位对零售商来说是经营中一个必要的管理内容。但是遗憾的是，很多零售商并没有认真做这项工作，或者只是停留于表面而没有与企业的资源投入和经营策略相结合。其实，零售商拥有内部的分类销售数据，这是做分类定位最重要的资源，零售商通过内部的分类数据，可以粗略而相对准确地判断出顾客对各个分类的购物习惯的变化和倾向。当然，内部数据还需要辅以外部市场数据才能保证定义出更加准确的分类定位。而这正是供应商拥有的资源和优势，其实供应商在全国各种零售业态的销售资料，基本上能反映出市场上分类的总体表现和发展趋势，尤其是在分类中销量排在前几位的供应商。当然作为供零双方来说，从外部购买资料有时也是有必要的。另外，供应商对于顾客购买习惯的理解也要好于零售商，虽然零售商更加接近消费者，但是零售商面对如此多的分类无法及时和准确判断顾客对每一个分类的购物习惯的变化，而供应商却更加专注于自己涉及的分类，并且供应商在面对各种零售商时，更容易了解优秀零售商的做法。而且零售商的历史资料只能反映过去的销售表现，零售商以此推断分类的未来发展趋势有时也会有些疏漏，况且分类的各种销售数据还会受到零售商自身经营的影响，而无法反映出真实的市场情况。这样看来，在对分类定位的定义中，供应商拥有更多的数据和信息资源，因此，供应商能就此为零售商提供更多的建议，包括在第四章中讨论的分类结构定义和调整。当然，供应商并不会白白为零售商提供建议，因为一旦零售商接受了供应商的支持和建议，那么零售商的分类定位往往会与供应商对分类的判断更加一致，那么供应商的营销策略将会得到零售商更多的认同和支持。

小结

分类定位的确定和日常管理

- **分类定位是分类管理的起点**

  在分类结构定义完成后，分类定位就成了分类管理的起点，它影响着零售商对每个分类的经营策略和目标、商品结构和商品组织的设计，以及卖场的布局和陈列的设计等。

- **零售商不希望为未来的细分市场过早地投入**

  分类定位是决定零售商将资源如何投向不同分类的重要依据，这些资源包括商品组合、货架空间、陈列位置和促销支持等。

- **供应商的资源投入同样取决于对分类的判断**

  供应商不仅有可以向零售商提供分类定位的建议，而且还应有自己的分类定位管理，并依据分类的不同定位合理分配营销资源。

- **没有口舌之争的供零合作**

  零售商和供应商充分地考虑了分类定位后，将会使双方的合作更趋于一致。在分类定位中，零售商虽然是执行的主体，但是供应商在此具有更多的资源和优势。

第六章

分类经营策略和目标的制定

> 分类的经营策略就如飞机的航行路线图，它应是到达目的地所需要的一条正确且最佳的路线，否则飞机将在燃料逐渐减少的压力下，径直飞向无法预知的目标。

一 分类经营策略使零售商的生意驶入正确的方向

零售商定义了正确的分类结构，就保证了零售商一直经营管理着正确的分类，并使其经营管理深入到合理的分类层次。零售商确定了每个分类的定位后，就明确了对不同分类的经营态度和企业资源投入的方向。但是，分类定位只是一个在分类层次上粗略的战略框架，零售商在真正的实施分类管理时，还需要明确每个分类未来一年的经营策略，并在这个经营策略之下制定量化的分类经营目标，那么至此，零售商才算有了对每个分类具体的经营方向。然后，零售商将整体的财务指标分解到每个分类上，这正是分类管理最关键的一个环节。每个分类都分布在其分类结构中，每个分类与其他的分类都存在着不同的关系，而且它们也有着各自不同的定位，在零售商整个分类结构中扮演着不同的角色，为零售商提供着不同的贡献。每个分类在其部门中占有不同的销售占比和毛利占比，每个分类中都包含着不同的单品数量、品牌数量、供应商数量，以及不同的季节性，最终每个分类要为零售商担负不同的销售和利润指标。一个分类就如一个活生生的人站在面前，彼此是那么的不同，有着不同的个性和表现，同样，也有着迥异的未来。

零售商在制定分类的经营策略和目标时，孤立地分析每个分类是没有意义的，而应该将这种分析建立在某个营运部门的范围内。比如首先划分饮料部门、清洁用品部门、文化用品部门等，然后对其中的各个分类进行综合对比分析。这是因为，首先，一个部门中的各个分类在顾客购买习惯和消费习惯上存在着一定的关联性，即便有时这种关联性并不是特别强烈，但仍存在一种各个分类之间的销售此消彼长，或者互相促进的关系。比如在饮料部门中，顾客某次购物时购买了果汁饮料分类中的商品，那么他们可能减少了或者不购买碳酸饮料了；同样，当顾客购买了听装啤酒时，他们可能会减少对软饮料的购买；如果顾客选择购买了葡萄酒，那么他们可能会减少对啤酒和白酒的购买；当然，当顾客考虑到多个家庭成员时，也可能会一起购买啤酒、果汁饮料和茶饮料等分类的商品。因此，在一个部门中综合分析其中的所有分类是有必要的，这样有利于使零售商考虑到部门中各个分类的销售变动情况，从而保证整个部门绩效指标的完成。

其次，从另外一个角度看，任何一个部门的资源都是相对固定的，比如部门中的商品数量、货架空间和促销位置等，因此，零售商可以从容地考虑如何将这些资源分配给各个分类，从而促进部门整体绩效指标的完成。虽然每个零售商的部门设置不尽相同，但是更多的区别在于部门名称的不同，而各零售商的部门中包含的分类大致相同，至少不会有太大的差异，因此，以部门为基本框架制定分类的经营策略和目标是适合所有零售商的。不过，各个零售商的分类结构也有所不同，比如有的零售商是两层分类结构，有的零售商是三层分类结构。但是分类策略和目标的制定对象最好是在中分类以上，即中分类和大分类。比如饮料分类中的软饮料、啤酒和葡萄酒等大分类，零售商最多可以做到软饮料大分类下的果汁分类、碳酸饮料分类等中分类，而做到果汁分类下的橙汁、苹果汁等小分类就没有必要了。在此我们可以更深地体会到第四章中讨论的分类结构定义和调整的重要性，因为如果零售商失去了正确的分类结构，那么对分类的经营策略和目标的制定必然会走入错误的方向。

　　制定分类的经营策略和目标是一个复杂的过程，不仅是因为零售商所经营的分类众多，而且还在于分类策略和目标制定过程中缜密和细致的逻辑思考和分析过程。就如制定公司策略一样，制定每个分类的策略同样要经历一些必要的环节，只不过制定分类的策略更加具体一些，分类策略的制定过程有其独特之处。我们讨论的分类经营策略和目标的制定并不是跨越几年的计划，而是集中于制定未来一年的经营策略和目标。从总体上来说，分类的经营策略和目标制定由四个环节组成：分类策略的制定、分类目标的制定、行动计划的制定和供应商策略的制定，如图 6-1 所示。分类策略的制定将确定每个分类在未来一年的经营策略，它是制定分类目标和行动计划的基础；分类目标是零售商对各个分类具体的财务目标，它是对零售商总体财务目标在各个分类上的分解；行动计划是零售商为了完成分类目标而需要在各个经营环节中进行的调整和改善；供应商策略是指针

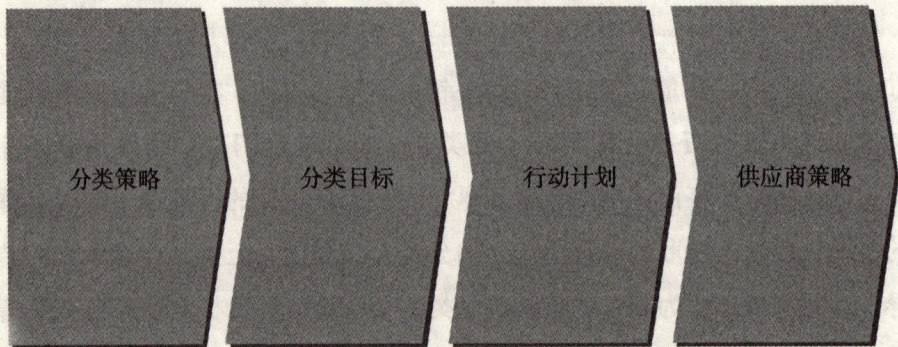

| 分类策略 | 分类目标 | 行动计划 | 供应商策略 |

图 6-1　分类经营策略和目标的制定过程

对每个供应商的年度策略和目标，也就是将每个分类的目标最终分解到分类中的每个供应商身上，这样才能最终完成分类目标。

那么，什么是分类的经营策略，或者说，制定分类经营策略最终会得到一个什么样的结论呢？首先需要肯定的是，制定分类经营策略的目的是为制定分类的财务目标提供支持，而分类最终的财务目标无疑是毛利，即每个分类在未来一年中给零售商带来的毛利金额贡献。从零售商的经营来看，如果要想达到分类的毛利目标存在着三个途径：第一，提升分类的营业额。即在分类的平均毛利率不变甚至稍微下降的情况下，通过分类的营业额提升仍然提升了分类的毛利金额。第二，提升分类的平均毛利率。即在分类的营业额没有增加甚至减少的情况下，通过提高分类的平均毛利率而增加分类的毛利金额。第三，同时提升分类的营业额和平均毛利率，从而促进分类毛利金额的提升。制定分类的经营策略，就是为了确定每个分类在完成和提升分类的年度毛利指标时，应该采取这三种途径中的哪一种。也就是说，零售商给每个分类制定的经营策略将是促进此分类的营业额提升，或者是促进分类的平均毛利率提升，再或者是同时促进分类的营业额和平均毛利率的提升。任何一个分类都将会在这三者之间做出唯一的选择。比如在饮料部门中，制定出的下一年度的分类经营策略是：促进碳酸饮料分类的毛利率提升，促进茶饮料的营业额提升，促进啤酒分类的毛利率提升，如此等等。

制定分类的经营策略时，分类定位是零售商决定分类策略的一个关键因素，因为分类定位综合了分类在外部市场的表现，以及在零售商内部的经营表现。所以分类定位为零售商制定分类的经营策略提供了一个基本依据，也就是说，分类定位在确定分类经营策略的决策中起到了决定性的作用，它指引了零售商对每个分类在未来一年中关键的经营方向。但是，零售商如果要更加清晰地确定每个分类的经营策略是提升营业额，还是提升平均毛利率，还是共同提升营业额和平均毛利率，还需要零售商从内部经营角度有更多的考虑，也就是说，各个分类在部门中的经营表现将是零售商制定分类经营策略一个非常重要的考虑因素。

首先，零售商在制定分类的经营策略时，分类定位发挥着很大的作用。正如在第五章"分类定位的确定和管理"中讨论过的，分类定位的定义综合考虑了分类所在行业在外部市场上的表现，以及分类在零售商内部的销售占比和毛利贡献，而这两方面都对零售商制定分类策略提供了重要依据。比如，目的性分类一般是在市场上处于成长期的分类，或者是虽然处于市场上的成熟期，但是在零售商内部的销售占比和毛利贡献都非常大的那些分类。那么在制定分类策略时，零售商当然应该促进那些处于成长期的分类的销售增长。同样，处于这些快速成长期的分类中的供应商，往往也愿意提供更多的支持给零售商，以使自己尽量扩大在这些分类中的市场份额，所以零售商还可以同时促进这些分类的毛利率的提高。而对于处于成熟期的那些分类，由于它们在零售商内部的销售占比和毛利贡献都非常高，这些分类微小的销售增长率，也将会给零售商带来更大的毛利贡献，所以针对这些分类零售商应该坚决促进其销售不断增长。

我们再来看看标准分类，一般情况下，标准分类是那些在市场上处于引入期和衰退期，而在零售商内部的销售占比和毛利贡献都比较高的分类。毫无疑问，当某个分类处于引入期时，这个分类往往有更高的毛利率，因此零售商无疑应该要求这些分类提供更高的毛利率，那么促进这些分类的毛利率的提高将是零售商非常清楚的经营策略。当某个分类已经处于衰退期时，零售商想要促进其销售的增长是非常困难的，但是这些分类往往是零售商在部门中非常强势的分类，而且这些分类中的供应商由于面对整个行业销量下降的压力，而不得不减少对其广告等的宣传费用，而增加对零售商的支持，那么零售商促进这些分类的毛利率提升是有很大的机会的。而且衰退分类中的供应商必然会逐渐退出市场，那么实际上造成这个分类中留下来的供应商的实际市场份额反而增加了，而销量的增加必然带给分类中留下来的供应商更多的毛利，那么零售商当然也有机会分享这些供应商增加的毛利。对于基础分类来说，一般都是一些处于刚进引入期或者衰退期的后期，而且它们在零售商内部的销售占比和毛利贡献都非常小，因此，零售商几乎无法再从它们身上获得更多的销售和毛利率增长。零售商甚至需要考虑到这些分类很可能出现销售和毛利率的下降，而给整个部门带来影响。

其次，零售商需要综合考虑部门中各个分类的经营表现，正如前面讨论到的，任何一个部门的资源都是有限的，那么给某个分类提供的资源是否得到了这个分类为部门创造的毛利回报呢？这是零售商需要每年进行认真分析和评估的，否则零售商就容易向那些没有给自己带来更多毛利贡献的分类投入过多的资源，而无视那些给自己做出很大毛利贡献的分类，没有给他们投入更多的资源，最终必然使整个部门的毛利受到损失。零售商必须考虑，从部门资源投入的角度来看，各个分类在未来一年的经营策略方向。那么，利用过去一年各个分类的销售数据，将各个分类放在毛利率和营业额的矩阵中进行分析，零售商将会看得更加清楚，如图 6-2 所示，横坐标代表了一年的营业额，纵坐标代表了总的毛利率，那么部门中的各

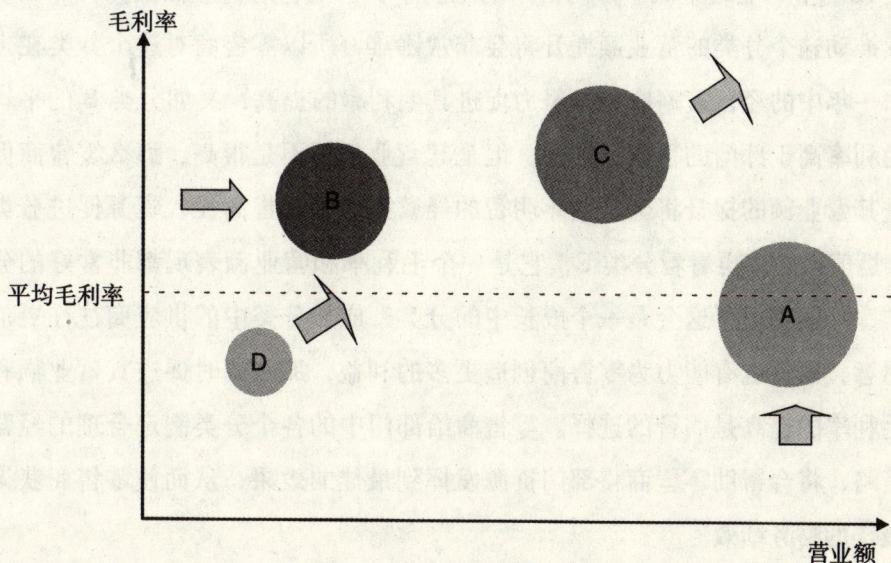

图 6-2　分类经营策略

个分类就可以根据其各自的营业额和毛利率放到矩阵中去了。图中每个球的大小代表了这个分类的毛利金额，即其营业额乘以其毛利率的结果。

平均毛利率是指所在部门的平均毛利率，它把整个矩阵划分成了两个部分，其实它代表了一个隐藏的含义，即部门的平均毛利率实际上代表了部门的资源投入水平。因为零售商的资源投入就意味着销售的提升，在部门中对某些分类投入资源的倾斜，无疑会增加这个分类的销售。但是，促进不同毛利率的分类的销量，零售商从各个分类得到的毛利金额是不同的，因此整个部门获得的最后毛利金额也就产生了差异。如果分类提供的平均毛利率低于部门的平均毛利率，那么意味着零售商对这个分类投入更多的资源是不正确的，这将会导致整个部门的毛利降低。同样，如果某个分类的平均毛利率超出了部门的平均毛利率，那么零售商应该给这个分类提供更多的资源，这将会帮助零售商提高整个部门的毛利水平。

那么有了这个矩阵，各个分类在部门中的位置就会看得很清楚，零售商也就很容易对每个分类的经营策略做出判断了。比如在图6－2中，分类A的平均毛利率低于部门的平均毛利率，但是它的营业额很高，那么继续推动这个分类的营业额提升将会非常困难，所以零售商对这个分类在未来一年中的经营策略应该是努力促进其毛利率的提高；又如分类B的平均毛利率高于部门的平均毛利率，但是其营业额并不是很高，那么零售商促进其营业额的提升将会是明年明智的经营策略，零售商投入资源促进分类B是值得的；再看看分类C，它是一个毛利率和营业额表现都非常好的分类，一般情况下这会是一个成长中的分类，成长分类中的供应商往往更加愿意，而且也有能力为零售商创造更多的利益，那么同时促进其营业额和毛利率的提高是明智的选择。零售商给部门中的各个分类制定合理的经营策略，将会帮助零售商将部门资源发挥到最佳的效果，从而使零售商获得最佳的财务绩效。

当零售商对每个分类有了明确的经营策略后，那么接下来就可以从容地给各个分类分配财务指标了。不管零售商是如何一层层分配年度财务指标的，最后所有的财务指标总是要分配到一定区域下的部门层次的，比如饮料部门、清洁用品部门和文化用品部门等。那么，这时候零售商就可以根据部门中各个分类的经营策略为这些分类分配财务指标了。实际上，在分类经营策略的指引下，分配财务指标是非常容易的，但是计算过程却有些复杂。如表 6 - 1 所示，假设某个部门去年总体的毛利贡献是 100 万元，而零售商给这个部门下达的本年度的毛利贡献指标是 110 万元，那么整个部门的毛利贡献指标就增长了 10 万元。因此，零售商需要考虑将这 10 万元的利润贡献指标合理分配到各个分类中，这样就形成了各个分类的财务指标了。在表 6 - 1 中我们看到，这个部门中共有五个分类，其中分类 1 和分类 2 的经营策略是通过促进其营业额的提升而提升毛利贡献，分类 3 是通过促进其毛利率的提高而提升毛利贡献，分类 4 则是通过同时促进其营业额和毛利率的提高而提高毛利贡献，而分类 5 维持与去年相同的毛利贡献水平即可。那么就如表 6 - 1 中的数据，五个分类分别为年度毛利贡献指标提供了 11%、12% 和 10% 的增长率。那么，整个部门需要增长的 10% 的毛利贡献指标按照分类策略被分配到各个分类中去了。当然，分类的年度财务指标最后要分解到每个月中，以利于零售商逐月跟踪财务指标的完成情况。

表 6 - 1 　　　　　　　　　分类财务目标的制定

单位：万元

分类	分类策略	去年的毛利（万元）	分类的毛利增长（%）	分类目标（万元）
分类 1	增加营业额	35	11	39
分类 2	增加营业额	25	12	28
分类 3	提高毛利率	10	10	11
分类 4	增加营业额和提高毛利率	20	10	22
分类 5	无增长	10	0	10
部　门		100	10	110

虽然每个分类所在的行业在市场上有其客观存在的生命周期和平均利润空间，但是各个分类在不同的零售商的门店经营却有不同的表现，这是与市场无关的，而直接与零售商自身经营结果的影响分不开。比如，当顾客说"这家超市的生鲜做得好，附近另外一家超市的服装做得好"时，虽然可能是由于两家超市对分类的定位不同，前面一家超市更加重视生鲜部门中的各个分类，而后面一家超市更加重视服装部门中的各个分类，当然不同的重视程度也就意味着零售商给予各个分类不同的资源支持；但是，即便对同一个分类有着同样的定位，不同的零售商也可能会产生迥异的经营结果。顾客也许会说："这家超市的牛奶很便宜，而且电视上能看到的各个品牌都有，每天都有降价促销，他们的自有品牌的牛奶质量还可以，而且价格非常便宜。而附近另外一家超市的牛奶价格太高了，总是能看到有过期的牛奶。"那么，产生这种差异的原因毫无疑问来自于两家超市对同一个分类的经营水平的差异。当然，如果当某个零售商几乎所有的分类都与另一家存在差异时，那么零售商整体的差异便出现了。换一个角度来看，零售商经营众多分类的过程中，由于种种原因——比如对分类外部市场表现的判断失误，对分类中的主要供应商谈判的失误，分类的价格政策的失误，门店营运经理的经营失误等——会造成零售商对各个分类经营结果无法达到理想的状态。

因此，在给每个分类分配了财务目标后，零售商还应该对每个分类，尤其是增长较多的重点分类制定详细的行动计划，以保证分类财务指标的完成。一般情况下，零售商可以通过改善商品组织、布局和陈列、价格政策、促销、谈判和供应链等几个环节，使分类完成既定的财务指标。比如零售商发现自己对洗衣粉分类的经营不好，并分析认为其主要原因是市场上出现了很多本土品牌，它们给分类中的跨国品牌带来了很大的冲击，正是由于超市在洗衣粉分类中过于依赖跨国品牌而忽略了本土品牌的成长，才致使洗衣粉分类的绩效不好。那么，零售商可以考虑引进更多的本土品牌，并增加对它们的资源支持。同时，向原有的跨国品牌提出要求，希望他们能在新的一年中提升业绩。那么如果零售商制定出这样的分类行动计划，将会对洗衣粉分类完成财务目标给予很大的帮助。

又比如，零售商发现自己在油和大米分类中的价格形象与竞争对手相比并不是很好，那么这势必影响明年这几个分类目标的实现。因此，零售商决定在下一个年度的经营中，更多地为这几个分类提供促销支持，并选择几个更低价格的产品进店，然后增加这几个分类中的高敏感单品数量，使分类的整体价格形象得到提升。例如在冷冻冷藏部门中，零售商看到冷冻食品在外部市场增长迅速，而且有较高的毛利率，因此在下一个年度给这些分类制定了更高的财务指标。但是零售商知道，他们在这些分类中的单品和品牌数量还不够，需要从市场上引进更多的冷冻食品品牌和产品，否则他们将会错失适应市场获得更多毛利的机会。针对每个分类的行动计划是根据每个零售商当时当地的市场环境，以及零售商内部经营状况而定的，这其中充满着对市场和分类经营的理解和把握。这些行动计划才是零售商最终实现分类目标最根本的保证，它们来自于零售商内部员工丰富的市场经验，以及认真负责的工作态度。

最后，零售商还要将分类目标转化为每个供应商的财务目标，这样才能真正使分类的目标得到落实。也就是说，每个分类的目标是由分类中的所有供应商的目标构成的。当然，也只有分类中供应商的目标实现了，才能保证整个分类的财务目标实现。在分配各个供应商的目标之前，同样也需要制定针对每个供应商的策略，即明确以什么样的原则和方式将分类的目标分配到各个供应商身上。如果说分类目标是部门目标的细分，那么供应商目标就是分类目标的进一步细分。从这个角度来看的话，实际上，制定供应商的策略和目标与制定分类的策略和目标几乎有一样的思路和方法，同样需要分析每个供应商在市场上以及零售商内部的表现，从而确定哪些供应商是可以通过促进销量而增加毛利贡献的，哪些供应商是可以通过提升其毛利率而增加毛利贡献的，还有哪些供应商是可以通过提高贸易条款而增加毛利贡献的，当然，还要考虑某些供应商对零售商没有任何价值因而需要将其清场的。当零售商对分类中的每个供应商都有了明确的策略后，分类的财务目标将会很容易被合理分配到每个供应商身上，而且分配的方法与部门目标分配到每个分类身上是一样的。另外，给供应商下达的财务目标与分类目标一样，也要分解到每个月中，以利于零售商的采购人员在定期的商业回顾中跟踪每个供应商的绩效表现，及时发现问题尽快予以改善。

二 供应商新的利润分配方式

供应商一般会有品牌策略或者产品策略，但是很少出现分类策略，当然替代分类策略的往往是供应商所谓的行业战略。但是，行业战略是站在宏观的视角，关注跨行业的企业资源的投入和利润获取，所以它并不是我们提及的分类策略。虽然分类的经营策略是零售商在分类管理中的一项重要工作，但是对于供应商来说，其日常的经营同样需要制定分类策略。当供应商的产品跨越了几个分类时，供应商就不应该只考虑品牌和产品了，而从产品和品牌之上的分类的角度考虑问题会使供应商的资源投入和利润获得更加明确，而且有助于其在行业竞争中占据更有利的位置。比如供应商在某个分类中希望获得更多的毛利，而在另外一个分类中希望抢占竞争对手的部分市场份额，因而需要投入更多的资源以支持，那么此时产品和品牌就已经成为分类策略的一个战术手段了。又比如，在行业竞争中，供应商可以考虑在竞争对手的核心分类中与其展开直接的竞争，而在其他的分类中则要尽量避免竞争，以使企业获得更多的利润，并保护自己核心分类的价格体系。

当然，供应商的品牌策略和产品策略也是应该继续发挥作用的，尤其是品牌策略。正如我在《供零战略》一书中讨论过的，品牌是供应商相对于零售商产生力量的最根本因素，品牌是供应商在市场上生存的身份证。品牌策略担负着规划供应商长期资产的使命，而分类策略则可以取代产品策略担负起为供应商获取短期利益的责任。显然，产品的生命周期是短暂的，而分类相对来说会在市场上生存更长的时间。

　　供应商制定分类经营策略的思路和方法几乎与零售商是一样的，彼此之间只有些细微的差别。第一，零售商制定分类经营策略的框架是分类所在的部门，而供应商并不一定要按照零售商的部门框架考虑，因为供应商所进入的分类也许跨越了很多部门，或者在一个部门中可能只有一两个分类，因此，供应商完全可以以自己进入的所有分类为分析框架。这也是使得供应商的分类策略少了一些分类之间关联性的考虑因素。比如，供应商如果跨越了圆珠笔分类和画材分类，这两个分类之间在销售上就几乎没有任何的联系。第二个区别是，零售商的分类策略很明显的是确定各个分类是促进销售增加，还是促进毛利率的提高，还是同时促进销售和毛利率的提升，而供应商的分类策略结果稍有不同。对于供应商来说，每个分类的平均毛利率是由内部生产效率和外部行业平均价格共同构成的，那么这个毛利率非常类似于零售商的商业毛利率；而供应商的营销资源恰恰类似于零售商的各种营运资源，它们可以左右和影响各个分类的销售。因此，供应商的分类经营策略更加侧重于如何将这些营销费用合理投入到各个分类中，从而使供应商获得更多的利润。换句话说，供应商的分类经营策略关注的焦点是通过优化营销资源不断促进高毛利率分类的销售，从而使自己获得更高的毛利。在与零售商合作中，除了企业内部因素，供应商很难通过提高某个分类的毛利率而使自己获得更多的毛利。

　　供应商制定分类经营策略的思路与零售商也是一样的，显然供应商所进入的每个分类为自己创造的毛利率也是各不相同的，那么供应商在营销资源的投入不变的情况下，更多地投资于高毛利率的分类，还是更多地投资于低毛利率的分类，供应商从这些不同毛利率的分类身上获得的利润回报是不同的。同样的道理，这是因为供应商营销资源的更多投入意味着销售的更大提升。因此，分类的经营策略制定是优化供应商营销资源投入的有利工具，同时也为供应商带来了一种新的利润管理方式，即将企业利润分摊到分类上进行管理的方式。与零售商制定分类的经营策略一样，影响供应商制定分类经营策略的关键因素也是各个分类的定位以及分类在供应商内部的经营表现。

首先，供应商对各个分类的定位是制定分类经营策略的重要考虑因素。正如第五章"分类定位的确定和管理"讨论的，供应商可以给自己所有进入的分类定义四种分类定位，即潜力分类、主力分类、补充分类和衰退分类。每一种分类定位为供应商扮演着不同的角色，并给供应商带来了不同的价值，同时它们成了制定分类经营策略的重要依据。潜力分类一般是在市场上处于成长期的分类，当然这些分类在供应商内部的销售占比和毛利贡献并不是最大的。但是这些分类往往有较高的毛利率，以及不断增长的市场份额，因此供应商将营销资源更多地投入到这些分类中，将会为企业带来更多的利润，并能尽快占据代表未来的市场。比如玉米油分类是一个成长型的分类，虽然它在供应商内部的销售占比和毛利贡献都不大，但是它的市场份额正在不断扩展，向这个分类投入例如更多的新品、促销支持等的营销资源，将会帮助供应商成为这个分类未来的领导者。

对于主力分类来说，首先它们是供应商内部最重要的分类，这些分类给供应商带来了更大的毛利贡献，并且有更大的销售占比。如果这些分类是市场上处于成熟期的分类，由于竞争导致分类的平均毛利率较低，那么供应商更适合保持一贯的营销资源，而不是盲目的增加。如果这些分类是处于成长期，那么供应商无疑应该加大对这些分类的投入。对于补充分类和衰退分类来说，供应商投入营销资源都要慎重。虽然从分类的生命周期来考虑投资方向是供应商早已关注的一个问题，但是，供应商如果能够真正地认真评估每个分类的定位，并对每个分类形成明确的经营策略，那么它必将为供应商制定整体营销策略提供很大的支持。比如，分类策略可以为供应商提供明确的产品研发方向，还可以为供应商的年度促销计划提供帮助，等等。

其次，供应商有了明确的分类经营策略后，接下来就能将供应商的年度财务指标更加合理地分配到每个分类上了。与零售商不同的是，供应商没有必要将分类的财务指标分解到每个月中，对分类的财务指标进行年度的控制就足够了。而供应商的月度财务指标应该更加关注客户，及时跟进每个客户的绩效表现，这是对供应商完成年度财务指标的有力保障。对于每一个零售商来说，供应商在定期的商业回顾中，应该按照分类的角度来分析零售商的绩效表现，而不只是看一个以零售商为单位的整体财务状况。在与零售商的年度合同谈判中，分类经营策略和目标还会发挥更大的作用。接下来，与零售商的供应商策略一样，供应商也可以结合分类的经营策略和目标，制定相应的零售商策略，并依照零售商策略将自己的整体财务指标，合理分配到各个零售商身上。当然，供应商在制定零售商策略时，分类的经营策略只是其中一个思考角度，供应商应该在整体营销策略的框架下来考虑与每个零售商的合作策略。

三 供零双方在差异中求一致

在制定分类的经营策略和目标时，供零双方有着各自的经济利益，而且在双方的合作中，对经济利益的追求方向几乎是完全相反的。比如，零售商希望通过提高供应商合同费用增加自己的毛利，而供应商则希望降低合同费用来增加自己的利润空间。这种情况是客观存在的事实，而且也是供零双方产生冲突的根本原因，正如我在《供零战略》一书中曾讨论过的，供零双方在本质上是一种竞争关系，双方一直在争夺货架空间的控制权和消费者的心理空间。但是，供零双方分别在分类层次上制定策略和目标，却为双方的经营合作提供了更多的共识，尤其是为供应商在与零售商的合作中争取自己的利益提供了机会。

首先，分类经营策略的制定受到分类定位的很大影响，而在确定分类的定位时，分类所在行业在市场上的生命周期是最重要的一个考虑因素。正如第五章"分类定位的确定和管理"中讨论的，供零双方对于同一个分类所处的生命周期存在着同样的认识，因为分类的生命周期是市场上的客观存在，只要供零双方都能做出正确的判断，那么自然会得到同样的结论，而且这种判断并没有什么难度。那么，供零双方基于对分类所在行业的生命周期的一致判断，有时会形成一致的分类经营策略，因此，供零双方更应该在确定分类定位时进行合作，并分享各自的成果。比如，如果零售商认为调和油分类是个处于成熟期并开始走向衰退的分类，虽然它在部门中的销售占比和毛利贡献仍然很大，但是零售商认为调和油应该定位为基础分类。那么，他们的分类策略将不会是通过促进调和油分类的销售而增加毛利，他们也许希望优化商品和品牌组合来获得更高的毛利。同时，零售商认为玉米油分类是一个成长型的分类，零售商希望通过同时促进这个分类的销售增长和毛利率提升而获得更多的毛利。那么，如果供应商基于同样的认识也打算不在调和油分类中投入更多的营销资源，比如不再继续开发新产品和更换新包装，而将营销资源更多地投入到玉米油分类中。那么在这种情况下，供零双方无疑达成了良好的默契。

其次，制定分类的经营策略和目标，为供应商提供了一个更好地与零售商合作的方式，当然这也符合零售商的经营思想。零售商在对每个分类制定了经营策略和目标后，接下来他们要对分类中的每个供应商制定相应的供应商策略和目标。也就是说，零售商在这个时候会综合考虑供应商在各个分类中的表现，最后形成一个整体的供应商策略和目标。当然，供应商完全可以出于同样的考虑，分析自己在零售商的各个分类中的表现，并结合自己分类的经营策略和目标，形成一个整体的零售商策略和目标。那么，供零双方在多个分类的经营策略和目标的综合分析中，必然会出现更多的相互让步和获得各自利益的机会。例如，如果供应商在牙膏分类中给零售商带来的销售占比和毛利贡献很大，而在牙刷分类中只有很小的销量。那么供零双方经过谈判，非常有可能形成一个对双方都更加有利的合作方案，即供应商支持零售商在牙膏分类中提升毛利率的要求，而零售商在牙刷分类中给予供应商更多的货架支持，从而帮助供应商扩大在牙刷分类中的市场份额。这无疑比单纯从供应商或零售商的立场考虑，会得到更好的合作效果。

其实，很多优秀的零售商和供应商早已开始重视了解对方每年的分类经营策略和目标了，调查和了解对方的分类经营策略和目标已经成为他们每年必须做的一项工作，这无疑为自己的分类策略和目标制定提供了重要的依据，而且也为完成各自的绩效创造了更好的机会。分类经营策略和目标的制定是整个分类管理过程中，唯一体现供零双方冲突的环节，这是无法避免的。即便如此，分类的经营策略依然为供零双方提供了一个更高的共识，即双方对分类所在行业在市场上的发展阶段的共同认识，这将给供零双方合作提供更多的和谐因素。

小结

分类经营策略和目标的制定

- **分类的经营策略保证零售商驶入正确的经营方向**

  定期制定每个分类的经营策略，将使零售商的各种资源得到更好的发挥，并保证零售商对每个分类的经营驶入正确的方向。

- **分类是零售商分配利润指标的核心单位**

  根据每个分类的经营策略，将零售商的年度财务指标分配到各个分类上，为零售商日常对分类的经营管理奠定了基础。

- **分类策略和目标为供应商提供了新的利润分配方式**

  分类经营策略和目标的制定，为供应商提供了一个新的利润分配方式，即把公司的整体利润分配到每个分类上，同时带动供应商更好地优化各种营销资源的投入。

- **供零双方在差异中求一致**

  分类经营策略和目标的制定是分类管理中集中体现供零双方冲突的一个环节，但是双方对分类所在行业在市场上的发展阶段的共同认识，依然为双方增加了很多和谐因素。

第七章

商品结构的设计和保持

　　每个分类中的商品数量并不是零售商凭空制定的，当然也不会完全受分类中的供应商的产品线影响，零售商的商品结构有时神秘莫测。

一　商品结构组成了分类经营的骨架

　　第五章"分类定位的确定和管理"中已经讲过，分类定位是零售商对分类进行区别管理的重要手段，而且分类定位在零售商的经营中扮演着重要的角色，它直接影响了每个分类的商品结构。实际上，商品结构是零售商一个战略性的工作内容，如果说分类构成了零售商经营管理的骨架，那么商品结构就是每个分类的骨架。更加重要的是，商品结构体现了零售商将超市资源分配到每个分类上的比例，以及规划每个分类为零售商创造商业毛利的比例。零售业往往是将超市的各种资源，如货架空间、促销资源、库存成本、人力资源等资源分摊到每个分类的头上。同时，每个分类通过日常的经营给零售商带来了不同的商业毛利。

　　因此，每个分类给零售商创造的商业毛利减去零售商为这个分类付出的各种资源，也就是分摊各个分类中的超市成本，就构成了零售商从每个分类身上获得的利润了。而实际上，商品结构就是零售商对每个分类给自己创造的实际利润占整个部门的比例的决策。虽然在零售业还有很多其他的利润评估指标，比如超市的坪效、人效等，但是衡量每个分类给零售商带来的利润却是零售业获得利润的最真实来源，而坪效和人效只是从其他的角度评估零售商的整体经营绩效而已。而且，坪效和人效正好是评估零售商商品结构的有效性和合理性的标志，因为坪效评估了零售商对每个分类的货架空间资源分配的合理性和有效性，而人效评估了零售商对每个分类人力资源分配的合理性和有效性，货架空间和人力资源也是零售商最关键的两个资源。

那么到底什么是商品结构呢？其实，商品结构并不是一个单纯的指标，它至少包含了这样几个内容：分类中的单品数量、分类在部门中的销售占比和毛利占比，以及分类中的供应商数量和季节性等，如图7－1所示。供应商数量我们这里不作更多的讨论，显然分类中有多少供应商受到

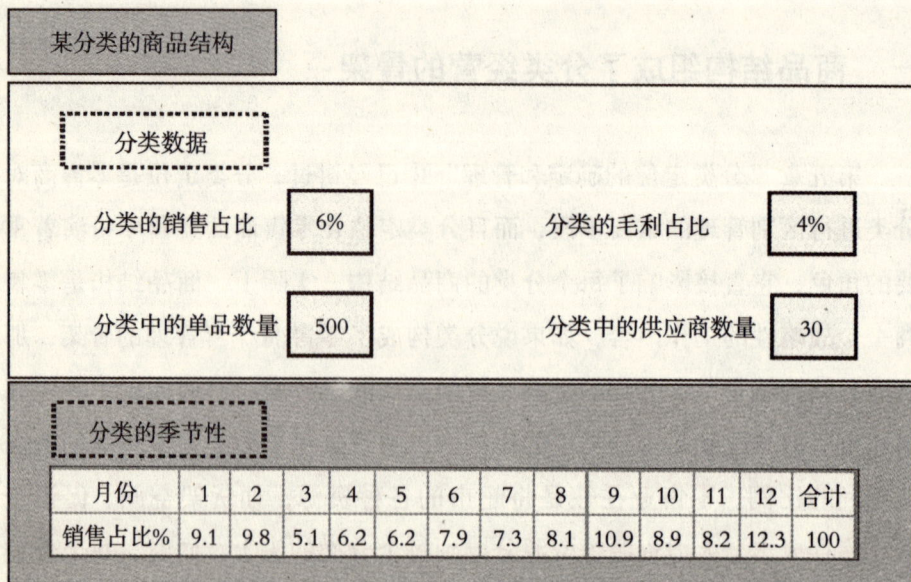

某分类的商品结构

分类数据

分类的销售占比	6%		分类的毛利占比	4%
分类中的单品数量	500		分类中的供应商数量	30

分类的季节性

月份	1	2	3	4	5	6	7	8	9	10	11	12	合计
销售占比%	9.1	9.8	5.1	6.2	6.2	7.9	7.3	8.1	10.9	8.9	8.2	12.3	100

图7－1　商品结构

不同地区供应商数量的影响，因此它无法在分类中形成一个固定的数量，而且也没有必要讨论。另外，在分类中供应商的品牌数量同样是不能固定的，很显然品牌在市场上是处于不稳定状态的，随时会有新的品牌和供应商出现，也随时会发现有些品牌和供应商消失在超市的货架上，因此在分类中确定供应商和品牌数量是可笑的。

每个分类有不同的季节性，这里提及的季节性不同于分类定位中的"季节性"，"季节性"定位是指那些具有极强季节性的分类，它们一般只在其季节内销售，或者在季节内销量非常高，而平时的销量很少，更多的情况下是零售商根本就不在非季节内销售这些分类，比如月饼、元宵、上海的大闸蟹、火锅食品和冰激凌等分类。在商品结构中讨论的季节性是指每个分类在一年中的销售高峰期和低谷期，而且可以肯定地说，几乎每个分类都有相对的季节性，只不过各个分类所表现出来的季节性强弱不同，也就是说每个分类在一年中的每个月的销量是有波动的。这种波动是与不同的时间相关联的，当然其中需要排除促销和广告等给分类带来的销量变动。比如碳酸饮料就有很明显的淡旺季，但是它并不一定就是"季节性"定位的分类，白酒分类也有较为明显的淡旺季之分，冬天和节假日往往是白酒分类的销售旺季。又比如拖鞋分类，虽然它们一年四季都在销售，但是分类中的单品却有很大的不同，夏天会销售更多的塑料拖鞋，而冬天更多的销售棉拖鞋，冬天顾客在货架上几乎看不到一双塑料拖鞋。

实际上，分类的季节性管理非常简单，只是很多零售商并没有管理起来，或者他们没有意识到要管理分类季节性的重要性，那么这将导致超市在日常的经营中，经常出现很多分类在旺季时商品缺货，而淡季的商品却有更多库存的情况。每个分类的季节性时段不同，其订货预留的提前期也不同，如果没有更加细致的季节性管理，就会不断造成各个分类的商品缺货和库存积压的情况。当然这样不仅使超市损失了销量和毛利，而且还会招至顾客的不满。因此，管理分类的季节性对零售商来说非常重要，它有利于零售商根据分类的季节性，即分类在一年中每个月的销售变动情况或者说各个分类在每个月的销售占比，提前并合理安排分类中商品的订货计划、库存、排面、促销计划等，甚至还包括对分类中的商品数量的调整等。比如，如果调味品分类在冬季的几个月中销量非常大，从 9 月份开始就进入了高销量的旺季，那么超市应该在 8 月开始调整调味品分类的货架空间和订货计划，而促销计划甚至在两个月前就应该开始制定了。又比如，当龟苓膏进入到上海的家乐福门店中销售时，家乐福的各个门店在 9 月份将龟苓膏分类的陈列位置由货架中间两层调整到了货架最上面的两层，因为龟苓膏分类在冬季是销售淡季，但是就是在同样的时间，上海的其他很多超市并没有调整龟苓膏分类的陈列位置，很显然这些超市没有或者疏于对分类季节性的管理，那么他们对货架资源的分配无疑是不合理的，最终导致了利润的损失和顾客满意度的降低。

实际上，在商品结构设计和管理中，分类中的单品数量和分类在部门中的销售占比和毛利占比具有更重要的意义，因此它们也是我们在本章所要讨论的关键内容。第一，分类中的单品数量是商品结构中最关键的内容。零售商在考虑每个分类中的单品数量时，首先要界定一个问题，即每个分类中的商品数量是固定的还是变动的。当然，这里所说的"固定"指的是相对的固定，也就是说我们不会讨论在一个分类中，存在 500 个单品与 502 个单品之间有什么区别。如果我们假设每个分类中的单品数量是不固定的，那么必然就会出现分类中的单品数量越来越多的现象，而且这种趋势几乎是超市无法自我控制的。这是因为分类中供应商的新产品层出不穷，有很多供应商一直努力研究消费者的需求，从而努力发现更多的新产品以满足顾客潜在的需求，几乎没有哪个供应商不把开发新品视为企业一项非常重要的工作。而且，分类中的供应商为了获得市场份额，或者担心自己原有的市场份额被竞争对手抢走，一旦发现竞争对手开发了新产品，那么分类中其他的供应商一般会马上模仿开发类似新品并使其摆上超市的货架。

也就是说，不管是什么样的新产品，总是会在很短的时间内出现各种与之类似的其他品牌的产品。因此，当分类中某个供应商开发了新产品时，会导致进入到超市中的实际新产品数量，根据分类中供应商的数量而成倍的增加。而且，供应商并不愿意随意终止自己的一些老产品，他们希望在产品的衰退期能获得产品为自己贡献的最后利润，并且这些产品仍然可以分摊企业的一些生产和物流费用等。因此，从供应商的角度看，分类中的产品数量是一直呈增长趋势的，供应商们永远不会想到要保持分类中的产品数量相对固定，毫无疑问这也不是供应商的责任。还有很多供应商依然沿袭一种营销思路，即开发更多的产品占领超市的货架空间，从而阻止并侵蚀分类中其他供应商所占的货架空间。那么很显然，这将导致产品的开发有可能并不完全是以消费者的需求为导向的，而这种以竞争为导向的产品开发思路无疑更加加剧了分类中产品过多的现象。

分类中过多的产品对消费者来说并不是一件好事，有时甚至是不公平的。供应商开发的满足顾客新需求的产品会受到消费者的欢迎，但是蜂拥而至的跟随品牌一下子涌到消费者面前，对于任何一个细分市场或者一个独特的产品定位来说，消费者并不需要很多的选择。比如，也许在某个细分市场上，消费者只需要三个不同的品牌就足够了，但是市场上却存在着十个不同的品牌——其实在各个分类中几乎都有类似的情况。更不用说那些本来就是为了占领货架空间而开发的产品，以及那些没有做过市场和消费者分析，不能适合市场需求的新产品，更无法给消费者带来任何价值，但是这些产品却占据着超市的货架空间，并耗费着消费者选择商品所付出的时间。此外，供应商为了从那些处于衰退期的产品获得更多的利润，而尽量延长它们在超市货架上的时间，那么这些产品同样耗费了消费者的选择时间，而且在很多情况下，这种时间的花费对消费者来时是没有价值的。因此，从消费者的角度来看，他们在国内市场上几乎在各个分类中都面临着产品和品牌过多的困扰。即便是消费者对此没有明显的察觉和反应，但是消费者的时间是有限的，他们在超市购物并不希望耗费更多的时间，毕竟顾客在超市购买的主要商品都是一些油盐酱醋等日常用品和食品，顾客最关心的是购物时的便利性和价格，而不像对购物中心或高档百货商厦那样要求有更好的购物环境，并愿意花费更多的时间流连于此。顾客们希望节省更多的时间用于家庭、学习、工作和个人爱好等，而不是更多的耗费在超市去选择商品。

因此，零售商作为供应链中的一个环节，其最重要的职能就是帮助消费者选择他们需要的产品，并将这些产品进行组合放到货架上。零售商的货架空间是有限的，因此也意味着每个分类中所能容纳的单品数量是有限的，所以他们必须在每个分类中有节制地选择供应商的产品。也就是说，零售商必须控制每个分类中的单品数量，否则会给自己的日常经营带来很大的麻烦。比如，如果某个分类中的单品数量过多了，那么就会使每个单品所占的货架空间和库存空间太小，而给分类中的商品订货带来很大的难度，当然最后的结果是分类中商品缺货的增加。因此，零售商为了保证分类中的单品数量不出现逐渐增加的现象，必须保持单品数量的相对固定。事实上，很多富有经验的零售商都采用分类中的商品"进一退一"的政策，保持各个分类中单品数量的稳定。当然"进一退一"的商品政策并不一定完全局限于分类层次上，以部门为单位执行"进一退一"的商品政策有时也是合适的，只不过在这种情况下，部门中的各个分类的单品数量会有小幅度的变动。

如果零售商没有固定分类中的单品数量，那么面对市场上供应商产品数量的不断增加，零售商是根本无法抗拒其诱惑的。毕竟供应商为了将自己更多的产品摆上货架，愿意支付给零售商一些进店和促销等费用。当分类中的供应商都有类似想法时，零售商总是可以借机提高各种费用的门槛。那么，这实际上将是一种"三输"的局面，即供应商花费了更多的费用，但是由于来自众多产品之间的激烈竞争而使产品的销量不一定很好；而零售商无疑增加了经营管理成本，并使自己的资源无法得到最有效的应用；同时，也导致顾客面对过多的商品和品牌，顾客在纷杂的商品和品牌的大海中无所适从。因此，可以肯定地说，分类中的单品数量应予以控制，不能总是处于变动的状态。

但是，每个分类中的单品数量到底保持在多少是适合的，这是一个零售商必须要确定的问题。虽然在各个分类中市场上存在很多产品和品牌，零售商可以从中从容挑选，但是零售商如何能保证自己对每个分类所确定的单品数量是最合理的呢？这不仅受到分类中的供应商数量和零售商所在的零售业态等的影响，从经营的角度来看，至少还有两个因素需要认真考虑，一是要考虑每个分类的定位，二是要考虑竞争对手各分类中的单品数量。

首先，分类定位是决定各个分类中单品数量的最关键因素，因为分类定位决定了零售商对各个分类的资源分配，以及各个分类为顾客提供的商品可选择性。比如对于目的性分类来说，零售商应该尽量提供更多的商品，也就是给顾客更多的选择性，那么零售商完全可以选择分类中满足更多细分市场的产品和品牌，尤其是分类中的各种品牌，零售商应该尽量将它们都选择并使之上架，而且非常有必要最快地引进市场上的新产品。如果是标准分类，零售商希望这些分类为顾客提供不少于其主要竞争对手的可选择性，那么竞争对手的单品数量就成为零售商设计这些标准分类的单品数量的重要依据。如果某零售商发现其主要竞争对手在葵花籽油分类中的单品数量是十个，那么这家零售商就可以考虑在葵花籽油分类中也设计选择十个左右的单品数量。如果是基础分类，那么零售商完全可以根据自己超市的业态和定位选择分类中的部分需求，或者顾客对此分类最基本的需求，然后选择这样的产品和品牌进入即可。比如对于一家大卖场来说，假如他认为在上海市场上花生油是一个基础分类，那么他们可以只选择两个品牌进入超市，比如可以选择一家全国性的花生油供应商品牌，一家本地的花生油供应商品牌，并只选择分类中销量最大的两个规格，比如5L和2.5L，那么实际上在花生油分类中它只选择了四个单品。

其次，如果要获得每个分类更加准确和合理的单品数量，参照当地竞争对手在各个分类中的单品数量是非常有必要的。这是因为，当地的竞争对手对周围顾客的需求有更加确切的了解，而且在长期的营运中，他们在各个分类中沉淀下来的商品和品牌往往是受到当地顾客喜欢的，而那些不能适应当地顾客需求的商品和品牌由于明显的绩效差异，早已随着经营而慢慢被超市淘汰了。随着零售商的经营，分类中的商品和品牌会表现出来不同的销售绩效，零售商完全可以通过逐渐的淘汰和选择不断调整各个分类中的单品数量，从而始终使分类中的单品数量保持在合理的水平上。商品的及时更新对零售商来说是非常重要的，任何产品都有其生命周期，并分别处于各自不同的阶段，而且随着竞争的加剧，产品的生命周期越来越短。对于消费者来说，新产品的出现往往意味着满足了他们更好的需求，而且这些更好的需求逐渐在替代过去那些类似的过时的需求。因此，在每个分类中，零售商非常有必要用新产品逐渐替代给消费者带来类似价值的老产品，这也保证了各个分类中的单品数量相对的稳定。比如，家乐福2004年曾提供了一个很好的例证，此前家乐福对每个分类中的单品数量并没有给予过多的约束，他们关注的焦点在于对滞销商品的定期管理。但是在2004年时，他们发现各个分类中的单品数量在慢慢增加，致使分类中的单品数量越来越多，不仅顾客根本不需要那么多的商品选择，而且也增加了自己经营管理的难度：商品的缺货率有不断增加的趋势，滞销品和停产单品的数量和库存也越来越多。正是基于这种现状，家乐福在2004年决定减少各个分类中的单品数量，尤其是杂货处的各个部门，并且制定了严格的"进一退一"的商品政策。

在有了"分类中的单品数量相对固定"的观念后，才会出现设计和管理分类中的单品数量的问题。首先，分类中的单品数量当然与不同的零售业态有着直接的关系。如果是大卖场，那么他们在文具行业中的单品和品牌选择要远远少于文具专业卖场；同样，电器零售商的电视分类的单品数量一定远远大于大卖场电视分类中的单品数量。因此，这里也提醒供应商应该定期做一项策略性的工作，即分析自己产品所在的分类在各零售业态中的发展趋势，否则自己的产品可能会不知不觉中进入错误的零售业态，或者将资源过多投入到了错误的零售业态中。其次，零售商各门店分类中的单品数量应该是不同的，在中国这样巨大而多样化的市场上，采取全国统一的单品数量是非常不切实际的。很显然，由于每家门店周边商圈的顾客不同，他们对各个分类中的商品选择就有所不同，因此也就在各个分类中形成了不同的单品数量。正如前面提到的家乐福在上海的古北店和宝山店的例子，它们在进口葡萄酒和国产烈酒两个分类中的单品数量是不同的，古北店的进口葡萄酒分类中的单品数量要远远大于宝山店，而在国产烈酒分类中，宝山店的单品数量却多于古北店。可惜并不是每家零售商都意识到了这个问题，全国性统一的商品结构在很多零售商当中依然存在，但是在中国市场上，这显然是不合理的。

最后，各个分类中的单品数量与门店面积的大小也有着直接的关系。这是非常明显的，门店面积的大小意味着货架空间的大小，差异很大的货架空间是不可能容纳相同数量的商品的，即便是减少每个单品的陈列空间有时也无济于事。比如一家两万平方米的大卖场与一家5000平方米的大卖场，在各个分类的单品数量上应该有明显的差异。两万平方米以上的卖场其单品数量显然对于5000平方米的大卖场太多了，而对于两万平方米的大卖场来说是非常适合的。其实，经验丰富的零售商往往会根据自己门店面积的不同划分出不同的门店等级，然后根据门店等级规定每个分类中的单品数量。其实，正如我在《推动管理》一书中讨论过的，这也体现了零售业必须进行细致管理的行业特点。

第二，我们来讨论分类在部门中的销售占比问题，从零售业态开始讨论会更加容易一些。各零售业态之间的差异最重要的体现在于经营的分类不同，也就是说经营分类的不同导致了零售业态的不同，显然，不同的零售业态就有着不同的分类结构。比如，电器零售商是以销售各种与电器相关分类的商品为主的，他们当然不会销售食品了，而建材超市是专业销售与建材相关分类的商品的，他们当然也不会销售家电商品了，而综合了食品和非食品的大卖场零售业态就必须经营更加广泛的分类了。当然，超市的营业面积是界定不同零售业态的另一个关键因素，不过超市营业面积与经营分类的多少有着直接的关系，可以说超市面积的大小直接决定着分类结构，而分类结构的不同又意味着零售业态的不同。

决定零售业态的并不只是零售商所经营的分类结构和其超市的面积，其实商品结构也起着重要的作用。也就是说，在不同的零售业态中，即便它们的分类结构完全一致，超市面积也彼此相当，但是由于各分类在超市中的销售占比不同，也同样会形成不同的零售业态。比如，家乐福一直认为自己是一家食品超市，因此他们的食品销售占到整个门店营业额的60%以上（包括杂货食品和生鲜食品），但是看似同种业态的沃尔玛购物广场（Wal－mart Super Center），相对于家乐福来说则更加重视非食品的销售，新颖、多样和极具吸引力的各种非食品商品令顾客印象深刻，而其非食品商品的销售占比也要高于家乐福。这种细微的零售业态变化有时往往被一些零售商所忽略，而没有认真分析他们之间的区别，这也意味着这些零售商将没有自己明确的零售业态定位。比如，看似是大卖场业态，但是如果非食品占比更大些，那么他们与家乐福这样的零售业态实际上是不同的，他们更具备百货业态的一些经营特点。但是，不管零售商采用什么零售业态，其本身并没有什么问题。问题在于，零售商必须非常清楚他们的零售业态到底是什么，是以食品为主的超市，还是以非食品为主的超市。也就是说，零售商应该主动的确定和设计自己的零售业态，而不是在超市的日常经营中于无意间自然形成。那样很容易导致由于没有从零售业态和定位的层次上进行清晰的定义，而使各连锁门店之间无法达到商品上的标准化，或者走向另一个极端，即有些连锁门店不能适合这种自然形成的零售业态。

接下来我们再看看商品结构中的第三个因素，即分类的毛利占比。显然，零售商分类结构中各个分类的平均毛利率是不同的，每个分类不同的平均毛利率的形成，除了零售业态和零售商内部经营因素之外，还与各个分类所在行业在市场上所处的生命周期有很大的关系。比如，在处于引入期的分类中，零售商更加容易获得较高的毛利率，而在那些处于衰退期的分类中，零售商一般情况下只能获得较低的平均毛利率。我们看到，影响零售商各个分类的平均毛利率的三个因素中，零售业态和分类所处的生命周期是两个外部因素，它们对同一个零售业态中的各零售商的分类平均毛利率的影响是一样的。因此，能给同样零售业态下的零售商的分类平均毛利率带来不同影响的因素是其各自的内部经营。

不过，随着零售商的日常经营和发展，影响各个分类平均毛利率最根本的两个因素，即商品进价和零售价，也逐渐趋于一致了。这是因为，供应商为了维护自己的利润空间而致力于平衡给各个零售商的产品供价，并通过各种手段来维持自己的产品在各超市零售价的统一，而零售商之间为了争夺顾客，也不得不将商品的零售价不断地与竞争对手比较并最终寻找一个平衡点。因此，实际上在同一种零售业态下的各个零售商，其每个分类的平均毛利率总是趋于一致的。当然，由于同一种零售业态的不同的零售商有可能对同一个分类有不同的分类定位，因此也会使零售商之间对相同分类的平均毛利率出现不同的要求，但是分类定位对分类的平均毛利率的影响还是较小的。即便是某个零售商为了获得更低的零售价而率先降低某些分类的平均毛利率，其他的零售商出于竞争的考虑，必然会马上跟进降价，从而又使这些分类的平均毛利率保持了新的一致。因此，各个分类的平均毛利率对于任何一家零售商来说，应该是一个相对固定的财务指标。所以不管是面对来自于外部市场的影响，还是来自于零售商内部经营的影响，零售商为每个分类确定阶段性的平均毛利率指标都是明智的经营决策。

但是，零售商最终希望获得的利润并不是毛利率，他们要的是毛利金额，而毛利金额是来自营业额和毛利率相乘的结果。因此，在分类的平均毛利率相对稳定的情况下，营业额是影响其毛利金额的主要因素。从这个角度来看，分类在部门中的销售占比与其毛利占比是一致的。那么，我们再回头看看分类的销售占比，对于某一种零售业态来说，其各个分类在部门中的销售占比是趋于固定的，这是由于顾客对各个分类的需求也是相对稳定的。顾客对分类的需求与其对品牌的需求是不同的。比如，顾客也许上次买了"飘柔"洗发水，而这次也许会突然决定购买"舒蕾"洗发水，顾客改变品牌的因素也许就是"舒蕾"洗发水在做促销活动，或者是"飘柔"洗发水缺货了，或者只是顾客首先看到了"舒蕾"洗发水，或者仅仅就是顾客的心血来潮等等，因此顾客经常会在分类中的各个品牌之间发生购买转换。但是，顾客对分类的需求却相对固定，比如顾客在买醋烧菜时，只要其家庭成员没有发生变化，那么他们每月对醋的使用量是相对稳定的，同样当家庭成员不变以及生活习惯没有改变时，他们每月需要的洗发水数量也是相对稳定的。

零售商的每家门店一般是服务自己有限商圈内的顾客，比如上海浦西的顾客没有必要跑到浦东的沃尔玛超市去购买大米和鸡蛋，当然浦东的顾客也不会跑到浦西的古北家乐福去购物。因此，在顾客数量固定，以及他们的生活习惯没有发生明显改变的前提下，顾客对每个分类的需求是相对固定的，即每个分类的销售占比是相对固定的。当然，零售商日常的经营行为会对各分类的销售占比带来一定的影响，比如零售商各个部门人员的管理水平，以及零售商出于对各分类不同的毛利率而采取的主动经营措施，如由于某分类的毛利率太低，零售商主动抑制这个分类的销售增长等。不过，各个分类仍然有着相对固定的销售占比，以及固定的销售占比指标。而且正如前面的讨论，在分类固定的销售占比和各个分类相对固定的平均毛利率的前提下，各个分类的毛利占比实际上也是相对固定的。各个分类毛利占比的大幅度波动是极其不正常的，当然，这使得零售商为每个分类制定年度的毛利指标成为可能。那么，在销售占比和毛利占比固定的情况下，零售商每年就可以为每个分类制定自己预期的营业额指标和毛利指标，这时零售商将会大大降低超市的经营风险。这是因为，在预期的销售指标和毛利指标下，零售商完全可以通过计算所有的其他经营成本，而预知自己在未来一年的赢利情况，从而使零售商真正的走上稳定的经营之路。

此外，即便零售商对商品结构有了清晰的认识，并定期制定了商品结构的各项指标，包括各个分类中的单品数量、销售占比、毛利占比、各月的季节性等；但是，从分类所在行业的角度来看，商品结构也仍然是处于不断的变化之中的。正如我们在前面曾多次讨论过的，各分类所在的行业在市场上都是处于各自不同的生命周期中的，而且一直在发生着变化。比如，原来处于成熟期的分类，很可能就是在今年开始逐步走入了衰退期，那么这时候零售商会发现这些分类的销售占比降低了，而且不管如何努力总是无法达到去年的销售占比。当然此时零售商应该调整商品结构，比如压缩这个分类中的单品数量，减少给这个分类制定的销售占比和毛利占比指标。这使零售商的管理更加趋于理性和灵活，保证了零售商能及时根据分类市场的变化合理分配超市的资源，从而使自己更加适应顾客的需求，并保持更好的赢利状况。所以，定期评估每个分类在市场上的变化，是分类管理中一个非常重要的内容，如果零售商没有从分类的角度经营超市，那么零售商将总是处于被动的经营状态之中。当然，正如前面一直讨论的，面对分类在市场上的变化，零售商应该首先评估是否有必要给分类重新定位，然后才是进一步对分类制定经营策略和目标，以及本章讨论的商品结构的相应调整。

零售商一旦确定了各个分类的商品结构，那么日常的商品结构管理相对来说就比较容易了，但是实际上，并没有那么乐观。很多零售商往往忽略了对商品结构的日常管理，甚至根本就不知道应该对商品结构进行日常管理，当然也就更不知道如何进行了。如果有了正确的商品结构设计，却没有日常对商品结构的跟踪和管理，那么零售商如何知道他们在年初设计的商品结构是否能执行并达到目标呢？如果不知道是否能达到目标，那就很可能意味着根本就不能达到目标，那么如何保证零售商的利润获得，以及顾客的满意呢？如果没有各个分类的毛利占比指标，或者没有对各分类毛利占比指标的每月控制，那么零售商如何能保证其在年底时完成毛利指标呢？在这样一种经营状况下，又怎么能说是一家管理成熟的零售商呢？而且，这不仅仅是一个管理上的问题，其实更确切地说是一个如何经营超市的商业思想上的问题。一旦有了更加合理和细致的经营思想，必将为日常的管理提供方向。

在商品结构的日常管理中，对销售占比和毛利占比的日常跟踪是一个重要的内容，这是保证零售商完成给各个分类下达的财务指标的一个指示器。因为销售占比和毛利占比的变动，将会告诉零售商各个营运部门的营业额和毛利是走向预定的财务指标，还是远离既定的财务指标。我们将会在第十章"分类的经营绩效评估"中做详细的讨论。另外，分类每月的季节性也是有必要进行定期的管理和评估的，它将指引零售商将年度分类的销售指标和毛利指标分解到每个月中，我们也会在第十章中予以详细讨论。虽然供应商数量也是商品结构中的一个内容，但是零售商对供应商数量的评估是没有任何意义的，毕竟顾客购买的是商品和品牌。由于每个供应商每月的财务绩效组成了整个分类的财务绩效，因此对每个供应商进行管理是零售商一项关键的工作内容，甚至可以说，它与零售商对分类的管理是同等重要的。我们在第十章中会对此有所讨论。

那么，对分类中的单品数量的日常管理，实际上是商品结构管理中的核心部分。零售商定期跟踪分类中的单品数量，不仅是为了控制各个分类中的单品数量不要超出既定的标准，而且当零售商对各个分类中的商品数量采取了一定的控制手段后——比如在经营系统中锁定，或者商品的进入和退出由某个采购部门之外的部门确认等——其对商品数量的增加风险是很容易控制的。但是零售商往往难以控制各个门店货架上实际存在的商品数量，与零售商设计的商品结构中的商品数量是否一致，这不是从商品缺货的角度看问题，而是从商品结构的完整性来考虑的。正如我们前面讨论过的，零售商依据各个分类的定位为每个分类设计了一定的商品数量，如果零售商的某些门店在某些分类或者部门中实际的商品数量远远少于既定的商品数量，那么零售商实际表现在货架上的分类定位也许会背离既定的分类定位。比如本来牙膏分类被零售商定义为目的性分类，并设计有 200 个单品数量，如果某个门店中的牙膏货架上只有 180 个单品数量，不管是某些品牌的缺少，还是各个品牌中某些规格的产品缺少，那么实际上这家门店的牙膏分类就没有为顾客提供更多的商品选择，那么这与目的性分类为顾客提供更多的可选择性是相违背的。换句话说，由于分类中的单品数量少于既定的单品数量，那么就有可能扭曲了分类的既有定位。即便是只为顾客提供部分选择的基础分类，这些商品选择也是零售商认为必须要提供的，否则会带来顾客的不满，但是如果在基础分类中实际货架上的单品数量少于设计的单品数量，也必然会由于减少了分类的可选择性而导致顾客的不满。

其实，零售商对于商品结构中的单品数量的跟踪和管理应该并不困难，而且对于那些执行全国统一商品结构的零售商来说就更加容易了。即便是那些像家乐福一样各门店的商品结构不同的零售商，虽然管理商品结构完整性的难度大一些，但是他们却更有管理商品结构完整性的必要。这是因为各个门店具有独立的订货权力后，就增加了各个门店商品结构出现问题的可能性。虽然在管理商品结构中的单品数量时，每个零售商有不同的管理方法和模式，但是，每月跟踪各门店在各个分类或者部门中的单品数量都是同样必要的。实际上，从销售系统中检查上个月在各个部门以及各个分类中有多少单品无销售、无库存，就可以非常轻松地跟踪各个分类的商品结构完整性了。

如表 7-1 所示，假如在某个部门中有五个分类，"设计的单品数量"就是对零售商每个分类确定的单品数量，"无销售无库存的单品数量"是指在某个门店某个月的经营中，没有发生销售也没有库存的单品数量，那么用分类中有销售并有库存的单品数量除以设计的单品数量，就可以看到在"完整性"一栏中的百分比。分类 1 中分类完整性是 95%，是各个分类中最高的，而分类 3 的完整性只有 74%，那么这个分类在商品结构上存在着很大的问题。当然将五个分类的完整性百分比综合起来，就构成了整个部门的完整性百分比了。但是，对于像家乐福这样门店权力很大的零售商来说，这样做还仍然不够。因为如果门店有订货、陈列等权力，那么零售商总部就有可能无法断定在其各个门店中有库存的商品是否在货架上，有销售的商品在一个月中有几天在货架上。因此，采购部门定期派人到各门店去实地检查是非常必要的。

表 7－1　　　　　　　　　商品结构的完整性检查

分类	设计的单品数量（个）	无销售无库存的 单品数量（个）	完整性（％）
分类 1	19	1	95
分类 2	19	3	84
分类 3	19	5	74
分类 4	23	2	91
分类 5	23	5	78
部　门	103	16	84

二　供应商新的利润管理思路

虽然商品结构是零售业的分类管理中一个关键的组成部分，但是它的管理思想和方法对供应商的日常营销活动也有很大的帮助，而且，它还给供应商带来了一种新的利润管理思路。如果从供应商的角度来讨论商品结构，我们可以将商品结构改称为"产品结构"，虽然名称有所不同，但其本质是一样的。首先，供应商也应该考虑如何设计各个分类中的产品数量。实际上，这与零售商设计各个分类中的商品数量基本上是一样的思路和方法，但有所不同的是，供应商由于没有受到类似于零售商的货架空间的限制，所以并不一定要固定每个分类中的产品数量，但是限定每个分类

中的新产品开发数量则是供应商关注的焦点，因为新产品的开发资源对于
供应商来说是有限的。那么，基于同样的思路和方法，供应商应该根据自
己对每个分类定义的定位，来确定分类中需要开发的新产品的数量。比
如，在潜力分类中，由于这些分类具有高速增长的销售和较高的毛利率，
因此，供应商为这些分类开发更多的新产品是明智的。这需要供应商倾斜
更多的产品开发资源给这些潜力分类。如果是衰退分类，那么供应商应该
逐渐减少这些分类中的产品数量，立即停止对这些分类中的新产品开发的
投入。当然，供应商对分类所在行业的变化具有准确和及时的判断，这是
其定义每个分类的定位并进而确定新产品开发方向的基础。

其次，产品结构中的销售占比和毛利占比对供应商来说有更大的实用
价值。供应商基于分类的定位，以及给各个分类制定的销售指标和毛利指
标就可以锁定每个分类的销售占比和毛利占比了。当然，供应商可以不像
零售商那样按照部门来计算分类的销售占比和毛利占比，而完全依据供应
商的整体业务领域。那么，每个分类的销售占比和毛利占比给了供应商一
个清晰的管理框架，使供应商更加清楚各种营销资源投入的方向，以及自
己获得利润的来源。比如，供应商会非常清楚哪个分类是其所有分类中平
均毛利率最低的，那么供应商在考虑制订促销计划、陈列支持计划和新产
品开发时，将会明确减少对这些分类的投入。而且，供应商也可以不断修
正不同毛利率的分类的销售占比，从而促进供应商整体利润的提升。比
如，当供应商发现低毛利率的那些分类的销售占比非常大时，实际上就会
发现自己已经处于了一种非常不利的局面之中，也就是说，供应商的赢利
能力在下降。此外，不断跟踪分类的销售占比和毛利占比，同样是衡量和
预警各个分类乃至供应商整体财务指标能否完成的指示器。比如，当供应
商发现在 6 月份，某个分类的销售占比没有达到预估，而这个分类的毛利
率是偏低的，那么供应商要小心这可能会导致整体毛利金额的不足，而这
种结果有可能在几个月以后才显示出来。

分类在每个月的季节性是供应商一直关注的内容，那么将每个分类的

销售占比以量化的形式展示出来，将为供应商管理分类的季节性提供更大的帮助。比如有了定量的分类季节性分析，供应商可以非常有计划地考虑不同分类的促销时段，从而提前安排生产、库存准备、促销准备等一系列内部工作。总之，分类中的产品数量、分类的销售占比和毛利占比，以及分类的季节性为供应商构建了一个完整的产品结构。这样可以使供应商更加细致和理性地管理每个分类，而且，供应商还可以在完整的数据分析的基础上经营自己的每个分类，并使每项营销管理工作变得更有计划。

三 供零合作的基础是双方对市场的共同认识

商品结构设计和管理仍然是零售商的主要工作，也是零售商特有的经营管理内容。在商品结构的设计和管理中，零售商的自身定位、分类定位和公司战略方向起着决定性的作用。从供应商的角度来看，由于供应商的产品并不一定能完整覆盖某个大分类下的每个中分类和小分类，因此他们无法在分类中的单品数量、分类销售占比和毛利占比等方面做出全面的判断。但是，供应商仍然可以在与零售商的合作中，为他们提供更多的对每个分类所在行业的发展趋势和生命周期变化方面的建议，这是在零售商面前建立自身行业专家形象的机会。同时，借鉴零售商的商品结构设计和管理的思路和方法，供应商可以在日常的营销管理中添加进新的内容，也就是供应商的产品结构管理，这是供应商在传统营销管理中的一个突破。供应商完全可以在脱离与零售商合作的前提下，设计并管理自己的产品结构，确定每年的新产品对各个分类的开发方向，并分配和跟踪年度和月度的分类销售占比和毛利占比。当然，这正是零售商的分类管理与营销管理的结合。

在双方的合作中，供应商充分理解了零售商的商品结构设计和管理的思路和方法后，对供应商给各个零售商提供产品组合提供了很大的帮助。比如，供应商完全可以按照各个分类来考虑如何提供给零售商产品组合，而不再是给零售商提供一个整体的产品清单。这无疑可以帮助供应商选择出更佳的产品组合提供给不同的零售商，那么从这个角度来看，供应商针对每一个零售商时，他们在每个分类中的产品数量就是固定的，就如零售商在各个分类中的单品数量是固定的一样。而且，关注零售商的商品结构，了解零售商各个分类的销售占比和毛利占比，可以帮助供应商做出更加准确的营销资源投入方向决策。比如，当零售商在某个分类中的毛利占比太低时，供应商为他们提供高毛利率的产品一定会得到零售商的欢迎，而当某个分类的销售占比太低时，供应商在这个分类中提供更多的促销活动，将会帮助零售商扩大这个分类的销售，当然，这家供应商也将会因此成为这个分类中最重要的一家。另一方面，供应商和零售商对每个分类在每个月的季节性有了共同的认识，那么供应商就可以更加从容地安排促销计划、生产计划和库存准备等。同时，也保证了零售商在不同的季节都有合理的库存。

总之，在商品结构的设计和管理中，基于供零双方对分类所在行业的发展趋势和生命周期的共同认识，双方存在着很多共同的经营管理思路和方法。当零售商不断提高自己的商品管理水平，供应商也更多地考虑零售商的商品结构，并独立管理其产品结构时，供零双方的合作将会建立在更高的水平之上。

小结

商品结构的设计和保持

- **商品结构组成了分类经营的骨架**

  商品结构组成了分类经营的基本框架,它包括了分类中的单品数量、分类的销售占比和毛利占比,以及分类中的供应商数量和季节性特征等。

- **零售商需要跟踪商品结构的完整性**

  商品结构的完整性,即对分类中单品数量的日常管理,对零售商来说非常重要,但也是很多零售商经常忽略的地方。

- **供应商新的利润管理思路**

  供应商应该有自己独立的产品结构管理,就如零售商的商品结构管理一样。这可以使供应商能更加细致和理性地管理每个分类,并在数据分析的基础上经营每个分类。

- **供零合作的基础是双方对市场的共同认识**

  在商品结构的设计和管理中,供零双方更多的是各自的独立工作,然后基于对市场的正确认识达成合作中的默契。

第八章

商品组织的设计和管理

> 零售商每天要面对无数的顾客，而且每名顾客都是不同的；但是大部分的顾客又都有着类似的需求，这是一个无法回避的事实。不要高估或者忽视消费者选择的多样性，消费者的多样性体现在不同的品牌和细分市场上，而不是对完全一样的产品无止境的多样化需求。

一 零售商要慎重考虑：
每个分类中到底要装入什么商品？

当某位稍有商业意识的朋友想在网络购物平台上构建一个自己的服装店时，她首先要考虑的恐怕就是要卖什么服装，比如考虑是卖男士服装还是女士服装，提供哪个年龄阶段的服装，是只提供鞋类还是要有围巾、上衣和裤子，她还要考虑向她未来的顾客提供什么定位的服装，是高端品牌服装，还是款式时尚而价格便宜的服装，等等。这并不需要多少投资，她只要将服装的照片、商品基本信息和定价等放到网上购物平台就可以了，剩下的就是等待顾客定购了。但是她知道，为了更多赢得顾客销售更多的服装，提供尽量多的服装款式是一个必备的方法，这会给她的目标顾客更多的选择，而且如果她是以代销的形式与供应商合作的，那么她因增加商品品种而增加的成本并不是很多，她反而可以选择更多自己认为好卖的服装。对于她来说，真正的考验恐怕要来自于她选择服装的眼光了，这一点决定了她未来生意的好坏。

作为一家拥有实际门店的零售商来说，他们要比各种网上超市和目录销售公司更加慎重地考虑并回答一个问题，即在他们超市的每个分类中应该放入哪些商品。这是因为拥有门店的零售商要承受更大的成本压力，比如门店的租金、员工工资、各种资产等。昂贵且有限的货架空间使他们在选择商品时倍加谨慎，不能随便选择商品放入到各个分类的货架上，正如第六章"商品结构的设计和保持"中提到的，零售商对每个分类会有明确的商品数量限定，以及营业额占比和毛利占比目标。也就是说，作为一个有着敏锐商业思维的零售商来说，不应该任意增加或者减少分类中的商品数量，以及随意改变分类中的商品，因为那将会给零售商带来意想不到的，或者说是无法控制的经营结果。毫无疑问，超市的货架是有限的，每个分类中的商品数量不能无限制增加，而且各个分类中的商品数量与其所占货架空间有着紧密的联系，而每个分类的货架空间大小又直接影响到了各个分类的营业额多少。

如果某个分类由于商品数量超出了既定目标而提升了这个分类的销售占比，那就很可能打破了零售商给这个分类既定的销售占比目标，这可能会影响到零售商对这个分类的定位和经营策略，容易造成分类既不能更好地满足顾客需求，也不能完成零售商既定毛利指标的结果。但是，在分类中既定商品数量不变的情况下，零售商选择的商品是否能迎合顾客的需求，将会更加直接影响到每个分类的销售和毛利完成零售商预定目标的情况。如果零售商在选择各分类中的商品时出现了问题——更可怕的是，这是由于零售商根本没有科学的商品选择和管理方法而导致的，那么零售商就无法控制日常经营中各个分类的销售和毛利，最终其整体销售和毛利将是一个未知数。而当一家零售商在一种未知将来经营结果或者无法控制销售和毛利的状况下经营，那么不仅零售商自己有可能在一年的经营中没有获利，而且出现无法支付供应商货款等的风险也将大大增加。实际上，我们国内很多零售商都曾出现过供应商货款危机，除了其他因素之外，零售商无法预知和控制自己的经营结果无疑是一个关键因素，当然这是由于很多零售商缺乏我们所讨论的分类管理能力，或者其分类管理水平非常落后所致。

因此，零售商在分类中对商品的选择，并最终成为每个分类的商品组合，实际上关系到零售商整体的经营绩效。如果零售商在某些分类中设计了正确的商品组合，那么即便在陈列空间和商品数量不变的情况下，其最终经营绩效也很有可能会超过这些分类在以前缺乏正确的商品组织时的销售和毛利；反之，当零售商在某些分类中没有设计出更加合理的商品组织时，也同样会造成在没有减少这些分类的陈列空间和商品数量的情况下，分类的销售和毛利的下降，或者无法完成预估的指标。在每个分类中，零售商如果选择了不同的品牌组合、不同的包装组合、不同的产品规格组合，以及不同的价格带、不同的口味和功能组合，等等，实际上就已经形成了一种商品组合，哪怕这个商品组合并不是零售商有意设计出来的。

但是，每个分类中的商品组合是否能适合周围商圈内顾客的需求呢？所谓正确和合理的商品组织，就意味着它们符合了超市周围商圈顾客的需求，如果零售商的商品组合恰好适合了商圈内顾客的需求，那么超市将获得更多顾客的青睐，并能随之获得更好的经营绩效。如果商品组合不适应商圈内顾客的需求，那么顾客就会感觉在这家超市总是无法买到自己希望购买的品牌和产品，这样零售商自然就无法获得良好的经营绩效了。也就是说，除了商品陈列设计、顾客服务态度、物流管理等因素外，零售商对各个分类的商品组合设计和管理极大地影响了各个分类乃至整个超市的最终经营绩效。即便是门对门的、同样业态和定位的不同零售商的两家门店，在各个分类中也不一定会有一张同样的商品组织表。但是，只要它们不一样，必然就有一家超市的商品组织更适合顾客需求，因为他们面临着一样的顾客，那么最终他们之间竞争的胜负与商品组织表就有很大的关系。

非常遗憾，很多零售商包括一些外资零售商，在各个分类中总是容易失去合理的商品组织，总是无法设计和保持更加符合顾客需要的商品组织表。一个很典型的例子是，在国内的某地级城市，很奇怪，顾客更喜欢光顾当地的一家本土超市，而对同在一个商圈内的另外一家大型外资超市却没有兴趣，这两家相邻门店的客流有非常大的差异。虽然当地超市由于进入这个区域市场的时间更早，因而会对顾客形成一定的影响力，但是这家外资超市也为顾客提供了舒适的购物环境、优异的服务质量、更多品质优良的非食品商品和干净卫生的食品，以及有其实力支撑的低价等，这些也足以构成其巨大的竞争优势，但他们为什么还是不能赢得当地的顾客呢？其实，这家外资超市失去顾客真正的原因还是在于他们在全国各区域门店的商品组织基本上是一样的，也就是说他们在各地开店时，并没有专门对每一家门店设计适合当地商圈的商品组织，从而使他们的商品组织无法更好地适应当地顾客的需求。

毫无疑问，适合上海顾客的商品组织与某个地级城市需要的商品组织必然存在着很大的区别，从各个区域的消费习惯到居民的消费水平都有着极大的差异。当上海居民开始热衷于食用橄榄油和茶油时，某地级市的居民可能刚刚从吃散装油转向吃包装油；当源于广东的凉茶开始蔓延至华东各地时，那里可能还在以喝可口可乐、非常可乐或冰红茶为时尚。我们从家乐福设计商品组织的做法中可以发现一个鲜明的对照，家乐福在设计门店的商品组织时，非常重视对当地竞争对手的调查，这是其设计商品组织非常关键的一环。他们会在各个分类中寻找出自己原有的商品组织与当地竞争对手的商品组织的差异，即在各个分类中，竞争对手有的商品而自己没有的，然后他们将会对这些商品进行简单分析，最终经过确认将会在商品组织表中加入必要的新商品。当然，家乐福的这种做法是基于他们对各个区域市场是非常不同的这一认识和理解的，并且认为本地的超市经过多年的经营，其货架上剩下的商品应该是经过当地顾客检验的，是能适应当地顾客需求的商品组织，因此有必要对他们进行认真的调查和分析。

实际上对于设计和管理商品组织来说，零售商不仅要考虑区域问题，甚至还要考虑到区域内不同门店之间的差异。"但是我们会把最后采购商品的决定权留给连锁店的员工，以保持公司政策的灵活性。"这是美国最大的家居工艺品连锁超市好必来的创始人大卫·格林，与迪恩·梅里尔合著的《我爱零售》一书中的一句话。从这句话可以看出，大卫·格林认为，每家门店周围的顾客群是不同的，因此他们的购物需求也是不同的，而总部的采购人员无法了解几百家门店周围商圈的顾客需求情况，只有门店自己的员工才最为熟知自己周围顾客的需求。

我们国内有很多零售商仍在考虑这样一个基础问题：如何安排门店和采购之间的权力分配。实际上，这个问题根本就没有那么复杂，或者说大家在考虑这个问题时偏离了方向，没有从经营的角度而是更多地站在了管理的角度去考虑这个问题。如果我们从经营的角度看待这个营采管理模式问题就会非常清楚，在中国如此多样化的大型市场内，采取采购集权的方式应该是不适合的，至少从商品组织的角度来看，这种模式无法使各个区域和门店保持与当地市场的适应性，也就是说很容易导致超市无法更多地了解当地顾客的需求，从而失去顾客的青睐。当一家零售商在上海和保定的门店销售完全一样的商品时，必然会造成不是上海顾客的需求得不到更好的满足，就是保定的顾客得不到更好的满足，至少保定的酱菜是保定居民餐桌上必备的，而上海居民根本无法适应如此咸的食品。我们应该明白，顾客不会因为你是全球零售业第一或者第二的零售巨头而来你的门店购物，他们最关注的是你门店货架上的商品是否是他们需要的，价格是否是他们认为合理的。

零售商在设计和管理商品组织时，受供应商的影响往往比较大，当然并不是说这意味着绝对的错误，而且造成这种状况并不能责怪供应商，主要原因还是零售商自身经营管理水平不高，尤其是缺乏分类管理的能力。可以想象，零售商在缺乏分类管理能力或者分类管理水平不高的情况下，当然很容易倾向于从供应商或者品牌的角度来考虑商品组织问题了，因为对零售商来说这无疑是一种最简单的组合商品的方法。这是一个现实中的例子，如果顾客感觉到某超市货架上的商品数量过少时，除了超市提供的商品数量确实过少，还有一种可能性，就是商品的绝对数量并不少，只是各个分类中品牌的数量过少，即顾客感受到自己在各个分类中可以选择的品牌过少。那么对于超市来说，就是在每个品牌下选择了供应商更多的商品，而在每个分类中却缺少了一些应该存在的品牌，这正是缺乏在分类的框架下组织商品而导致的不良后果。货架看似被商品填得满满当当，但是超市却没能为顾客提供更多的选择，而站在供应商和品牌的视角是很难发现这个问题的。

还有一个问题，以供应商和品牌为单位组织商品时，零售商会经常倾向于选择过多的供应商或者品牌产品，因为只要是不站在分类的框架下考虑商品组合，零售商就无法判断供应商的哪些产品是分类中需要的哪些是不需要的。那么就很容易导致零售商在各个分类中存在着很多相似的产品，并进而造成在货架上陈列了很多对顾客来说完全重复的商品，这无疑降低了零售商货架空间的销售和利润贡献，当然最终还会导致顾客的满意度降低。假如在不锈钢餐具小分类中，零售商在其中三个品牌下都选择了20厘米不锈钢配菜盆，这如果是合理的，顾客就有三种选择；但当此分类中只有两个不同品牌的20厘米不锈钢配菜盆可以选择时，顾客就会感觉选择性太小了；同样，当此分类中有了五个品牌，并且都有20厘米不锈钢配菜盆时，那么对于顾客来说，也许选择性又太多了，他们有了过多的重复性商品，顾客根本就没有必要在五个20厘米不锈钢配菜盆中做出选择。如果这五个品牌的厂商都生产了同样规格的系列产品，那么零售商就很容易在各个不同规格的商品上出现重复选择，而这些商品占据了更多的货架空间，并反而使顾客在这个分类中失去了更多的选择性。这是因为，在不锈钢配菜盆分类中顾客没有强烈的品牌导向，那么五个品牌并没有为顾客构成更多的选择性，即品牌不是顾客在购买不锈钢配菜盆时所能感受到的差异。

其实，类似以上的例子很多，供应商开发和生产的品牌和产品是具有强烈的竞争性和内部导向性的，首先他们不会更多考虑或者准确了解自己的某款产品在市场上是否太多了，也就是说，已经有很多供应商在为消费者提供完全同样利益的产品了；其次，供应商也不愿意随便放弃一个细分市场，或者为消费者带来某种利益的机会。即便他们发现某个产品在市场上已经有很多了，他们也总是希望通过竞争来打败对手的产品和品牌，而在市场上保留自己的产品和品牌。而且，当供应商的营销水平还高时，行业中的各个竞争者们就普遍缺乏创新能力，那么大家只有在互相跟风中进行残酷的价格竞争了。

零售商在组织商品时以品牌为视角，与以供应商为视角没有什么本质的区别，唯一的区别是当供应商有不止一个品牌在同一个分类中时，只会更多地增加产品重复的可能性。因此，零售商以供应商和品牌为视角组织商品，不仅会降低自己的货架效率，而且还会减少顾客对各个分类中商品和品牌的可选择性。即便是零售商将市场上某个分类的所有品牌全部引入进来，那么拥挤不堪的货架反而容易使顾客迷失在商品的大海中，更为严重的是，零售商会因为单品太多每个单品占据的货架空间又太小致使无法有效地组织订货和库存，从而给供应商和零售商双方都带来管理成本的提升。看来设计和管理适合顾客需要的商品组织并不是一件很容易的事情，以分类为视角设计和管理商品组织是零售商的必由之路。那么，零售商如何在分类的框架下更加有效地组织商品呢？

"我每天早上起床后都要问自己：家居饰品的顾客今天想要买些什么回家？我如何才能将他们想要的东西准备好？"这是大卫·格林和迪恩·梅里尔合著的《我爱零售》一书中的一段描述，看来这是一件让他每天魂牵梦绕的事情，而且也是任何一家零售商都应该日夜思考的问题。在设计和管理商品组合时，抛开供应商和品牌的视角代之以分类的视角，将会使零售商进入一个全新的商品世界。毫无疑问，零售商的货架空间是有限的，他们不可能将分类中在市场上存在的所有品牌和产品全部放到货架上，因而零售商必须认真考虑在每个分类中到底需要哪些产品和品牌，以分类为视角进行思考为零售商提供了最佳的商品组织方法。正如第一章中曾提到的，每个分类代表了顾客的一种利益，比如洗衣粉分类代表了顾客洗衣服的利益，洗发水分类代表了顾客洗头发的利益，咖啡分类代表了顾客喝咖啡的利益等等。因此零售商组合商品时，从分类的角度思考就如同从顾客利益的角度思考是一样的，也就是说，零售商应该思考在每个分类中，顾客对这个分类的利益是如何看待的，他们对某个分类是需要更多的可选择性，还是更加看中品牌的差异性，还是对产品包装有特殊的要求等等。零售商在这种思考模式下就形成了一个完全不同的商品组织方式，而且这无疑是能令顾客更加满意的。对于所有的分类来说，虽然每个顾客是不同的，但是大多数顾客在选择商品时都会有一些一致性的考虑，这些一致性的考虑正是零售商在组织商品时，在分类的框架下更应侧重考虑的因素：分类中的品牌组合、产品包装组合和价格带。零售商一定要坚信一点：在商品组织的设计和管理中，不管考虑什么因素都要站在分类的角度上。

分类中的品牌组合是零售商在设计和管理商品组合时，首先要考虑的问题，同时相对于产品包装组合和价格带来说是一个战略性问题，但往往也是很多零售商最容易忽略的问题，当然这正是很多零售商以供应商和品牌为视角组织商品产生的不良后果。在一个分类中，零售商并不需要引进市场上所有的品牌，这不仅是由货架空间有限所导致，同时也是顾客对每个分类中的品牌所采取的态度决定的。对于每个分类来说，顾客并不完全是关注品牌的，而且顾客对各个分类中的品牌关注程度也是不尽相同的，这是个容易被很多零售商忽略的事实，当然其重要原因是由于零售商对品牌管理的不熟悉。比如在很多非食品部门的各个分类中，如餐具、一次性纸杯、相架等，大多数顾客在购买这些商品时并不特别关注品牌，即在这些分类中他们不会有强烈的品牌偏好。在另外一些如中性笔等的分类中，顾客在选择高端定位的商品时趋向于选择品牌，而在购买低端商品时并不是特别在意品牌。而顾客在购买"中式锅"分类中的商品时，他们在"苏波尔"和"爱仕达"等品牌的带领下，对品牌的认识开始增强，顾客们逐渐对品牌产生某种程度的偏好了，但是当前在这个分类中，顾客对品牌的认识和偏好仍然不如饮料、电视机、空调等的分类强烈。

顾客对分类中品牌的认知程度对零售商的品牌组合有着至关重要的影响。如果在某个分类中，顾客缺乏对品牌的认知，也就是说顾客在购买此分类中的商品时并不是非常关注品牌的差异，那么零售商在这个分类中就应该考虑减少品牌的提供数量，而将商品组合的关注点放在产品的款式或者价格定位的区别上；如果零售商在这个分类中选择了更多的品牌，那么无疑将是一个愚蠢的行为。当然在这种情况下，零售商相对于供应商来说就构成了更大的力量，这无疑是来自于消费者力量的转移，因为在这些分类中，消费者并不关心产品的品牌。甚至在某些分类中，零售商往往只选择一个品牌，即一个供应商，这时候零售商并不害怕供应商在分类中的垄断地位会给自己带来被动的局面。因为零售商很清楚，顾客对某个分类完全没有品牌意识时，任何供应商都不会形成很大的力量，零售商随时可以在市场上找到另外一家供应商来替换掉现在的供应商。零售商会认为，不管这个分类做到多大的营业额，其对部门的销售占比有多大，都完全是依靠零售商自己的经营能力而获得的。这并不是站在零售商的角度替他们说话，而是真实的市场状况，这正是我们一再提及的商业思维。

但是相反，对于消费者有强烈品牌认知度的分类，零售商不得不考虑为顾客提供更多的品牌，这同样是消费者的要求，具有强烈商业思维的零售商不会做出其他的选择，他们不会愚蠢到随便得罪这些分类中的供应商。那么，即便在某个分类中有多个品牌为顾客提供了完全一样利益的产品，零售商也仍然要将它们全部选择进来，否则就会失去顾客的满意度，因为顾客认为虽然产品提供的利益是完全一样的，但是他们会对不同的品牌有各自的偏好。比如，355ml 可口可乐和百事可乐从产品上来看并没有多大的区别，但是消费者更加看中的是两个品牌之间的不同含义，也许消费者会认为百事可乐更能代表时尚和年轻活力，那么零售商必须认识到在可乐型饮料分类中，对顾客来说，品牌之间已经构成了最大的差异性，而不是产品的口味、包装和价格等因素。

因此，零售商在设计和管理商品组合时，认真考虑顾客对各个分类的品牌认知度是非常必要的。但可惜的是，很多零售商并没有类似的工作内容，他们总是在没有制定分类的品牌组合策略的情况下，就盲无目的地接受供应商的品牌，当然这也是零售商缺乏营销管理思想，尤其是品牌管理思想的体现。但是相反，一些经验丰富并具有强烈商业思维的外资零售商就非常重视对分类中各个品牌的分析，他们甚至可以通过分析分类中各个品牌的市场份额来做出商品组合的决策，以及其他的经营决策，比如货架空间、促销、定价等。例如在洗衣机分类中，"海尔"品牌在国内的市场份额是第一位的，那么零售商自然会考虑引入更多的"海尔"品牌的商品，并分配给他们更多的陈列空间等等。

零售商在考虑分类中的品牌组合时，全国品牌（指那些能在全国范围内销售的品牌，包括外资品牌等）和当地品牌（比如某省或者城市等区域性供应商生产的品牌，他们只在部分区域市场销售）之间的组合是第二非常重要的因素。虽然零售商在货架上经常同时存在着很多全国品牌和当地品牌，但是在做商品组合设计和管理时，将它作为一个明确的考虑因素予以特别强调却未必是所有零售商都能理解的。对于中国市场来说，这一点显得更为重要，国内各个区域的消费习惯有很大的不同：上海人晾衣服习惯用竹竿放到窗户外面，而北京的居民则习惯在自己家的阳台上晾衣服；华北的居民习惯于用花生油炒菜，而华中、西南及部分华东地区的居民更喜欢用菜籽油炒菜，东北的居民则习惯于用大豆油炒菜；同样是辣酱，上海人喜欢稍带甜味的，四川人要有麻辣味道的，而北方人却喜欢不是特别辣的，等等。这些不同的消费习惯无疑使国内市场出现了很多区域性的供应商，他们了解当地的消费习惯，并能更好地开发和生产适合当地习惯的产品，以满足区域市场中的消费者需求，而他们的品牌就是当地市场上在此分类中的区域代表性品牌。

虽然由于供应商的战略、实力和企业能力等因素的差异，这些区域供应商并不都能做成全国性供应商，但是他们在当地的区域市场上却占有很大的市场份额，并拥有很多忠诚的消费者。例如，天津的"蓝天六必治"牙膏在华北、西北和东北市场受到消费者的喜欢，"黑妹"牙膏更受华南市场消费者的喜欢，上海"防酸"牙膏更受上海市场消费者的喜欢，而"冷酸灵"牙膏更加受到西南市场消费者的喜欢。他们与"佳洁士"、"高露洁"和"中华"等品牌的牙膏不同，这些牙膏品牌无疑是全国性品牌，当然这不仅仅指的是企业实力，更加重要的是这些品牌下的产品特征没有明显的地域特征，它们可以受到全国各区域市场上消费者的喜欢。在很多分类中，消费者对当地品牌的认知度非常高，这些当地供应商通过生产适应当地消费者需求的产品，经过较长时间的经营积累形成了一定的品牌价值，虽然这个品牌价值只是局限在某些区域内。

因此，零售商在设计商品组织时，不应忽略或者忘掉这些区域性品牌，尽管他们在企业实力和品牌知名度上无法与那些分类中的大型全国品牌相比。事实上，很多零售商总是缺乏对当地区域品牌的重视，忽略了对它们的专门管理，而更多关注全国性的大品牌，实际上这也是零售商分类管理水平不高的体现，因为他们无法更准确和细致地了解各个区域市场上顾客的需求。对当地品牌的优先选择正是很多当地的零售商取得竞争优势的最佳机会，因为外资零售商和全国性零售商在短时间内无法像本地零售商那样细致准确地了解当地顾客的消费习惯和特征，因而很容易忽略掉对各个分类中当地品牌的选择，这样自然就会在不知不觉中流失了很多顾客。在各地的区域市场上，这样的实例屡见不鲜，有些实力强大的外资超市在某些区域市场上并没有占据更多的优势，甚至其经营绩效远远不如当地的超市。但可惜的是，当地的零售商往往是在无意间做到的，他们不知道自己为什么能打败实力强大的外资超市。因此，当地超市的优势是否能一直保持下去，这是值得我们很多本土零售商认真思考的问题。

品牌的不同定位是零售商在设计品牌组合时第三个重要的考虑因素，而且这个因素是更容易被零售商忽略的，其直接的原因仍然是零售商对品牌管理的不熟悉。本来品牌定位是供应商品牌管理中的一个核心部分，品牌管理经验丰富的供应商将会给自己的每个品牌一个非常明确的定位，比如定位于年轻时尚、沉稳老练、清新自然、技术领先等等，它们就像一个个具有鲜明的个性人。每个具有不同定位的品牌会专注于满足一个相应的消费群体的需求，或者叫细分市场，那么分类中的其他供应商在各自的品牌定位下服务于不同的消费群体，即不同的细分市场。当然，在某些分类中的某些细分市场上，经常存在着具有一样定位的多个品牌，它们在争夺同一个消费群体。那么，从零售商的角度来看，除了一些特殊的零售业态以外，大部分的零售业态中的零售商都希望能吸引商圈内的所有顾客，他们无法舍弃其中的一部分顾客，而只针对另外一部分顾客，这不符合现代零售业的基本经营思想。因此，零售商在每个分类中，尤其是其目的性分类中，都希望能满足更多消费群体的需求，那么零售商用什么来吸引不同的顾客群体呢？

当然，具有不同定位的供应商品牌为零售商提供了最大的机会，正是这些品牌吸引着具有鲜明特征的不同的消费群体。因此，如果在零售商商品组织中的一些分类中，缺少了某些定位的品牌，那么就会使其相对应的那部分目标消费群体无法在超市中买到自己喜欢的品牌，超市很可能会丢失掉这部分顾客。零售商在分类中的某个定位上选择了过多的品牌也不是一件好事，正如前面提到的，对于顾客的某个利益需求提供了太多的重复性的产品和品牌，并不能为顾客创造更多的价值，反而降低了零售商的货架贡献率。而且，作为零售商，要考虑各个分类中供应商对市场的细分程度如何，在没有充分进行市场细分的分类中，零售商更适宜选择少一些的品牌，因为分类中的很多品牌并没有鲜明的特征，也就是说消费者无法区分分类中的各个品牌，它们之间只是产品的名字不同，或者它们为消费者提供了完全一样的品牌定位。那么，零售商应该将这些分类的货架空间更多地让给那些进行了充分市场细分的分类，因为在这些分类中，供应商通过各自的品牌开发了更多的细分市场，它们分别满足着不同的消费群体，这样既吸引各个不同的顾客群体来超市购物，又能提高超市的货架贡献率。也就是说，没有进行充分市场细分的行业应该更少占据零售商的货架空间，这是符合消费者需求而又使零售商货架效率更高的方式。

对于零售商在各个分类中的品牌组合设计来说，还有第四个关键问题是即便是以在现在的市场环境下，提供自有品牌的时机不成熟为借口，零售商应该认真考虑的，那就是需要确认在每个分类中是否有必要提供零售商的自有品牌，这是与供应商品牌相对应的一个考虑角度。但是在大部分类中，这也并不是一个可有可无的问题。确定在一个分类中是否提供自有品牌，对于零售商来说也是一个复杂的决策过程，需要考虑到很多方面的因素，然而自有品牌为零售商获得未来的竞争优势具有重要的意义。零售业在经历过选址扩张等初级竞争阶段后，零售商们也必将逐渐走上差异化竞争的阶段，在这个阶段，自有品牌将是零售商建立自己差异性的最关键手段。顾客会因为零售商的自有品牌而去其门店购物，如果他们偶尔去另外一家超市购物，他们就会发现自己喜欢的商品50%都没有了，那是因为他们中意的很多商品恰恰是另外那家零售商的自有品牌。零售商的自有品牌是一个复杂的问题，在进行品牌组合设计时，顾客对分类中的品牌认知程度是确定是否提供自有品牌的一个关键因素。当顾客对某个分类中的品牌认知程度不高时，零售商就有更多的机会引入自己的自有品牌，正如家乐福、沃尔玛在很多非食品部门的分类中率先引入了自有品牌那样。另外，即便是某些分类中顾客的品牌认知程度非常高了，那么当顾客对这个分类的价格非常敏感时——它们往往是那些与顾客的日常生活关系最紧密的商品，如油盐酱醋、洗衣粉等——就也为零售商的自有品牌提供了一个良好的机会。因为自有品牌的低价更容易获得顾客的青睐，零售商从而有可能取得分类中一部分的市场份额。（关于零售商自有品牌的详细讨论请参看《供零战略》一书。）

产品的包装容量是零售商设计和管理商品组织中另外一个非常重要的因素，它可能会比品牌组合对零售商具有更加实际的意义。在考虑产品的包装容量时，恐怕还是要先从营销的角度考虑一个问题，即顾客购买某种包装容量是谁来使用以及如何使用的，其实就是顾客的利益是由谁来使用以及如何使用的。比如，顾客购买 500ml 的可口可乐可能是要在路上解渴，而如果他购买了 2.5L 的可口可乐，那么很可能是要拿回家去给家人一起享用；顾客购买了 2.5L 金龙鱼调和油可能是因为他目前是一个人生活，如果另外一名顾客购买了 5L 金龙鱼调和油，显然他家中有更多的人。从零售商的角度来看，在超市的商圈内一般都会存在着各种不同的顾客群体，以及顾客对商品的不同使用目的，虽然在不同的商圈内，不同的顾客群体的人数会有所不同。

那么，零售商在充分了解了超市周围商圈的顾客后，首先需要考虑到各个分类中最小和最大的产品包装容量是多少，而最小和最大包装容量之间的空间构成了并限定了顾客在这个分类中的选择宽度，也就是说顾客能够在这个分类买到多少种的商品包装容量。而且，这个包装边界实际上也限定了目标顾客群体及其对商品的使用方式。如果一家便利店中没有销售 2.5L 的可口可乐，那么他们有可能将失去大家庭的顾客群体，当然，这也许刚好符合了便利店的经营定位，但是，如果某便利店没有提供 500ml 的可口可乐，那么他们将失去在路上即饮的顾客群体，当然这样的事情一般是不会发生的。虽然前面的例子为了解释方便而有些极端，但在零售商的实际经营中却存在着很多与此类似的实例。比如某大卖场在复印纸分类中，没有提供 A4 规格 80g 的商品，那么这家超市将失去希望购买高端办公耗材的顾客。因此，考虑各个分类中的最小包装和最大包装在商品组织设计中非常重要，它直接限定了超市所希望吸引的顾客群体。

除此之外，零售商还要考虑另外一个问题，即在各个分类中不同的包装容量应该引进多少商品。它将构成分类中顾客对商品选择的深度，零售商需要考虑在调和油分类中，选择多少2.5L包装的商品。如果这家门店附近的商圈中单身居民较多，那么2.5L包装的调和油应该多选择几个单品；如果门店周边商圈内的大家庭的顾客比较多，那么5L包装的商品就应该多选择一些。显然，零售商要得到更加合理的商品选择深度，同样依赖于超市对周边商圈内顾客的了解。当然，各个分类中每个包装容纳多少单品，还与前面提到的品牌认知程度、供应商数量等有关。但是，零售商在考虑各个包装容量下容纳多少单品时，至少不应该忽略一个关键因素，即在每个分类中，必然有一种包装容量是顾客购买量最大的，那么它就是这个分类中的核心包装容量。

当然，零售商应该在分类的核心包装容量及其类似包装上提供最多的商品数量，因为核心包装代表了大多数顾客最关心的商品类型，如果零售商没有提供更多的单品数量，那么零售商在这个分类上就失去了对顾客的吸引力，顾客会非常明显地感觉到商品的可选择性太少了。而且，各个分类中包装容量的发展趋势也同样值得零售商的关注，在很多分类中，尤其是一些食品分类，大包装容量的产品变得越来越重要，不管是单独的包装容量增加，还是将原来的小包装组合成一个更大的包装。因为在一般情况下，大包装容量的商品为顾客带来了更高的性价比，顾客总是能从包装的增大中不断获得实惠，而供应商也往往由于销售大包装的产品而获得更大的销售额，当然这同样代表着更大的市场份额，大包装的商品延长了顾客的使用时间，也就减少了竞争品牌的使用量。当然对零售商来说，大包装商品的销售也许并没有增加整个分类的营业额，但是，零售商必须迎合这种包装发展趋势，因为这来自于顾客的需求。

最后，在组合商品时，我们必须提到分类中的价格带，实际上就是分类中的产品和品牌依据价格的定位。零售商需要考虑到底在各个分类中应该提供什么定位的商品，以及在不同的价格定位上安排多少商品数量呢。对于任何一个分类来说，总有一个价格是分类中的最低价格，正如家乐福的"棒"单品和欧尚的"大拇指"商品，当然这个最低价格可以理解为单位最低价格，也可以理解为最终的商品零售价格。不过，单位价格和最终的商品价格还是应该结合起来考虑的，比如某个商品的单位价格在分类中最低，零售商也将其定义为分类中的最低价格，但是如果这个商品的包装过大，就有可能导致此商品的绝对价格较高，并进而使顾客认为这个分类的整体价格过高，这是零售商不愿意看到的结果。当然，对于每个分类来说是不一样的，也就是说对某些分类来说，顾客是依据单位价格来判断分类的价格形象的，而在另外一些分类，顾客是依据商品整体价格来判断其价格形象的。这就要求零售商必须站在分类的角度深入了解顾客对价格的看法，从这一点上也更加证明了分类管理是零售商管理的核心。

与前面提到的最小包装和最大包装一样，分类中的最低价格代表了一个分类的价格入口，它会限定一些顾客群体，实际上这也代表了一个零售商在市场上的总体定位。如果大润发在大部分分类中的最低价格总是低于家乐福，那么就说明大润发的市场定位要低于家乐福，那么也表明大润发比家乐福能吸引更多的低端顾客群体。当然，大润发是依靠在分类中选择品质更低一些的商品而达到比家乐福更低的价格的，否则同样质量的商品大润发很难做到在各个分类中都比家乐福价格低。不过对于零售商来说，最低价格商品一般不会有很大的销量，它们只是零售商在价格上向顾客提供的一种象征性含义，在各个分类中给顾客一个价格参考的基础，当然也会吸引少数更关心低价的顾客，而它们并不是分类中顾客最关心的价格范围。其实，与包装容量一样，在每个分类中，总有一个价格点是市场上顾客购买频率最高的，我们称之为"市场价格"。如图8-1所示，单位价格是3.8元的销量最大，那么3.8元就是这个分类的"市场价格"。这个市场价格无疑是这个分类的最关键价格，零售商当然要考虑安排最多的单品数量，否则，顾客同样会认为这些分类乃至整个超市的商品可选择性过小。

中性笔

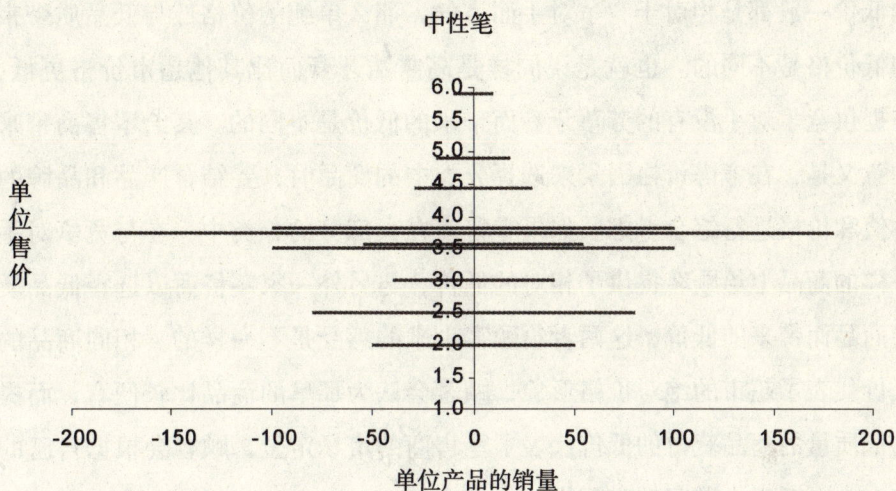

图 8 - 1　价格带图（一）

　　零售商在从价格带的角度组合商品时，还要考虑到商品在市场价格两端的分布情况，它会影响到零售商在市场上的价格定位。比如如果零售商在市场上的总体定位是服务于中高端顾客群体，那么他们应该选择更多分布在市场价格以上的价格带内的商品；如果零售商定位于服务中低端的顾客群体，那么他们选择的商品应该尽量更多集中在最低价格和市场价格之间的价格带内。这样的考虑对零售商来说是非常必要的，而且是明智的。如图 8 - 2 所示，假如仍然是图表 8 - 1 中表示的分类，市场价格是 3.8 元，分类的最低价格是 2 元，那么我们看到图 8 - 2 中分布的商品大部分在市场价格和最低价格之间，很显然这家零售商的市场定位是在中低端。如果零售商缺乏价格分布的管理，那么很可能本来市场定位是中高端，但是在很多分类中却出现了大部分商品集中在市场价格以下的局面，那么这无疑是一家经营失败的零售商，至少他们的市场定位与他们所执行的商品组合政策是相违背的。更可怕的是，很多零售商既没有清晰的市场定位，也没有科学和细致的商品价格组合策略。

　　在组合商品时，分类中的商品性价比也是一个重要的考虑因素。所谓的低价一般都是相对于竞争对手而言的，那么单纯的价格低与低品质带来的低价格是不同的。也就是说同样是高露洁牙膏而比其他超市价格更低，与提供竞争对手没有的芳草牙膏而带来的低价是不同的。其给零售商带来的意义是，在考虑价格因素来选择分类中的商品时，要结合产品和品牌的价值和价格进行综合考虑。如果零售商在大部分的分类中，在与竞争对手一样的商品上给顾客提供了相对的低价，与另外一家零售商以选择低品质的商品而带来的低价，这两者给顾客带来的感受是不一样的。相同商品的低价代表了超市的绝对价格形象，顾客会认为那里的商品比较便宜，而提供低质量的商品获得的低价代表了零售商的市场定位，顾客会根据自己的收入水平考虑去哪家超市购物。

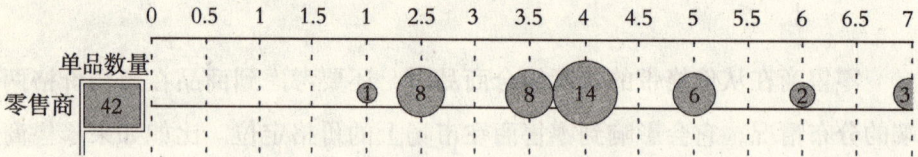

图 8－2　价格带图（二）

零售商作为一个商业企业，在设计和管理商品组织时，还要兼顾自己获得利润的情况。零售商应努力保持分类中的商品所能带来的目标毛利率的平衡，否则一味的低价也许会带来各个分类的亏损。即便是像大润发那样采取了更低市场定位的零售商，他们也必须更加关注各个分类中商品的毛利率组合，在各个分类中，尤其是那些不容易比较零售价格的分类中，必须适当选择一些高毛利的商品来平衡整个分类的毛利率，否则零售商很容易由于过分注重低价而丧失利润。当然，分类中太多的商品毛利率过高，很容易使零售商失去分类的价格形象，给顾客留下零售价格过高的不良印象。

在很多分类中，尤其是一些包装食品分类，由于供应商之间的市场竞争使很多商品的价格渐趋透明，使得零售商往往在这些分类中无法自主控制毛利率。比如宝洁公司的洗发水和可口可乐公司的各种碳酸饮料，这些非常敏感商品其零售价格实际上是零售商很难控制的，而且它们往往占据着分类中很大的销售比重，这些商品会极大影响到整个分类的销售和毛利。但是，毕竟还有很多分类零售商仍然有机会主动控制毛利，比如在很多分类中，顾客并不是以价格为购买的关键因素，那么零售商就没有必要在这些分类中向顾客强调低价；还有一些分类没有强烈的品牌导向，使顾客在分类中的各个商品之间难以直接比较价格，那么此时零售商也没有必要过分推行低价。

当然，以上讨论的对商品组织的设计和管理，首先是要建立在对分类定位的确定和分类经营策略制定的前提下。也就是说，零售商必须先有对每个分类的定位和经营策略，才能进一步考虑每个分类的商品组合。零售商的商品组合的设计和管理不能脱离分类定位和经营策略独立进行，那将导致商品组织与分类定位和经营策略的不一致，而最终使零售商无法实现既定的经营目标。

在以上所讨论的内容中更加侧重于商品组织的设计部分，虽然在很多环节中商品组织的设计和管理是难以区分的，但是，对于商品组织的日常管理其实是很多零售商更加熟悉的内容，它构成了采购部门大部分的工作内容。其实，商品组织的日常管理并不是一件非常复杂的工作，它只是零售商最基础的工作之一，但即便如此仍然有很多零售商并没有把它做好，甚至经常出现商品组织管理的失控。这种失控主要体现在各个分类中商品数量的不断增加，致使零售商商品组织中的商品数量过多。从表面上看，如此多的商品造成了商品陈列和订货等困扰的出现，但更严重的是其带来的后续危害，分类中太多的商品使零售商的库存金额过高，因而使各个分类中高销量的商品得不到合理的库存，很容易导致高销量商品缺货，而使零售商损失营业额；而另一方面，很多滞销商品占据着仓库和货架，最后造成大量的损耗或者退货，给零售商和供应商双方都带来利润损失。正如大卫·格林在《我爱零售》一书中提到的："我宁可要收银台里的一美元，也不要货架上的两美元。"

当然，零售商很容易出现商品组织中的商品进出不合理的现象，超市淘汰商品和新品进入都失去了科学和公平的标准，这不仅是管理问题，我们从经营的角度来看，是很多零售商过于关注各种进店费用等收入，而忽视了销售商品带来的毛利所致。事实上，这其中的关键在于零售商如何认识各个分类中商品数量的变动性的，正如第七章中关于分类经营策略部分的讨论，零售商应该确认在各个分类中的商品数量是相对固定的，这是商品组织的一个基本原则。否则，任何一家零售商都必然会走向商品数量逐渐增多的趋势，而且这往往是以供应商为视角组织商品所带来的后果。如果零售商没有从分类的角度去看待商品组织中的商品进出问题，那么零售商就根本不会有控制分类中商品数量的经营思路，对分类中的商品数量的控制也就无从谈起了。因此，零售商只有严格控制住各个分类中预估的商品数量，才能使零售商不受短期利益的诱惑而保持商品进出的公正性。零售商科学地控制分类中商品的淘汰同样是非常重要的，对于出现绩效问题的商品，零售商首先要判断导致其绩效问题的原因所在，最关键的是要判断此商品绩效不好是由于市场营销所致，还是由于日常运作中的物流等问题所致。如果由于市场营销问题，如定价过高、促销方式错误、产品和品牌无竞争力等，那么与供应商谈判提醒他们需要改进；如果商品绩效问题是由于缺货、库存等物流问题所致，那么零售商和供应商的共同改进是解决问题的方向。站在分类的角度分析商品的绩效，使零售商或者供应商能更加容易地发现市场营销问题，这是站在整个供应商角度进行分析的劣势，在一个分类的框架下，分析分类中所有的品牌和商品的口味、包装、定价、陈列、促销等，更加有利于零售商进行数据比较分析，从而发现真实的原因。

另外，零售商定期对各个分类和部门的商品组织的完整性进行跟踪是一件重要的工作，但这也是容易被很多零售商所忽略的一个管理环节，实际上可以这么说，各个分类的商品组织在日常营运中的不完整，与零售商在开店之初设计的商品组织不合理是一样的。正如第六章中讨论的，在零售商的日常营运中，很容易由于各个环节，尤其是订货环节发生问题而导致实际的商品组织与设计的商品组织差异过大。比如，零售商在饮料部门设计了1500个单品，但是在日常的运营中，货架上经常存在的是1200个单品，那么超市真实的商品组织就只有1200个单品，而不是1500个，缺少的300个单品有可能代表着一些不同的顾客群体，那么就有可能导致这些顾客经常买不到想要购买的商品，对于顾客来说，这与零售商根本就没有将这些商品引入超市是一样的。

因此，零售商必须拥有更加科学和细致的商品组织设计和管理流程及工作方法，以保证所有的至少是大部分的分类有合理的商品组织。零售商必须意识到，一旦失去了对各个分类商品组织的控制，零售商就完全进入了一种不可预知的经营状况，随之而来的将是巨大的经营风险。

二　供应商：在分类的框架下看产品

与零售商的商品组织设计和管理相对应，供应商在品牌定位、产品开发、产品组合和产品优化等工作中，如果添加进分类管理的内容，也将获得一个崭新的、更加有效的产品经营管理途径。也就是说，供应商在原有的营销角度的产品管理基础上，再结合以分类的框架，就如在供应商营销人员的头脑中装入一个虚拟的分类货架，使之重新审视自己的品牌定位、产品开发、产品组合和产品优化等，这种视角必将使其看到一个完全不一样的世界。也许在这个时候供应商会发现：原来他们的品牌挤入了一个竞争非常激烈的定位区间，也可能发现自己与分类中的其他竞争品牌相比根本就没有明确的品牌定位，而这也正是供应商必须花费更多的其他费用给超市的最根本原因；供应商也可能发现刚刚开发出来的新品同样进入了一个竞争异常激烈的产品范围，这将无法使新品的销量得到快速提升，同时零售商对此新品也并没有多大的兴趣和信心；供应商还可能看到，原来自己在货架上的有些产品与竞争对手相比有明显的劣势，而自己的优势产品却没有出现在货架上；供应商还会看到，原来销售不好的产品占据了很好的陈列位置，而自己的主打产品却被放到了货架的角落里，等等。这些问题也可能是一直存在着的，而只是因为供应商缺乏分类管理的视角，所以没有及时发现而已。在很多情况下，分类管理水平高的零售商都能够轻松地发现这些问题，但是零售商不会告诉供应商，因为他们是站在分类的角度看问题，他们并不迫切关心某个供应商的某个品牌或者产品的问题。毫无疑问，这些问题需要供应商自己来发现，沃尔玛提供的零售链系统，就是希望在提供给供应商各种数据和分析结果后，让供应商自己发现产品问题，而家乐福只是在自己发现了问题后，尽可能地向供应商提出改善的要求。

毫无疑问，品牌定位是品牌管理中一个重要的环节，我们在此不需要讨论如何更好地进行品牌定位，因为在营销管理的理论体系以及企业实践中我们都能看到对品牌定位非常成熟的表现。不过，从分类管理的角度来看，或者说从零售商的角度来看，它却有着不同的意义。明确的品牌定位不仅能获得消费者的青睐，而且还会受到零售商的欢迎，但这恰恰是很多供应商易于忽略的一个方面。我们很清楚，不同定位的品牌分别针对于不同的消费群体，这些不同的消费群体有时也构成了一个个不同的细分市场，而这些有着明确定位的品牌都给了零售商满足此品牌的目标消费群体的机会，因为零售商不愿意放弃商圈内任何一个顾客群体。但是，零售商们也会发现，有些分类中的全部品牌仍不能覆盖分类中所有的细分市场，还有很多空白的细分市场没有被适合其定位的品牌所占据；而在另外一些分类中，大多数品牌又都拥有同样一个定位，它们都争夺着同样一个消费群体，大家不得已进行着激烈的价格战；还有些分类中，大部分的品牌没有明确的定位，品牌拥有者自己以及消费者都无法说清楚这个品牌代表了一个什么样的形象，这个品牌到底想服务于哪个消费群体，这种情况在国内供应商中很多见。

　　实际上，在以上各种情况下，供应商浪费了自己的品牌资源。因为零售商的货架空间是有限的，所以他们必须对分类中的品牌加以选择，那么他们当然希望尽量将能代表各个顾客群体的品牌放在货架上，当一个定位上几个不同的品牌对消费者形成强烈的品牌差异时，那么零售商也不得不在同一个定位上选择更多的不同品牌。供应商其实可以从经验丰富的零售商对自己品牌的态度中，警示自己注意品牌的定位是否清晰，或者是否更有差异性。当零售商非常欢迎某个品牌时，说明这个品牌有着明确的品牌定位并形成了一定的差异性，当零售商对某个品牌漠不关心或者干脆拒绝进店甚至清场时，往往意味着这个品牌没有清晰的品牌定位，或者没有明显的差异性而混同于其他的品牌。其实，消费者的心理空间也是有限的，同样的品牌定位在消费者的内心中也不能容纳过多。

　　分类管理给供应商明确地定位一个品牌提供了一种崭新而有效的方法。当供应商能熟练地应用分类管理时，就会很轻松地发现一片新的品牌定位的"蓝海"。在零售商的货架上，分类中的所有品牌被陈列在一起，那么不仅是顾客，供应商也会很容易发现自己的品牌定位处于什么位置，是在竞争非常激烈的区域，还是在一个独特的没有被其他竞争品牌注意的区域。而且，供应商从分类的角度还能看到，当前在分类中还有哪些空白的或者竞争薄弱的品牌定位，这对供应商来说意味着更大的市场机会。当然市场机会更多的是来自于供应商对消费者的大量研究工作，分类管理只是为供应商提供了另外一个寻找市场机会的角度，它不能替代供应商传统的消费者研究。分类管理还是拥有多品牌的供应商根据不同零售业态、不同定位、不同区域，为零售商提供自己不同品牌的一种方法。比如在中性笔分类中，如果某零售商的分类中都是中低端的品牌，那么像"三菱"、"史努比"等这样定位于中高端的品牌将存在进入并实现良好销售的机会。相反，如果一家零售商的货架上缺少了低端定位的品牌，那么也许零售商的自有品牌就有了良好的进场时机，当然也有可能是为供应商的低端品牌提供了机会。

　　在供应商进行产品开发时，分类管理还能发挥更大的作用。与品牌定位类似，产品开发的重点在于对消费者需求的研究，以及行业技术的创新等，而分类管理则为供应商的产品开发提供了另一个方向。假设在分类的框架下，供应商发现大包装产品的销量呈上升趋势，这种情况不仅顺应了消费者的需求，而且也受到零售商的支持，至少大包装的商品为零售商减少了管理商品所花费的成本。那么，供应商完全可以考虑开发出比分类中现有最大包装更大的包装，这也许能帮助供应商在这一分类中的销量持续扩大，并一直处于领先地位。当然，在分类框架下，不仅存在着包装创新的机会。比如供应商还可以看到在零售商某些分类的价格带中，存在着某个空白的价格点，那么围绕这个价格开发新产品也会成为一个市场机会。这样的机会不只存在于分类中的空白区域，在某些竞争薄弱的区域，即在商品包装、价格点和产品功能、口味等方面提供的差异化产品较少的区域，同样潜藏着供应商开发新产品的机会。从分类的角度开发产品，或者用分类管理来验证新品开发的概念和属性，为供应商们提供了差异化竞争的方法，如果分类中的供应商都善于应用分类管理，那么实际上有利于行业中的竞争避免同质化倾向而走上均衡发展的良性道路。当然，单独的分类管理并没有如此大的力量来规范行业的发展，要想使行业持续良性发展，还需要整个行业的从业者逐渐走向成熟，并拥有更高的经营管理能力。

　　从供应商的产品线的角度来看，供应商的各个产品都扮演着不同的角色，它们应该为供应商提供不同的价值，即便它们分别处于各自不同的生命周期中。供应商出于各种目的开发不同的产品，除了从诸如技术、包装和消费者需求等方面进行创新以外，供应商也会重点考虑到竞争的因素，或者说是为了与其他竞争对手争夺有限的货架空间。同时，很多供应商也开始对渠道进行细分，针对不同的渠道开发与之相适应的产品。这些带有不同目的的产品最终构成了供应商的整个产品线，但是供应商的整个产品线并不一定都要进入每一种零售业态，或者每一家零售商，或者零售商在某个区域的门店。分类管理在产品组合上仍然给了供应商一些新的思路，当供应商把自己的所有产品安排给各个零售商时，只从供应商自身和竞争的角度考虑是不够的，这样的思路很容易导致产品在未来经营中出现问题。

首先，供应商应该以分类来重新组合自己的产品，而不是单纯地按照品牌或者供应商整体产品线的角度来组合产品。比如，可口可乐公司有分别从属于碳酸饮料分类、果汁饮料分类、水饮料分类等的产品，雀巢公司有分别从属于水饮料分类、咖啡分类、牛奶分类等的产品。这种明确的分类无疑与按照品牌进行组合，或者提供一个没有任何划分标准的产品清单——哪怕是一份所有产品的汇总清单有很大的不同。因此，分类管理更加重要的意义在于，它促使供应商在给零售商安排产品组合时站在分类的角度去思考。这时候，供应商就不会说某个品牌提供了多少和什么产品，给某个零售商一共提供了多少和什么产品了；他们会说，在碳酸饮料分类中提供了多少和什么产品，在果汁饮料分类中提供了多少和什么产品。这当然不仅是一种说法上的变化，而代表了供应商视角的变化，意味着供应商从传统的产品和品牌角度向分类视角的转变，这是供应商进行分类管理的开始。

从分类的角度组合自己的产品，其实正是第七章中讨论的供应商制定分类经营策略的需要。供应商完全可以按照自己内部对各个分类制定的经营策略来安排在各个分类中提供给零售商的产品组合。如果供应商确定大豆油分类是一个逐渐减少投入的分类，而葵花籽油分类、玉米油和橄榄油分类是第二年的重点发展分类，那么减少向零售商提供大豆油分类的产品数量，以及增加另外三个分类中的产品数量，就是与供应商的分类经营策略相吻合的。也就是说，以分类为单位安排产品组合将更加有利于执行供应商制定的分类经营策略。另外，每个零售业态，乃至不同的零售商对各个分类的定位是不尽相同的，正如第五章中讨论到的。那么，供应商在向他们提供产品组合时，应该充分了解零售商对不同分类的定位，并据此向零售商提供与其分类定位相符合的产品组合。如果零售商将大豆油定义为基础性分类，那么零售商只是希望在这个分类中为顾客提供最基础的部分需求就可以了，他们当然不希望在这个分类中进入更多的商品，当然也就不能占据更大的货架空间，那么供应商在此分类中为零售商提供较少的产品数量是适合的。如果零售商将葵花籽油定义为目的性分类，那么就说明零售商希望这个分类能帮助他们在市场上建立一定的差异性，因此他们必然希望在这个分类中有更多的商品数量，并欢迎新品的进入，那么供应商向此分类提供更多的产品是会受到零售商欢迎的。一般情况下，供应商即便可以轻松地了解零售商对分类的定位，也还是无法知道零售商对每个分类的经营策略，但是仍然有很多优秀的供应商制定了专门的工作流程来设法了解市场上主要零售商在其相关分类中的经营策略，而且供应商在与零售商建立了 JBP（联合商业计划）的情况下，双方实际上是可以共享各自的分类经营策略的，那么这将更加有利于供应商对于每个分类的产品开发和组合的决策。

其次，在产品组合中，供应商还有一些战术活动可以得到分类管理的支持。实际上，与零售商在设计商品组合中的经营思路一样，供应商完全可以站在分类的框架下，考虑产品价格、包装、功能等方面对设计产品组合的影响。如果供应商发现分类的价格带中存在着某些价格空白点，或者在某个价格点上竞争更弱时，那么就可以考虑重点提供相应价格的产品。当然，这与产品开发部分不同，这是建立在供应商已有产品的前提下的。或者供应商考虑在某些价格点上有更高的销量，那么在这些价格点上提供更多的产品也是有必要的。基于同样的思路，如果供应商发现在某个包装上的竞争产品很少或者没有时，那么就应该考虑安排更多的产品以填补空白，当然在某几个销量最大的包装上，提供更多的产品也是适合的。我们看到，供应商只有站在分类的角度上，才能更加容易看到以上的机会，并可以安排适宜的产品组合提供给零售商。

最后，在日常的产品优化工作中，分类管理也给供应商带来了一些新的思路。虽然沃尔玛在其零售链系统中为供应商提供了 80/20 销售报告等产品分析方法，这些方法为供应商优化产品提供了宝贵和实用的工具；但是，这份 80/20 销售报告是以供应商为单位进行数据分析的，并没有按照更细致的分类的角度提供给供应商，那么供应商所看到的分析结果将是其跨分类的所有产品的综合分析结果，这种销售分析对供应商来说没有太大的实际意义。从这份销售报告上，供应商看到的是他们所有产品按照销售情况的排名，但是供应商会发现：他们的中性笔、钢笔、铅笔、圆珠笔、荧光笔、修正液、油画棒和胶棒等等不同分类的产品被放到了一起进行分析，那么在表中销售排名第一的一支圆珠笔与排名在第十位的胶棒有什么关系呢？如此看来，其实沃尔玛的这份 80/20 销售报告对供应商来说是一个半成品，供应商还需要从其中挑出各个分类中的产品，重新进行各分类中产品的销售分析，那么这时候供应商才能最终发现销售中的问题。比如，在中性笔分类中，发现某几款产品销售不好，那么供应商很容易分析原因，是这几款产品不适应市场的需求，还是这些产品的物流存在问题等。同样，将各个分类的销售情况汇总并分析，又可以使供应商站在分类的角度进一步分析各个分类的销售状况，以及与供应商既定的分类经营目标的差异情况。比如，中性笔分类销售情况更好，超过了既定的经营目标，而圆珠笔分类的销售没有达到既定的经营目标等，供应商也可以进一步分析原因，并做出改善计划。

实际上，从沃尔玛的 80/20 销售报告看出，以供应商为单位进行的销售分析，是基于沃尔玛自身完成经营指标的需要，因为沃尔玛是以每个供应商提供的毛利为最核心的考核单位的。但是，即使沃尔玛提供了成型的销售分析报告，仍然有很多供应商没有加以很好的利用，更没有进一步变换为分类框架进行产品分析，那么就更谈不上产品优化了。因此，这些供应商总是重复着一种局面：被零售商告知某个产品要被清场了，于是忙于与超市周旋，拉近客情关系，并为这个将要被清除的产品提供更多的促销支持，促进其短期内的销量，以达到在货架上保住这个产品的目的。虽然这已经是一种极其初级的供零合作和经营模式了，但可惜的是，国内很多供应商仍在以这样一种盲目的方式与零售商进行着合作。

三 产品：零售商和供应商的结合点

在整个供应链中，零售商实际上应该担负起帮助消费者选择产品和品牌，并借此规范上游产品和品牌的责任，这种责任的直接体现就是对商品组织的设计和管理。零售商的这种责任包括帮助消费者选择更好的产品和品牌，比如质量优异、具有新功能等，同时，零售商还帮助消费者淘汰不好的产品和品牌。虽然在这些过程中存在着一些零售商的利己思想和行为，但是零售商也清楚，超市失去了顾客就失去了一切，因而他们也会在追逐合理利益的同时秉持公正原则。同时，零售商在考虑顾客的需求而选择各个分类中的商品时，实际上就将消费者的选择和压力传递给了供应商，从而迫使供应商更多地考虑开发差异化产品和品牌。这样供应商就会迫于竞争压力而考虑不断创新，而不是一味地跟风提供重复的产品，这实际上也对各个行业利润的保持有一定的积极意义。也就是说，当供应商以更高的水平和理性开发新产品和品牌时，他们将努力拓展新的细分市场，并明确自己的品牌定位，使自己与其他竞争者有明确的差异，那么自然就不会发生价格战这种较低水平的竞争了。

零售商并不研发产品，他们在供应链中的核心价值在于为顾客组合适宜的产品，因此商品组合的设计和管理是零售业管理最为核心的内容。前面几章中讨论的分类结构、分类定位、商品结构和分类的经营策略等各个战略性经营环节，也都是为帮助零售商获得正确的商品组织所做的准备工作。也就是说，零售商通过定期的分类经营绩效分析，最终要形成一张更加适合当地商圈内的顾客需求而又具有竞争力的商品组织表。或者说零售商对商品组织的设计和管理工作也是零售商的一项极其重要的战略性工作。但是，在当前的供零关系中，随着零售商逐渐占据主导地位，商品组织的设计和管理更趋成为零售商所把持的核心内容。虽然在商品组织的设计和管理中，并不是所有的零售商都希望有更多的控制权，比如沃尔玛就更加尊重供应商在产品组合方面的建议；但是毫无疑问，零售商确实都实实在在掌握着其商品组织的设计和管理工作，他们有最终的决策权，并一直在行使这种权力。但目前零售商存在的最大问题是，很多零售商的分类管理还非常落后，或者根本就没有完整的分类管理内容，这使他们无法通过自己的力量获得符合商圈内顾客需求的商品组织，因此，不得已或者不自觉地采取了以供应商和品牌为单位的商品组织设计和管理模式。虽然看起来这对某些供应商来说是有利的，但是混乱的商品组织将会使零售商的门店逐渐失去顾客，而间接地给供应商的销售带来损失，毫无疑问这是一个双输的结果。

其实，供零双方在商品组织的设计和管理中，存在着更加合理的合作方式。如果供零双方都站在分类的框架下考虑商品组织问题，那么将会带来一片崭新的天地。零售商依据商圈内顾客的需求设计并管理每个分类的商品组织，而供应商则在分类的框架下，考虑如何为分类提供适合的产品和品牌，那么供零双方在合作中的一致性就会慢慢多于冲突，因为只有这样才能真正使供零双方都站在消费者的角度进行合作。比如一家生产高端家居用品的供应商，他们的产品主要集中在分类中的中高端价格带中，他们认为应该将其全部产品进入一家全国性零售商在国内一线城市的门店，而将其中端定位的产品提供给零售商在国内的二级城市门店，这无疑是一个合理的产品组合计划。即便与之合作的零售商采取的是全国门店统一的商品组织，那么供应商的努力也将会使零售商认识到他们这种做法的合理性。如果与之合作的恰好是家乐福，那么这家供应商很可能会获得家乐福一份同样的建议。

很显然，这样的产品组合计划使供应商的产品能符合不同区域市场的实际情况，而且节省了供应商不必要的进店费用和物流费用等，而零售商也并没有损失，他们可以在其二级城市的门店中选择更多的中低端产品和品牌进店。这些产品大都来自于当地的区域性品牌，因此会受到各自区域内消费者的欢迎，而没必要在二级城市的门店选择很多中高端产品和品牌，这样零售商就可以获得更高的货架贡献率，并能赢得当地顾客更高的满意度。另外一种情况，如果那家零售商不能接受供应商的建议，他们对分类中的商品组织设计又没有更深刻的认识，那么必然会产生冲突，如果最终供应商妥协了——现实中往往是这种情况，那只能是以牺牲供应商的进店费和其他费用为代价了。这种情况下，实际上零售商也是自己错误决策的受害者，他们虽然多收取了些进店费用，但是其在国内二线城市中的门店的经营绩效将会受到不良的影响。假如他们在商品组织中一贯如此的话，也就是说，他们在很多的分类中都存在这样的情况，那么他们如何获得当地顾客的青睐呢？他们在各地的门店又如何赢得竞争优势呢？

在商品组织的设计和管理中，零售商无疑拥有了更大的优势资源，毕竟为各个分类设计商品组织是基于对超市商圈内顾客需求的分析和认识的。但是，除了分类管理水平的制约外，零售商仍然有一些相对的弱势，那就是他们对市场理解的滞后。毕竟产品是由供应商开发和生产的，供应商有着自己的产品和品牌策略，零售商永远无法了解每个供应商对自己的每个产品是如何考虑的。当他们发现某些产品销售不好而与供应商沟通时，实际上这可能是供应商早已预知的情况了，他们无意欺骗零售商，只是这是供应商自己的事情而已，因此零售商所看到的商品销售数据分析结果总会落后于供应商的判断。而且，零售商更是无法预料新产品的出现，他们必须依赖供应商向其提供，因此这也是为什么很多经验丰富的零售商非常重视与供应商紧密合作新品的原因。

主动开发新产品并淘汰不适应市场的落后产品是供应商占有先机的权利，他们在产品研发上对消费者需求的把握也是零售商无法企及的。因此，供应商对于产品和品牌的定位，以及其为消费者提供的利益更加清楚，当然这将是他们向零售商介绍，并通过零售商的认同而制定适合的销售策略的依据和优势。供应商们很清楚每款包装是针对于什么样的消费者的，每款新品是哪些消费群体最需要的，哪些消费群体是喜欢某个品牌的，而零售商在面对如此多的产品和品牌时，往往是无法搞清楚的。但是在商品组织的设计和管理中，供应商也同样会有些自我导向，这本来也是无可厚非的。在传统品类管理中，如果供应商帮助零售商做某分类的商品组织表，那么供应商自身的产品策略和重点就会影响到零售商商品组织表最终的公正性。更重要的是，产品虽然是供应商开发和生产的，但它同时也是零售商放在货架上销售给顾客的，因此，产品实际上是连接零售商和供应商之间最直接的纽带和结合点，供零之间的合作正是由此开始的。那么，供零双方同时站在分类的框架下，根据消费者的需求设计和管理商品组织，将会是更加合理的合作方式。

小结

商品组织的设计和管理

- **零售商应该从分类的角度设计和管理商品组合**

  零售商应该抛弃以供应商和品牌为核心组合商品的方法，而代之以分类的角度组合商品。这将帮助零售商更好地满足顾客的需求，从而提高自己的竞争能力。

- **分类管理是供应商管理产品的一个新方向**

  分类管理给供应商的品牌管理、产品开发、产品的组合和优化，提供了一个新的管理方向。

- **分类的视角是供零双方更好合作的基础**

  零售商和供应商同时站在分类的框架下，考虑商品组织的设计和管理将会更大程度减少冲突，增加合作中的共识。

- **零售商是商品组织的设计和管理中的主体**

  零售商更加了解各个门店周边商圈的顾客需求，因此零售商仍然是商品组织的设计和管理的主体。但是，供应商拥有对新产品开发和主动淘汰不适应市场的旧产品的先决优势。

- **产品是零售商和供应商的结合点**

  产品是供应商开发和生产的，但是同时也是零售商放在货架上销售给顾客的，因此产品是连接零售商和供应商之间的纽带。

第九章

分类的日常经营管理

> 一位门店经理正在被销售业绩所困扰，此时却发现了一个奇怪但又令人无可奈何的现象：他们门店中的顾客只在每期海报促销开始时蜂拥而至，然后他们就销声匿迹了。

一　以分类为核心的零售商日常经营

完成了对分类结构的定义后，零售商就有了准确并能适合行业特征和顾客需求的分类结构，这为分类的日常经营管理奠定了基础，零售商可以放心走上正确的分类管理之路了。接下来，零售商还需要针对每个分类做一系列的工作：明确每个分类的定位、设计分类的商品结构、制定分类的经营策略和目标，然后在此基础上为每个分类设计适合超市商圈内顾客需求的商品组织。那么接下来，零售商就要进入对分类的日常经营管理了。在零售商对分类的日常经营活动中，布局和陈列的设计和管理、分类的价格政策制定和管理，以及分类的促销计划和管理等是其中的关键性工作内容。虽然订货和库存管理也是零售商日常经营中的重要环节，但是，这部分的工作内容主要是以单品和供应商为管理单位的。

比如，零售商必须对每一个单品设计订货参数，并将其输入到各自的订货公式中去，零售商还必须评估每个单品的库存状态，它不仅是每个单品的订货公式中的一个参数，而且零售商也需要分析库存金额过高的单品，并采取行动降低这些单品的库存。另外，零售商还必须跟踪每个单品的缺货情况，以尽量减少缺货现象的发生。如果零售商发现某个单品上个月缺货次数较多，那么他们会马上分析原因，看看是供应商的生产或物流问题，还是零售商订货参数或陈列空间设计不合理等问题，那么最终的解决方案一般是对单品订货参数或者陈列空间等的调整，或者是向供应商提出供货调整建议。跟踪和分析某个分类的订货和缺货几乎是没有任何意义的，比如，零售商发现牙膏分类缺货非常严重，那么引起缺货较多的原因仍然要归结到某个供应商的供货或者某些单品的订货参数或陈列空间上存在问题。对于订货和库存管理等来说，零售商更加关注的是对其进行日常的跟踪和管理，即通过科学和先进的技术手段提高物流效率，在尽量保持最低库存的情况下减少缺货。在零售商越来越强势的现实中，零售商总是希望将自己的库存尽量转移为供应商的库存，即零售商总是在自己需要的时候才向供应商订货，如果零售商的订货需求极其不稳定的话，那么供应商将会承担更大的物流和库存成本。在订货和库存管理中，并不会体现出更多的经营思想，其核心在于日常的控制和管理，因此，在本章的讨论中并没有包含对订货和库存管理的讨论，而将讨论的重点放在了布局和陈列的设计和管理、价格政策和管理，以及促销计划和管理这三个方面。

正如我们前面讨论的所有内容一样，我们试图更多地从经营的角度而不是管理的角度，对分类进行讨论。也就是说，我们更多地讨论零售商如何通过小心翼翼地经营每个分类，而获得利润并赢得顾客的信赖。在零售商的日常经营活动中，布局和陈列的设计和管理、价格政策和管理，以及促销计划和管理等几个关键工作内容，将零售商的经营策略和构想逐渐变成现实。因此，我们同样也侧重于讨论它们在日常营运中的经营活动，而不是技术或者流程上的管理。我们的讨论总是关注于零售商如何通过布局和陈列、价格形象和出色的促销吸引更多的顾客，并为自己赢得更多的利润。比如，零售商在设计陈列时，他们将为自己提供高毛利率的品牌放在了货架上客流的前端，那么在促进了这些品牌销量的同时，零售商获得了更高的毛利金额，这无疑是其经营思想在陈列设计上的体现。同样，在陈列设计中，零售商需要确定每个商品的陈列位置是由采购部门决定还是由各个门店最终决定，这显然是一个管理上的问题。总之，在技术和管理流程之外，灵活而务实的经营思想始终是我们本书所要体现的核心。

此外，始终从分类的角度，即站在分类的框架下来讨论零售商的日常经营活动。我们关注的焦点是如何设计和管理分类的布局和陈列，如何制定分类的价格政策并进行管理，以及如何设计分类的促销计划并进行管理等。而且需要着重强调的是，分类的日常经营活动受到各个分类战略性工作的影响，即每个分类的日常经营活动是在其战略性的决策指引下开展的，尤其受到分类定位和分类的经营策略的影响最大。比如，对于那些目的性定位的分类，零售商会从战略层面上给予支持，提供更多的陈列空间、更加有吸引力的价格和更多的促销资源等，而对于基础性定位的分类，零售商则在战略层面上，希望尽量减少这些分类的货架空间和促销资源的投入等。零售商的日常经营活动应该完全遵循每个分类既定的经营策略和目标，而日常经营活动的结果将是实现每个分类的经营目标。例如，零售商对某个分类制定的策略是在未来一年重点提升其毛利率水平，那么零售商必然会考虑为这个分类中的毛利率商品提供更多的货架空间、更好的陈列位置、更多的促销支持，并努力维持这个分类中的零售价格等，那么只有采取这种相适应的日常经营策略才能保证实现分类既定的策略和目标。

布局和陈列的设计和管理

对于零售商来说，货架空间是除了门店位置之外第二个最有价值的资源，而且货架空间给了零售商更大的展示自我的机会。零售商借助货架空间销售商品给顾客并赢得顾客更大的忠诚，同时，零售商通过对货架空间的控制摆脱了对供应商更大的依赖，使零售商能够按照自己的意愿和利益方向进行经营。因此，货架空间成为零售商和供应商争夺的焦点，同时也成为双方获得顾客支持的舞台，也就是说，不管是对零售商还是供应商来说，货架空间都是极其重要的关注焦点。虽然卖场布局和货架上的商品陈列往往是零售商们之间最容易互相模仿的，这使得各个超市之间的货架陈列风格越来越接近，顾客在某家超市购物时总能在货架上找到另一家超市的影子，但是设计和管理卖场的布局和陈列其实是一个非常复杂的过程。因此，仍然有很多零售商在抱怨，为什么看似简单的货架陈列总是无法跟上那些领先的零售商的陈列变化？为什么总部设计的陈列原则在各个门店总是不能得到贯彻和保持？为什么其他超市总是不断有新的陈列概念出现，自己则总是疲于跟随而没有时间创新？甚至在万般无奈之下，有的零售商又走回了全部分类按照品牌进行陈列的老路。

实际上，在货架陈列的背后有着零售商复杂的经营思想为其驱动，而在很多情况下，这种经营思想在货架上是不易被发现的。在卖场布局和陈列的设计和管理中，零售商希望通过货架陈列吸引顾客购买更多的商品，并将自己对利润的追求深深隐藏在货架陈列之中。实际上，顾客的购买行为和决策在很大程度上受到了零售商货架陈列的影响，甚至可以说零售商完全可以利用巧妙的货架陈列设计来诱使顾客购买他们希望顾客购买的分类和商品。这并不是危言耸听，超市中客流方向的利用、分类和商品陈列的位置设计、收银台旁边的陈列和高购买频率的分类在卖场中的位置安排等等，都是零售商可以用来吸引顾客进行诱导式购买的有力武器，而且这些经营思想可以说是无穷无尽的，它们都来自于每天不间断的经营实践中。正如我在《推动管理》一书中所倡导的推动管理的工作方法，这种工作方法使企业尤其是零售企业能不断在日常经营中总结经验，并将这些经验归纳和推广。其实，零售商希望通过货架陈列吸引顾客购买更多的商品与获得更高的利润之间是有着更深一层的含义的，甚至可以说，零售商内心真正希望的是利用货架陈列使顾客购买更多高毛利率的商品，这是任何一个理智而精明的商人都会想到并为之努力的。假如，有两支不同品牌的牙膏给零售商提供的总毛利率分别是10%和20%，那么零售商当然希望顾客能更多购买提供20%毛利率的那个品牌的牙膏，这无疑会给零售商带来更多的毛利金额，那么足够精明的而并不是那些管理先进的零售商，就会很自然地考虑将提供20%总毛利率的牙膏放到更好的陈列位置上，给予它更大的货架空间而尽量减少缺货等等。

很显然，模仿他人的卖场布局和陈列是权宜之计，这样做很容易使零售商的卖场布局和陈列变得僵化而失去活力，长此以往，还会导致零售商失去对布局和陈列的创新和设计能力。因此，要想真正改善卖场布局和商品陈列，零售商需要探究其背后的规律，尤其是其中蕴含的经营思想。零售商在考虑分类的布局和陈列时，有几个关键因素影响着零售商经营目标的达成：分类在卖场中的位置、分类所占货架空间的大小、分类在客流走向的位置、分类的陈列原则和分类中商品的陈列位置等。零售商在卖场布局和商品陈列背后隐藏的经营思想在以上几个方面会有更多的体现。

第一，我们来讨论分类在卖场中的位置。如果在一家大卖场，顾客要面临两万多个商品的选择，当他们拿着"购物清单"或者带着心中的"购物计划"完成消费走出超市大门时，可能会发现原来他们购买了很多"购物清单"中没有的商品。实际上，顾客会受到卖场中各种各样的诱惑而经常选择"购物清单"之外的商品，任何一个顾客都无法避免这种冲动性的购物行为。顾客在计划购买的分类中选择哪个商品，以及顾客购买计划外的哪些商品，卖场布局和商品陈列为零售商提供了左右顾客购买决策的机会。首先从卖场布局的设计来考虑。顾客在偌大的卖场中并不一定要走过所有的货架，他们总是非常明确地走向需要购买的商品的陈列货架，当然在这个过程中，顾客并不是目不斜视，他们会注意到走过的通道上其他货架上的商品。但令人遗憾的是，顾客每次购物都会有很多的分类货架甚至是大部分货架是他们没有走到的，当然他们也就不会对这些货架上的商品产生冲动性的购买行为。即便零售商做出再大的努力也无法保证每一位顾客走遍卖场中的每一座货架。比如，当顾客去一家书店买书时，他们一般都有着明确的购买目标，也许他希望去购买财经类、时尚文学类或者英语学习类、计算机类等的图书，如果某个顾客希望购买财经类和计算机类的书，那么他也许会直接走到财经类和计算机类的货架前去认真选择，逐一地走遍这两个分类的所有货架。但是，他不会留出时间去古典文学、教育类或绘画类等货架前仔细观看，不过他路过的通道上的新书货架或者畅销书排行榜会更加吸引他的注意。

我们只是做了一个顾客购物的简单描述，实际上欧美国家的供应商和零售商们早已经利用科技手段细致地研究顾客的购买行为了。比如在收银台安装摄像机，观察顾客购买的商品并进行分析，雇用家庭主妇在她们去超市购物后给出购物的反馈，或者给顾客佩戴特制的眼镜，记录他们看到某些货架、商品和广告等的瞳孔反应，从而判断以上这些因素对顾客的吸引力等等。零售商们很清楚顾客在每次购物时，不可能走遍超市中的所有货架的，这就给零售商带来一个很大的难题，当然也是一个经营机会，到底应该如何安排各个分类在卖场中的位置，才能既吸引顾客走过更多的分类货架，又达到零售商自己的经营目标呢？关于前面一个问题已经有很多成熟的卖场布局设计经验和方法，我们在此不做过多讨论，还是将讨论的重点放在后者身上，即零售商如何考虑分类在卖场中的位置从而达到自己的经营目标呢。一般情况下，分类的陈列位置无法摆脱其所在的更高层的分类或者部门的限制，比如牙膏分类不可能陈列到调味品分类的货架附近，它无论如何也应该靠近牙刷、洗发水、护肤品、纸等陈列。因此，我们首先站在更高层的大分类甚至是部门的视角上来讨论卖场中的陈列位置问题。

在讨论如何利用卖场布局和商品陈列实现每个分类的经营目标之前，各个分类的定位是需要首先考虑的。比如对于目的性分类，零售商可以考虑将它们尽量陈列于容易被顾客经过和看到的位置，这无疑能更好地提升零售商的差异性。因为在目的性分类中，零售商提供了更加丰富的商品选择，更多的新品、更有冲击力的价格和更多的促销活动等，这都将给顾客留下深刻的印象。如果零售商将"整理箱"分类定义为目的性分类，那么它应该被陈列在家庭日用品部门最好的位置，当顾客经常看到堆积如山的整理箱时，他们会逐渐认为这家超市在家庭日用品方面是做得最好的。又如对于基础性分类来说，零售商可以将它们陈列于相对较差的位置，因为零售商不想在这些分类中给顾客提供全部的利益选择，零售商知道这些分类的主要销售渠道并不是他们，顾客只是在有迫切需求或者是刚好缺少了这类商品时才会想到前来购买。那么现在我们再回来关注零售商的分类经营策略和目标，显然卖场的位置对分类的销量有很大的影响，即能被顾客更多看到或者经过的卖场位置必然会带来更大的销量，反之销量则会变得更小。

我们知道每个分类的平均毛利率是不同的，那么在不同的销量的情况下，同一个分类会出现不同的毛利金额。因此，促进高毛利率的分类有更好的销量是零售商一个极其重要的经营思想，它是零售商在促进超市整体营业额之外另一个主要的经营思想。因此，零售商不得不考虑一个问题，即尽量将高毛利率的分类放到卖场中更好的位置，这将会促进高毛利率分类的销售。在现实中的例子有很多，比如一家超市将调味品、油、大米等分类放在了卖场的入口或者顾客电梯附近，而休闲食品放到了远离出口处，如图 9-1 所示。那么可以想见，这家超市的利润状况恐怕不会很好，虽然他们好像是更方便了顾客购物，但这却是一种不顾利润的盲目刺激营业额的方法；又比如，一家超市将休闲食品、化妆品等高毛利率的分类放到了卖场入口和顾客电梯附近，那么他们将会更加轻松地获得利润。

零售商还需要考虑的是，在不同的时期和不同的区域应该存在着不同的总体经营策略，有可能是更加侧重于市场份额，有可能是更加侧重于毛利。比如刚刚开业的超市，其诉求应是从周围其他的竞争超市中争取更多的顾客，那么在各个分类中营造低价形象将是零售商此时关注的重点，因此零售商希望保持大米、鸡蛋、油等分类的低价，当然代价是零售商只能获得极低的毛利率。在这种情况下，将这些低毛利率的分类陈列于卖场中更好的位置是有必要的，这为零售商建立整体的价格形象提供了支持。又如某零售商认为华东地区顾客的消费水平已有很大的提高，他们对价格已经不是很敏感了，而且零售商在这个区域已经获得了稳固的市场份额，这时他们希望在这一地区获得更多的利润。此时他们会更加关心各个分类的利润表现。那么在这种经营策略下，零售商当然就希望尽量提高高毛利率分类的销量，因此将高毛利率的分类放到卖场中更好的位置是更加明智的选择。从以上的讨论我们可以看出，零售商的经营策略一直是处于不断的变化之中的，而且在明确的经营目标下，灵活组织各种资源以实现经营目标的经营活动也会随之变动。因此，从这个角度说，模仿别人的卖场布局和商品陈列当然是没有前途的了。

第二，我们再看看货架所占空间的问题很显然，每个分类所占的货架

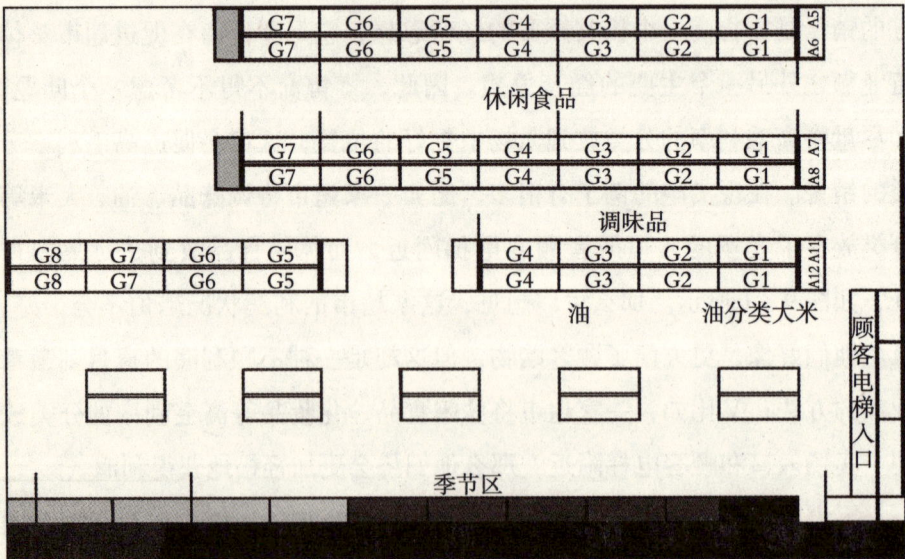

图 9 – 1　卖场布局图

空间与分类的销售占比和分类中的商品包装有很大的关系，根据销售占比和商品包装安排分类的货架陈列空间可以最大限度减少商品缺货，在这一点上零售商和供应商很容易达成共识。此外，零售商还可以结合每个分类不同的发展阶段，调整分类的货架空间。比如，对于成长性的分类，零售商可以考虑多安排一些货架空间，这对零售商是有很大好处的，一般情况下这些增长性分类往往有较高的毛利率，而且销售不断上升。如果零售商在自己的超市内通过扩大成长性分类的货架空间而推动其更加快速的成长，不仅能给零售商带来更多的毛利，而且也会给顾客留下更加时尚的感觉。以上的种种考虑固然是极其重要的，但是在考虑分类的货架空间时，零售商还是不要忘记了自己的利润问题，虽然考虑分类提供的毛利率在货架空间的设计和管理中并不是最关键的因素。即便零售商知道饮料分类的销量很大，它们在每个月的周转次数更多，但是零售商并不一定要留给它们尽量大的货架空间，假如按照其在分类中的销售占比计算，应该留给饮料分类8个货架，但是如果它提供的毛利率太低，那么零售商可以考虑只给饮料分类7个货架，而可以将另外一个货架提供给毛利率稍高的白酒分类。很显然，如果给了饮料分类更大的货架空间，不断促进其销量的增加，那么零售商饮料部门的利润将会受到影响。因此，零售商在设计分类的货架空间时，应该将各个分类的平均毛利率作为一个参考因素。其实，在某些时候，零售商有目的的抑制低毛利率分类的销量是有必要的，虽然看起来这样做有些不近情理，正如第六章中讨论的，各个分类的销售占比并不完全是自然形成的，它们需要零售商根据自己的经营定位和目标进行有目的的调整。

第三，分类在顾客流向的陈列位置是需要零售商单独考虑的一个问题，不过这也往往是很多零售商容易忽略的问题。在卖场布局设计时，零售商会规划出一条合理的顾客流向道路，即所谓的顾客动线，如图9-2所示。当顾客走在卖场的主通道上时，即图中的实线箭头所指示的通道，他们最终会转向他们希望购买的商品所在的货架中去，即图中的虚线箭头所指示的通道。如图 9 - 2 中所示，在最右边的一排共有 13 个货架，那么顾客是从实线箭头的方向沿着虚线箭头向货架的深处走。此时，零售商需要考虑在这 13 个货架上陈列的各个分类，谁应该放在顾客流向的最前端，谁又陈列到顾客流向的最末端。很显然，放到顾客流向前端的分类将会有更大的销量。那么，这与零售商当前的经营策略就有一定关系了，即如果零售商希望赢得更多的顾客光临，那么就应该把低毛利率或者价格形象最好的分类放到顾客流向的前端，从而给顾客留下更好的价格形象；如果零售商希望获得更多的毛利，他们则应该将高毛利率的分类放到顾客流向的前端，从而促进这些分类的销量增长，提升超市整体的毛利金额。

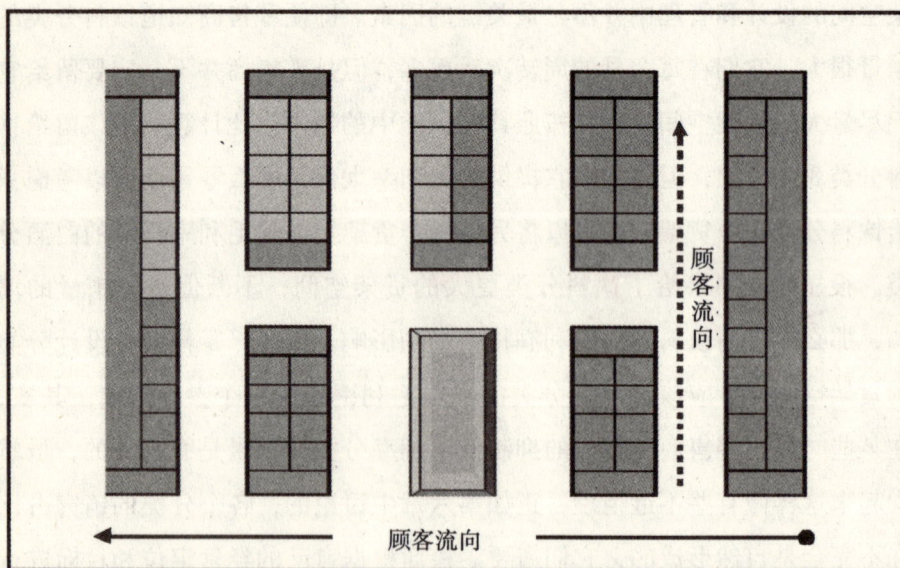

图 9 - 2　顾客流向图

比如，在一排货架上陈列的是果汁中分类下的 4 个小分类，分别是橙汁、苹果汁、其他果汁和浓缩果汁，假设他们的毛利率分别是 10%、13%、18% 和 25%，如果零售商希望获得更多利润，那么从顾客流向的前端开始排序，应该分别是浓缩果汁、其他果汁、苹果汁和橙汁分类。当然，如果零售商希望从竞争对手那里赢得更多的顾客，那么顾客流向的前端则应是橙汁分类，货架的最末端应该陈列浓缩果汁分类，这样有利于建立超市的价格形象。此外，即便是在一个分类中，在考虑商品的陈列位置时，有些时候也需要结合考虑不同商品的毛利率。比如，零售商把牙膏分类按照品牌纵向陈列，如图 9 - 3 所示，在牙膏分类所占据的两个货架上共有六个品牌，但是每个品牌实际上给零售商带来的毛利率也是各不相同的——当然我们说的毛利率是包含了供应商支持的各种费用后的总体毛利率，那么零售商完全可以按照以上经营思路来将这六个品牌按照顾客流向重新设计陈列次序。当然，即便分类的陈列原则是依据如功能、包装等的其他因素，也完全可以采用同样的考虑方向，因为不同的功能和包装也会有不同的毛利率。

第四，分类的陈列原则是零售商重要的陈列决策因素，这是任何一家

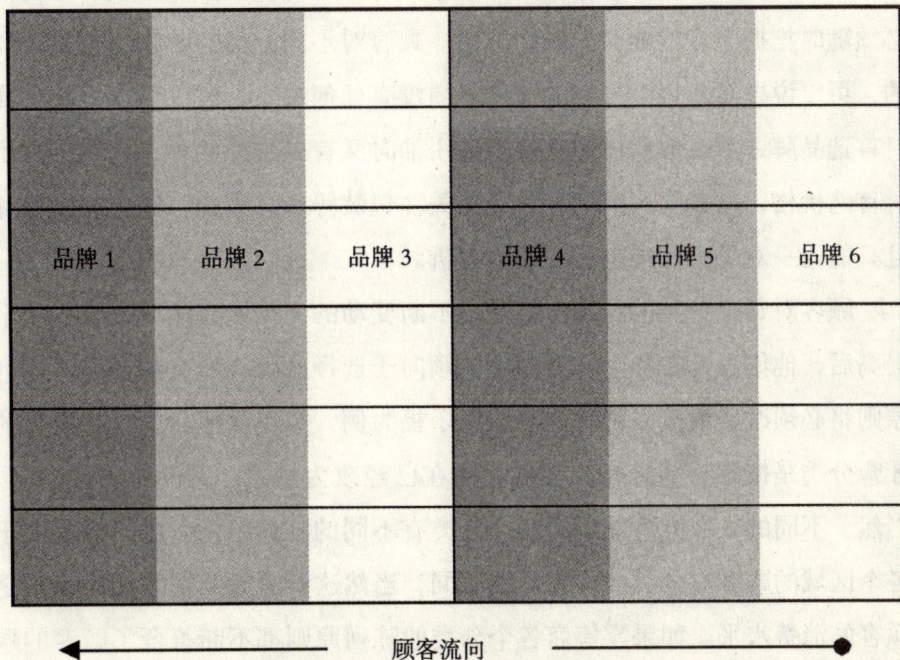

图 9 - 3　货架陈列图（一）

零售商都必须认真考虑的。分类的陈列原则是指在每个分类中，大多数顾客在购买商品时所想到的第一个选择因素。如果零售商在分类的陈列中符合了顾客的这个选择习惯，那么意味着顾客总是能很容易的在货架上找到自己想要的商品，这当然会带来顾客更高的满意度。在一般情况下，零售商需要将商品按顾客的这个第一选择习惯在货架上进行纵向陈列。如图9-4所示，在牙膏分类的两个货架中，零售商的陈列原则是牙膏的功能，即零售商认为顾客在选择牙膏时，首先考虑的因素是不同的功能，比如美白、全效、防蛀和中草药等等。而在图9-3中明显是按照品牌陈列的，那么就是说零售商认为在牙膏分类中，顾客选择的首要因素是品牌，比如高露洁、佳洁士或中华等。

分类的陈列原则设计是一个复杂的过程，零售商并不能保证在每个分类中都能得到正确的结果，毕竟顾客的购物习惯是多种多样的而且是不断变化的，要想在各个分类中都获得符合顾客购买习惯的陈列原则，零售商必须随时把握大多数顾客的购物习惯。顾客对不同分类的购物习惯是不同的，可以说顾客对每个分类的购物习惯没有任何关系，假设顾客购买牙膏时首选品牌，那么他们可能在选择食用油时又首先选择油种，在购买袜子时首选价格，而在购买圆珠笔时更加关注包装等等。因此，零售商需要并且只能逐一对每个分类进行细致的分析。

顾客对每个分类的购物习惯还是不断变动的，比如当顾客的收入水平提高后，他们总是在各个分类中更加倾向于选择品牌，那么零售商的陈列原则将必须改变为按品牌陈列。以家乐福为例，几年前他在国内市场上的牙膏分类是按照功能进行陈列的，现在已经改为按照牙膏品牌来陈列了。当然，不同的区域有可能对同一个分类有不同的陈列原则，这同样是由于各个区域的顾客对分类的购物习惯不同，当然这背后起关键作用的仍然是顾客的消费水平。如果零售商各个分类的陈列原则都不断符合了顾客的购物习惯，那么这无疑会带来顾客更高的忠诚度，顾客将会越来越忠实于超市，而不断来这里购物，从而使这家超市各分类的销量不断增加。每个零售商对同一个分类的陈列原则的看法可能不尽相同，这无疑体现了零售商的陈列设计和管理水平，以及零售商对顾客的理解程度。在分类的陈列原则设计中，供应商会起到很大的作用，因为他们更加了解消费者的需求，他们更加清楚在他们进入的分类中顾客习惯以什么方式选择商品，因此在这方面供应商会给零售商提供很大的帮助。

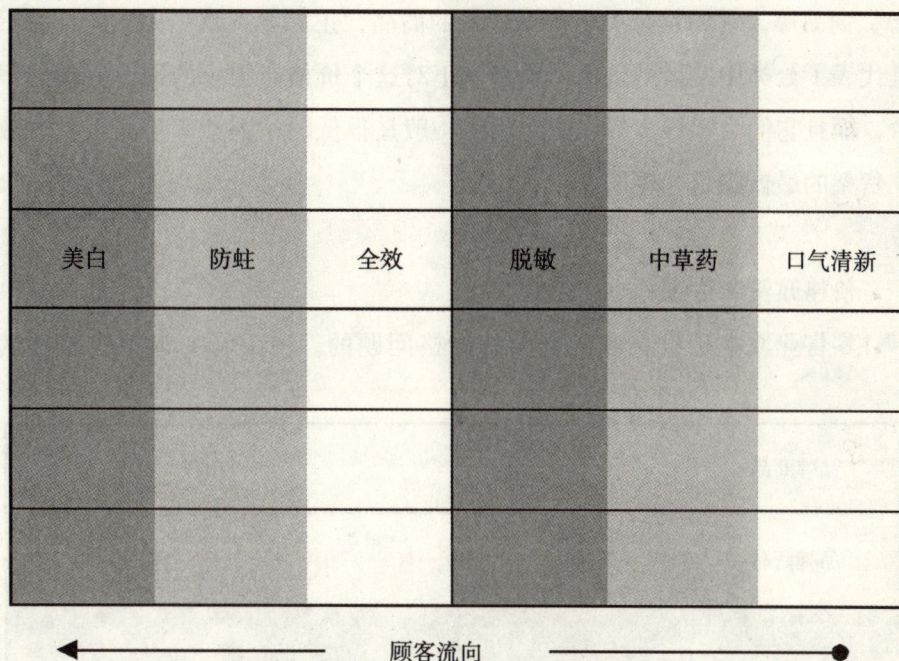

| 美白 | 防蛀 | 全效 | 脱敏 | 中草药 | 口气清新 |

顾客流向

图9-4 货架陈列图（二）

最后，分类中各个商品的陈列位置与零售商的毛利有着更加紧密的联系，或者可以说分类中商品的陈列位置与各个商品的毛利率有着直接的联系。这与零售商和供应商对陈列位置对销量的影响的认识紧密相关，即商品陈列在货架上不同的高度与顾客的购买量是直接相关的。比如，陈列位置与顾客眼睛的高度相近的商品销量最大，而在货架的最上端与最下端陈列的商品销量最小。因此，零售商出于对利润的考虑，应该将高毛利的商品放在顾客购买量最大的位置，即顾客眼睛的平均高度，而将那些毛利率较低的商品放在货架的最高处和最下面的位置上。如图 9－5 所示，假如这仍然是前面提到的陈列牙膏分类的两个货架，从图中我们看到，零售商的自有品牌占据了最好的陈列位置，因为在一般情况下，零售商的自有品牌是分类中毛利率最高的商品，促进自有品牌商品的销量增加会更多增加零售商的毛利。而最低价商品，即如家乐福的"棒"单品和欧尚的"大拇指"商品等，它们是分类中价格最低的商品，正如第八章中讨论的，它只是代表了分类中的最低价格，但是真正对这个价格有需求的顾客一般会很少，而且它们为零售商提供的毛利率一般是很低的，因此零售商将它们放在货架的最低端是合理的。

价格政策和管理

零售业原本是没有非常复杂的价格问题的。罗伯特·斯佩克特著的

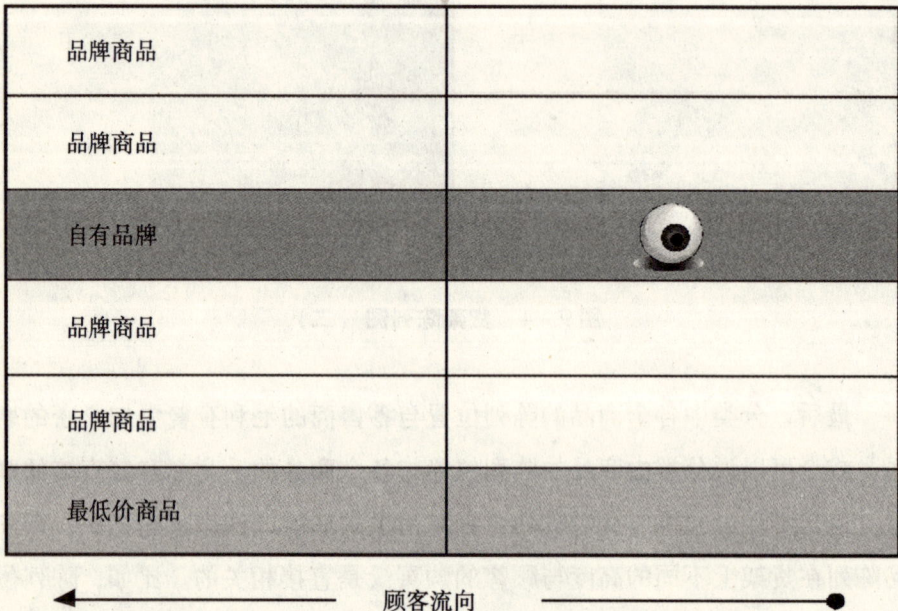

品牌商品	
品牌商品	
自有品牌	
品牌商品	
品牌商品	
最低价商品	

顾客流向 ◄─────────────────●

图 9－5　陈列位置图

《品类杀手》一书中写道："美国于 1914 年通过一项法案，禁止连锁店与制造商签订排他性的销售协议，旨在消除连锁店中所谓的掠夺性低价。"这就意味着零售商不能依靠其连锁销售规模从供应商那里获得更低的供价。这项法案的目的是为了保护那些传统的独立零售商，因为这些独立零售商无法与连锁性的零售商抗衡，如不对其加以保护可能会导致他们相继倒闭并引发很多社会问题。其实，零售商在零售价格上也曾受到过很大的制约，比如直到 20 世纪 60 年代初，英国零售商的零售价格还是由供应商制定的，也就是说那时的零售商无权为商品制定零售价格。这种情况随着现代零售业的发展逐渐改变了。

1964 年，在特易购的创始人杰克·科恩的推动下，英国政府出台了《转售价格法案》，彻底打破了由供应商控制零售价的局面，使零售商可以为商品自由定价。此时，供零关系也随之发生了巨大的变化，正如朱迪·贝文在《超市大战》一书中写的："《转售价格法案》彻底改变了供货商和零售商之间的实力均衡状态。"一种新的零售环境出现了，零售商不仅是在门店的地理位置上进行竞争，他们更拉开了规模巨大而持久的价格战大幕。零售商们已经有能力依靠低价来建立自己的差异性从而赢得顾客。

当然，随着零售业的竞争升级，低价并不能始终给零售商建立真正的差异性，将来他们会在自有品牌的带领下展开更高层次的品牌竞争，这已经是欧美发达市场中的零售实践了。但是，零售商之间的价格竞争仍然是一个不可逾越的发展过程，而且即便在出现了其他更高层次的竞争形式后，零售商的低价仍然会如门店的地理位置一样，成为零售商一个必备的竞争资源。因此，零售商将低价竞争策略作为其最核心的竞争策略仍然会延续很长的一段时间。不过，价格管理是极其复杂的一项工作，正如朱迪斯·科斯蒂恩斯和马赛尔·科斯蒂恩斯在《决胜零售》一书中提到的："价格管理属于零售行为的最高境界。"

任何一家零售商都希望听到顾客说："这家超市的价格真便宜，我们今后要经常去他们那里买东西"。从美国到欧洲再到中国，零售商们一直在探索着低价之路，不管是沃尔玛的"天天低价"，还是家乐福的"超低售价"（即所谓的高低定价），他们都在试图为自己建立起更好的价格形象而采取不同的做法。很显然，真正的价格形象来自于顾客内心的感受，而并不是零售商自己所做的承诺，也就是说只有顾客认为超市的商品便宜才能证实该超市确实建立起了真正的价格形象。但是，顾客对价格的感知是一个非常复杂的过程，甚至有可能本来具有真实低价优势的零售商反而没有被顾客认为有更好的价格形象。我们在此不对顾客的价格感受认知做深入的讨论，这部分内容超出了本书所要讨论的框架，但是，零售商研究如何让顾客的价格感知与自己的努力相符合是一个重要的领域。对于顾客来说，他们所感知的低价实际上来自于两个方面，第一，同样的单品有更低的价格；第二，为顾客提供完全一样的利益的不同单品中更低的价格。

显然，对同样的单品提供更低的价格会给顾客直接带来低价的感受，比如同样是 355ml 的可口可乐、400ml 飘柔洗发水，两家超市的零售价可能不一样。但是，零售商如果在同样的单品下建立长期的低价形象，需要由具备更大的连锁规模所支撑的采购力量，这样才能从供应商那里获得更低的供价，同时需要零售商具有更强大的内部成本控制能力，使超市的运营成本低于其他零售商。例如，阿尔迪超市为了降低成本，以至于多年来在各门店都不配备电话，而在麦德龙的门店中，部门经理们的办公室被放在了卖场，同样家乐福门店的部门经理们很少有独立的办公桌。

利用不同的单品获得低价实际上是来自于不同的产品质量或者产品的产地等因素，而不是直接地体现在同一个单品上的价格比较。在同样一个分类中，某家超市可以选择更低质量的商品，当然他们就可以给这些商品制订更低的零售价格，但是，也许另外一家超市认为这种较低质量的产品无法与自己超市的定位相匹配，那么他们可能拒绝这些商品进店，这时他们在这个分类中的商品价格就要高于竞争对手。当然，通过强大的采购能力，不断在全国或者全球各地寻找价格更低而质量较好的产品还是有可能的。比如，沃尔玛就在中国采购了很多高质量低价格的产品，这无疑是来自于中国的低劳动成本和低原材料成本，正如罗伯特·斯佩克特在《品类杀手》一书中所说的，"在这场永无休止的平价运动中，沃尔玛不停地给这些制造商施加压力——让他们相互竞争。与制造商们得到的蝇头小利相比，美国的消费者是最大的获益者，因为他们可以以很低的价格购买在国外生产的商品"。

不过，我们首先还要讨论一个问题，即顾客对零售商的价格感知是建立在一个什么实体上的？顾客每次去超市购物，他们会发现买回来的飘柔洗发水、金龙鱼调和油、高露洁牙膏等商品比其他超市的便宜，但是顾客更喜欢这样跟邻居说："那家超市的洗发水、油和牙膏比其他的超市便宜。"——他们忽略了具体的品牌而只强调了整体分类。其实，顾客在长期的购买行为中，通过某些商品的低价感知，他们往往会趋向于认为商品所在的分类是低价，进而通过分类的低价而认为整个超市具有更低的价格。因此，一般情况下，顾客对零售商的低价感知的基点是分类而不是某个商品，实际上，顾客对分类的价格感知支撑着零售商的价格形象。比如，沃尔玛的天天低价政策往往是建立在整个分类的低价基础上的，他们会在这些分类中保留最低的平均毛利率，从而保持整个分类的低价形象，而这些低价分类帮助沃尔玛超市建立起了整体的低价形象；同样，家乐福的超低售价政策强调对各个分类中的商品轮番进行促销活动，虽然分类中做促销的商品总是在不断更换，但是各个分类的促销活动却几乎从来没有停止过，那么家乐福带给顾客的实际上也是分类的低价形象，而不是某些商品。如果顾客对低价的感知实体是在分类，那么零售商的价格形象应该也是建立在每个分类上，而每个分类的价格形象就构成了零售商在顾客心目中的整体价格形象，这将使零售商建立价格形象有了一个简单而有效的思路。

零售商希望建立各个分类的价格形象之前先要考虑的问题是：顾客对这些分类是否在乎价格？换句话说，顾客是否在购买这些分类的商品时，把价格作为最关键的选择因素？因此，零售商在开始建立价格形象之初，应该首先考虑每个分类的价格敏感性。很显然，每个分类的价格敏感程度是不同的，比如油盐酱醋等居民日常生活必需品所在的大部分的分类中，顾客往往更加关注价格，而对于诸如休闲食品、化妆品等分类，顾客对价格的关注程度比较低。从顾客的角度来看，那些购买频率很高而且总体花费也很高的分类，顾客往往会更加关注其价格，相反对于那些偶尔购买并且总体花费不高的分类，往往并不是特别关注价格。需要说明的是，顾客的总体花费可以用顾客对某个分类的总体花费占其总购买花费的比重来表示。

因此，顾客对某分类的购买频率和顾客的总花费是分析分类的价格敏感程度最关键的两个因素，如图9-6所示。在顾客的购买频率和顾客总花费组成的矩阵中，随着价格线的箭头方向，分类的价格敏感性是逐渐提高的。比如，肉、水果和蔬菜、牛奶和鱼等分类由于顾客的购买频率较高，

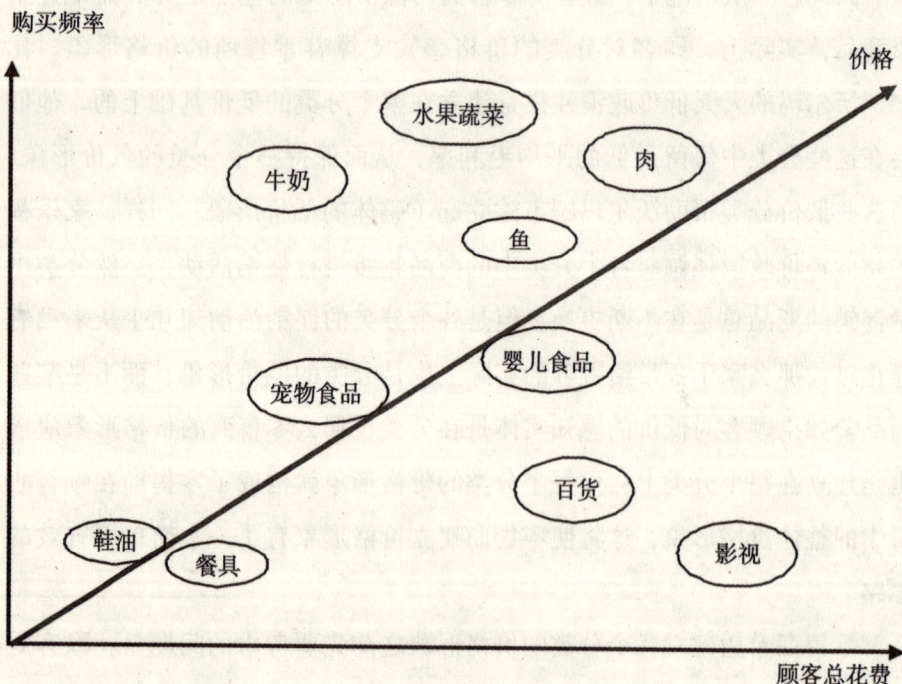

图9-6　价格敏感性分析

而且顾客的总花费也很高，所以它们的价格敏感程度较高；而鞋油、餐具、宠物食品等分类由于顾客的购买频率很低，而且总花费也不高，所以它们的价格敏感程度较低。但是，假设肉相对于牛奶来说，虽然顾客的购买频率接近，但是由于顾客需要在购买肉时花费更多，所以肉比牛奶的价格敏感程度又要稍高一些，这是完全合乎情理的。因此，零售商完全可以利用"购买频率－顾客总花费"矩阵来分析每个分类的价格敏感程度，这就为后面建立价格形象提供了重要的依据。也就是说，零售商不用在每个分类上都试图建立价格形象，这样做不仅没有必要而且也是愚蠢的。当一家零售商在顾客并不关注价格的分类中的商品拼命降价时，他们不仅不能得到更好的价格形象，反而白白损失掉了应该得到的利润。因此，零售商必须首先确认到底应该在哪些分类中投入精力建立价格形象，而在哪些分类中没有必要刻意营造其价格形象。

当零售商确定了应该在哪些分类中建立价格形象后，那么接下来就要考虑利用哪种形式来建立分类的价格形象了。也就是我们在前面提到的，零售商考虑在某个分类中，是重点在同一个单品上获得低价，还是重点在不同质量的商品上建立低价。这是因为每个分类的特征是不同的，而不同的分类特征适合于不同的形式。如果要对此做出正确的判断，我们首先要搞清楚分类的不同特征来自于哪里。实际上，在选择不同的价格形象建立形式时，分类的品牌导向是一个最关键的因素，即顾客对某个分类是否有明确的品牌认知。从供应商的角度来看，就是分类中的每个品牌是否对消费者构成了差异性，消费者是否能清楚地分辨出不同品牌的形象，并形成对某个品牌的偏好。当顾客对某个分类中的商品有比较强烈的品牌认知时，比如在洗发水、牙膏、电视、保暖内衣等分类中，他们将会很容易记住这些分类中品牌下某些商品的价格，他们会记住上次购买的400ml飘柔洗发水、2.5L可口可乐、2kg立白洗衣粉等商品的价格，那么他们就可以轻松地在各个超市中比较同样商品价格的高低。显然，这就构成了零售商在这些单品上建立低价的基础，因为这些单品上的低价会被顾客们感知到并记住。零售商在这些分类中，对同一个单品投入精力降低价格至少是值得的。

当零售商在顾客无法比较价格的单品上降低价格时，顾客也许毫无知觉，比如，上海的顾客可能无法记住六必治牙膏、奇强洗洁精和51刀唛芥子油的零售价格。那么，在这些商品上拉低价格零售商不仅无法建立价格形象，还白白损失了利润。对于那些顾客并没有强烈品牌意识的分类，零售商更适合采用区别商品质量而带来低价的形式。正如上面讨论过的，在这些分类中，顾客无法记住某个品牌，也就无法记住某个具体商品的价格，那就意味着顾客无法在这些分类中与不同的超市比较价格。在这些分类中，零售商完全可以通过选择更低的供货价格或者质量较低的商品来获取更低的零售价格。比如某零售商在毛巾分类中选择了更低质量或者说是更低材质的商品，只要质量没有太大的差异，顾客就会认为这家超市的毛巾分类的价格更便宜——虽然这家超市在毛巾分类的毛利率并不比其他超市低。但是，这种建立价格形象的方式也存在着一些弊端，即商品质量的差异如果被顾客明显感知到了，那么顾客会认识到这家超市的价格便宜是因为选择的商品质量稍低，此时顾客将不会再认为这家超市的商品物美价廉了。这就是我们经常说的性价比，也就是说顾客对价格的感知是建立在同样的质量基础上的。比如，顾客当然会认为大豆油的一级要比二级有更高的价格，菜子油一级要比二级有更高的价格，这里的价差不会给顾客带来惊喜。正如大卫·格林在《我爱零售》一书中所说的，"我们告诫采购员：永远也不要让下面这个唯一的规则离你远去——为顾客寻找真正的价值。充满诱惑的价格＋有用的产品，这就是你们要找的全部"。

虽然采购员们努力寻找低价或者质量稍低一些的产品，而给零售商带来更低的价格是构建顾客第二种低价感知的关键方法，但是零售商实际上已经找到了在有很强品牌认知程度的分类中，也应用同样方法的途径，这就是零售商的自有品牌。自有品牌不仅可以与分类中的供应商品牌进行竞争，形成超市之间的差异化，而且自有品牌也为零售商带来了踏实而稳定的低价。当零售商的自有品牌逐渐被顾客认知后，它们就可以与供应商品牌一起被顾客感知价格的差异了，而且顾客还可以在不同超市的自有品牌之间进行价格比较。那么零售商就可以到各地去寻找能提供更低供价的工厂，为他们的自有品牌生产产品。比如，家乐福牌的牛奶可以与蒙牛、光明和伊利等供应商的牛奶品牌比较价格，同时它也可以与欧尚、易初莲花等其他超市的自有品牌牛奶比较价格。而且，一般情况下，自有品牌为零售商提供的毛利率很高，这是因为它们没有广告费用和进店费等，因而成本更低。而且，有的零售商甚至可以将自有品牌获得的高毛利补贴给供应商品牌，以支持其在这些品牌上进行进一步的价格战，虽然这不是供应商愿意看到的，但是这种情况确实是一直发生着的事实。关于自有品牌的内容在我的《供零战略》一书中有详细的讨论，这里不再赘述。

零售商在建立价格形象时，还要考虑到价格和毛利的平衡，失去毛利的低价是不真实的，也必定是不能长久的。显然，更低的价格必然带来更多的营业额，但是更低的价格还带来了毛利率的降低，而增长的营业额所带来的毛利增加是否能弥补由于毛利率降低而损失的毛利额呢？这是零售商必须考虑而且不断管理的内容。正如图9-7所示，分类或者商品的营业额和毛利率是两个刚好相反方向的因素，零售商要想提高营业额就会以牺牲毛利率为代价，即降低了商品价格，而如果提高了分类的毛利率，则会由于商品价格的上升而导致销售的损失，当然这种情况是建立在与供应商支持无关的零售商自主价格变动的条件下的。因此，零售价格是调整营业额和毛利率之间的一个杠杆，只有当分类或者商品保持了合理的定价

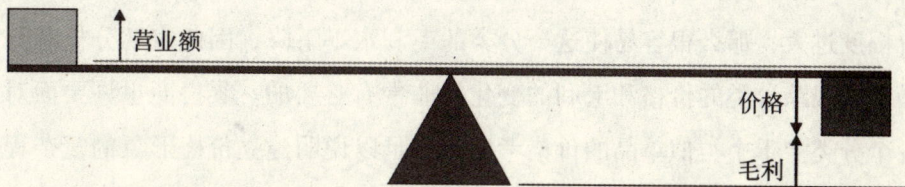

图9-7 价格杠杆

时，才能使分类的营业额和毛利率保持平衡，并最终完成既定的毛利金额目标。

因此，为了建立良好的价格形象，零售商不应认为只是简单地降低分类中商品的零售价格就可以了，除了通过采购以及更强的内部成本控制获得低供价、低成本之外，零售商在建立各个分类的价格形象时需要考虑很多因素，实际上这是价格管理中最复杂的一部分。零售商还需要考虑在建立价格形象时，是否有必要将分类中的所有商品全部降价，或者说考虑分类中的商品哪些需要降价哪些不需要降价，每个商品需要多少价格折扣才能对顾客具有吸引力，等等。对于这些问题，零售商的考虑是各不相同的，执行天天低价政策的零售商会将分类的所有商品降低价格销售，而执行高低售价的零售商则会从分类中选择出顾客对价格非常敏感的商品降价。不过，后者操作起来更加复杂，零售商首先需要确定每个分类中顾客对哪些商品具有更强的价格敏感性，然后汇总各个分类的敏感商品清单，再执行降价。

确定商品的价格敏感程度与确定分类的价格敏感程度是不同的，品牌知名度和销量是确定商品的价格敏感程度最关键的两个因素。因为越著名的品牌和购买次数较多的商品其价格无疑越容易被顾客记住。确定商品价格敏感度只是工作的第一步，接下来零售商还要考虑这些敏感性商品降低多少价格才能打动顾客。每罐 355ml 的可口可乐降低 0.1 元能打动顾客呢？还是每罐降低 0.05 元就能打动顾客？显然，商品价格降低的太少无法引起顾客的兴趣，而降价太多则白白损失了零售商的毛利。而且，零售商还要考虑一个分类中的毛利平衡，如果在分类中选择的敏感商品过多或者降价幅度过大，那么很容易使这个分类的毛利水平下降，因此定期分析甚至是每天跟踪分类的价格和毛利的变化是非常有必要的。零售商也许要面对各个分类上千个类似单品的价格考虑，这足以说明建立价格形象的复杂程度了。最后，零售商还需要慎重选择竞争对手，因为价格形象永远是相对于竞争对手而言的。如果商圈内只有一家超市，那价格将不会成为这家超市赢得顾客的最关键因素。如果降价时比较了不应该比较的竞争对手，或者价格调查不及时，那么将可能会使最终确定的竞争性价格无效，这又需要零售商考虑建立一套完善的价格调查流程。

价格管理中的复杂性还不止于此，因为顾客对商品价格的态度会在不同的区域，以及不同的时期发生变化。比如，华东地区和西北地区的居民对商品的价格会有不同的态度，毕竟华东地区的居民有更高的收入水平，那么总体上来说华东地区居民对价格的敏感程度将低于西北地区。例如华东地区的居民在购买牙膏时，如果每支牙膏的价格差异在 3 角以下也许会被顾客忽略掉，他们可能会认为 3.1 元与 3.4 元一支的两种牙膏在价格上没有什么差异，不会影响到他们的购买决策，但是在西北地区也许每支牙膏 3 角的差异将会成为他们在做出购买决策时最关心的因素。即便是在同一个地区，不同的时期顾客对价格同样会产生不同的认识。比如，上海市民在 2000 年前对商品价格的看法，与现在相比会有较大的变化，现在上海居民对价格的敏感程度无疑要低于六年以前。

不仅如此，甚至每家门店周边的顾客对价格敏感程度也是不同的。比如家乐福在上海的古北店与宝山店周边的顾客对价格就会有不同的敏感程度，因为古北店周边居住的居民收入水平要比宝山店的高出很多，因此即便是同样的商品古北店的价格也要略高于宝山店，那么这样做对零售商来说是明智的，古北店周边的顾客对价格并不敏感，稍高的商品零售价格不会引起顾客的不满，那么古北店就可以获得更多一些的毛利。而宝山店周边的顾客对价格非常敏感，如果定价稍高，将会马上失去顾客，因此在同一个单品上保持更低的价格，以及更多地选择中低档次的商品是宝山店需要考虑的。

总之，零售商的价格管理是一个非常复杂的过程，零售商不仅要制定适当的价格政策，而且还要具有更加复杂的价格管理流程，比如定期进行各地的价格敏感度调查，每家门店周边顾客的敏感度调查，超市的价格形象调查，敏感性分类的确定，敏感商品的确认，价格指数的确定，竞争对手的选择，价格调查过程的控制，变价流程等。但是，不管价格管理是如何复杂，零售商必须想方设法做好这项工作，否则顾客的逐渐流失将是无法避免的。

促销计划和管理

促销活动对于零售商来说越来越重要了，而且促销计划和安排更为主动的零售商往往比其他超市更为成功，也就是说，零售商不总是依赖供应商提供的促销计划，而是根据自己对分类的促销计划有目的地组织促销活动。比如，零售商在适当的季节举办的火锅节、书法比赛、店内寻宝等主题促销活动，这些活动是零售商跨分类、跨部门涉及众多商品的促销活动，每个主题往往代表着顾客一种集中的利益需求。当到了开始吃火锅的季节，零售商将与火锅相关的所有商品组合在一起，集中陈列并安排更醒目的促销位置，选择并集中更多的品牌，同时展开降价、赠送等各种形式的促销活动，顾客将逐渐地被这种有着强烈自主促销意识的超市所吸引。在这些促销活动中，供应商往往成了零售商的配合者，他们围绕零售商的促销主题提供适合自己产品和品牌的促销支持。

供应商提供的促销活动与零售商自己组织的促销活动的巨大区别在于：其一，供应商主动提供的各种促销活动虽然看起来为零售商建立价格形象和提高销量提供了支持，但是问题在于供应商的促销活动在很多情况下是针对所有零售商，或者某些零售业态，或者某个区域内的零售商的，那么对于某一家超市来说，无法通过这些促销活动使自己与其他竞争对手区别出来。因此，不管是家乐福还是沃尔玛，他们热切地鼓动供应商为他们提供单独的促销活动是有道理的，虽然零售商能得到供应商单独的促销支持并不是一件容易的事情，毕竟供应商还需要平衡各个零售商之间的关系，除非某个零售商在某个区域市场占有绝对的竞争优势。其二，由供应商发起的促销活动大多是与供应商自己的营销计划、品牌策略和竞争策略等相关，他们的促销活动有可能与零售商的各个分类的定位和经营策略有冲突。比如，在牙膏分类中，某个供应商提供的促销形式是为了提升其品牌形象，另外一个供应商提供的促销是对其新品上市的展示，而第三个供应商是为了提升其短期内的销量，第四个供应商的促销则是为了打击与自己最接近的竞争对手等等。但是，在某个时期内，顾客对这个分类的需求特征又是什么呢？零售商对这个分类的定位和经营策略是什么呢？以上例子中的几个促销活动，哪些能吻合顾客对分类的需求特征，或者更加符合零售商的分类定位和经营策略呢？很显然，零售商更多参与并主动安排促销计划和策划促销活动是非常必要的，也就是说建立以零售商为主导的促销管理对零售商获得竞争优势非常重要。

在促销管理中以分类为平台，其实就是考虑到了顾客的需求。促销是构成零售商价格形象非常重要的一个手段，但是作为例外，对于执行"天天低价"政策的零售商来说，它并不是主要的运营内容。因此与建立价格形象一样，零售商对于促销的管理同样是以分类为核心的，尽管对于供应商来说，他们的关注焦点在于某个品牌或者产品的促销。对于不同的分类，零售商会有不同的促销计划，不同的促销目标，不同的促销形式等。这不仅是受到顾客对不同分类有不同的要求，以及各个分类的行业特征的影响，实际上零售商对每个分类的定位、商品结构设计和经营策略对促销都有很大的指导作用，虽然促销中的商品是由供应商提供的，而且大部分的促销活动也是由供应商提供支持的。促销活动的组织必须遵从零售商对各个分类的定位和经营策略，而不能一味听从于供应商提供的促销。比如，应该对目定性分类提供更多促销活动的机会，零售商必须给予他们更多的促销资源，而对于基础性分类来说，零售商可以尽量减少其促销活动，而将促销机会更多留给部门中的目的性分类。又比如，如果零售商对某个分类的经营策略是促进其销量，那么侧重于选择能促进销量的促销活动是适合的，而供应商提供的提高其品牌形象的促销在这个分类中可能是不被支持的。如果零售商对另外一个分类的经营策略是提升毛利率，那么零售商以大幅度降价为主的促销活动就不是很合适了。

在一年不间断的促销活动组织中，零售商真正能把握的因素其实并不多，但是这些不多的因素却逐渐成为促销中的最关键因素。很显然，各个分类的促销需要其实并不是由零售商制定出来的，它们是各个分类依据季节性的不同客观存在的。零售商绝不会在夏天大搞"火锅节"，也不会在寒冷的冬季搞冰淇淋促销，当然在春暖花开的季节，零售商更不会做棉被的促销活动，当然这之中不包括那些反季节的清仓促销活动。零售商所能做到的只是按照各个分类的季节性合理安排促销计划，并更及时地选择相关商品，设法以更低的价格开展促销活动。但即便是按照客观存在的季节性规律制定各个分类的促销计划也并不是每个零售商都能做好的，尤其是很多国内零售商。分类的特征不同，也决定了适合每个分类的促销形式不同，比如饮料更适合赠饮的促销形式，一般的食品更适合品尝的形式，袜子更适合大包装的促销形式等等。因此，每个分类的促销形式也并不是由零售商所决定的，甚至供应商比零售商更加了解各个分类适合的促销形式，因为他们更加了解消费者的需求特征。零售商所能做的只是通过日常的经营实践积累，以及向供应商学习摸索出各个分类适合的促销形式并不断创新，当然这只是一些优秀的零售商才能做好的。毫无疑问，促销的主体是分类中的商品，而这些商品和品牌无疑是供应商提供的，虽然零售商总是在自己强势的地位下给供应商施加压力，但是每个商品的促销价格和支持的形式自然还要更多的依赖供应商的态度。

那么，零售商在促销组织中具有哪些资源呢？卖场的促销气氛营造和促销位置是零售商所拥有的两个巨大的促销资源，而且零售商对这两个促销资源有绝对的控制权。正是这两个促销资源，使零售商获得了为自己争夺顾客和获得更高利润的力量。

实际上，一开始供应商就更加注重和善于营造促销气氛，顾客会被更有冲击力的促销气氛所吸引，不过现在很多零售商也逐渐了解促销气氛对刺激顾客购买欲望的重要性。比如家乐福的每家门店都有一个美工部门，他们专门负责整个门店的购物气氛装饰，以及日常促销活动和一些大型主题促销活动的装饰。很多优秀的零售商也认识到商品本身就是最好的装饰，就如特易购的创始人杰克·科恩所说的，"商品堆得越高，销量就越大"。如图9-8和图9-9所示，大量的电风扇和皮鞋集中在一起陈列，给了顾客更强烈的冲击感，在这种视觉刺激下顾客会认为这些电风扇和皮鞋必定是低价商品。虽然在图9-9中堆放的皮鞋，有时会给顾客留下低档品的印象，但是它仍然会吸引一部分顾客去购买。因此，零售商应该充分利用营造卖场中促销气氛的机会，使自己的促销活动能更多打动顾客，从而促进销量，并赢得顾客认知的低价形象。

卖场中的促销位置无疑是决定促销结果的关键因素之一，促销位置指的就是促销台、地堆、季节区和收银台旁边等等可以集中陈列商品的位置。卖场中促销位置的控制权完全掌握在零售商手中，有时零售商甚至像

图9-8 电扇促销

图 9-9　皮鞋促销

拍卖一样将促销位置高价销售给供应商，因为它们越来越成为供应商竞相
争夺的一种稀缺资源。卖场中促销位置的安排至关重要，因为促销位置的
安排直接影响着促销的效果，促销所带来的营业额占零售商总体营业额的
比例越来越大，因此促销效果会对零售商的营业额和利润带来很大的影
响。对促销位置的管理并不是一件容易的事，它需要零售商具有更加细致
的经营管理能力。

　　首先，零售商要考虑如何将卖场中的所有促销位置安排到各个分类中
去，在各个时段内给每个分类安排多少个促销位置对零售商来说是有很大
不同的。这是因为，第一，各个分类中的促销位置的多少以及这些促销位
置所在的卖场方位影响到了顾客对超市价格的认知。如果零售商给了高毛
利率的分类更多的促销位置或者在卖场中更好的方位，那么顾客很容易认

为这家超市销售的商品价格偏高。第二个原因是，零售商如何安排各个分类的促销位置对自己的利润获得有很大的影响。如果零售商给了低毛利率的分类更多的促销位置，或者更好的卖场方位，那么虽然促进了顾客的购买量并建立了良好的价格形象，但是，如果增加的营业额更多的来自于低毛利率的分类，那么很可能导致零售商的总体利润降低，甚至出现整体亏损的情况。因此，零售商安排各个分类促销位置的多少，以及在卖场中的具体方位会直接影响顾客对超市的价格认知，以及零售商的营业额和毛利的获得。由于各个分类的季节性不同，所以，卖场中每个分类的位置多少和具体方位的安排要遵循季节性规律，针对整个卖场的促销位置安排零售商必须有明确细致的计划。比如，当夏天来临时，零售商应该给饮料部门留出更多的促销位置，而削减火锅食品等分类的促销位置，增加凉席等分类的促销位置，而减少棉被等分类的促销位置等，而且零售商应该考虑将凉席分类的促销位置放在卖场中非食品区最好的位置，因为它是整个超市非食品部门中的重点季节性分类，同样将饮料分类的促销位置也要放在食品部门中最好的促销位置，因为它们是食品部门中最重要的季节性分类。

其次，不同的门店对每个分类的促销位置甚至也要有不同的安排，因为每家门店周边商圈的顾客不同，那么他们对各个分类的需求也是不同的。如果门店周边的学校很多，那么零售商应该留给学生文具用品、书和休闲食品等分类更多的促销位置，而减少各种酒分类和蔬菜、鱼等分类的促销位置，同时给予学生文具用品、书和休闲食品等分类更好的卖场方位。如果门店周边的普通居民较多，那么学生文具用品、书和休闲食品分类的促销位置不能很多，而油盐酱醋和酒等分类的促销位置应该留得更多，而且给予它们在卖场中更好的方位。这正是家乐福将促销位置的谈判权交给各个门店经理的主要原因之一，因为只有各个门店的营运经理才最了解自己门店周边的顾客，也才能灵活安排促销位置以更好地满足顾客需求，这给家乐福的促销带来了更大的适应性，从而使其促销效果更好，能给顾客留下更加深刻的低价形象。

再次，零售商在考虑分类中的商品促销组织时，应该更多考虑商品降价的折让幅度，而不是地堆等的费用。很多的零售商往往走入了歧途，一味向供应商索要促销位置费用。虽然更高的促销费用为零售商提供了更多的毛利，但却容易导致零售商的经理们并不十分关心促销的实际效果，因为他们已经拿到了一笔不菲的促销费用。其实这也是他们对促销组织缺乏能力和信心的表现，因为他们无法保证是否能从每次促销活动的营业额提升中获得更高的毛利。同时，供应商在巨大的促销费用压力下，无法在商品促销价格上给予更多的让利，最终导致促销价格没有冲击力，而使促销效果大打折扣。这无疑是一个导致双输的恶性循环，供应商不仅损失了促销费用而且没有达到预期的促销销售目标，而零售商虽然看似从促销费用上获得了很多利润，但是由于缺乏商品的销售毛利，因而其总体毛利不一定就能得到提升。更为可怕的是，促销活动的失利不仅仅使零售商的营业额受到损失，而且这是以失去顾客心中良好的价格形象为代价的。也就是说，零售商过于关注向供应商索要地堆等的促销费用，而忽略了对促销活动本身的策划和管理，长期如此，势必带来顾客的不满和价格形象的丧失。

如表 9－1 所示，零售商在促销方案 A 中，减少了向供应商索要 TG 费用的项目，而努力争取更低的促销供价，那么就容易获得更低的零售价，从而促成顾客的购买，并最终促进销量；而在促销方案 B 中，零售商向供应商索要的费用很高，但是如果零售商希望获得与方案 A 同样的零售价，那么他们的商品毛利率就会降低，因为供应商不可能既向零售商提供很高的促销费用，又提供大幅度的促销价格折扣。在这种情况下，促销方案 A 有可能获得比促销方案 B 更高的毛利金额。而且，供应商在付出更少的 TG 费用的前提下，可以多提供几次促销，这样做至少对零售商是更为有利的。如果进一步深入思考，零售商完全可以自己配合供应商也做一些价格的折扣，那么通过供零双方的努力获得的更低的促销价格，无疑会使促销活动更容易获得成功，那么零售商就可以在不损失利润的前提下，建立起良好的价格形象。零售商强大的促销组织和策划能力才是获得这种良性促销的基础，而不仅仅是对 DM 的设计和促销商品的选择等，其实强烈而卓越的经营思想仍是建立强大促销管理能力的重要途径。

表 9 - 1　　　　　　　　　　　　不同的促销方案

方案 A	方案 B
TG 费：1000	TG 费：3000
零售商的产品毛利：5%	零售商的产品毛利：1%
零售商的后台毛利：8%	零售商的后台毛利：8%
促销销售额：60000	促销销售额：60000
零售商的总收益：8800	零售商的总收益：8400

　　最后，在促销活动的管理中，促销后的效果评估也是很重要的。促销的评估不仅是考核促销带来的营业额和人气，还要尽量从经营的角度看促销效果，也就是说还要评估促销给零售商带来的利润贡献。在对促销的评估中，要重视毛利和营业额的平衡，其中有两个指标需要同时考虑：第一，在促销结束后，分类或者部门的总毛利额和毛利率；第二，促销商品的销售占部门总销售的百分比。促销商品的销售占部门的百分比越大，说明此次促销活动越成功。很显然，如果促销的销售占比太大，很容易导致分类或者部门的毛利过低，因为过低的促销毛利率或者过于频繁的促销，必然使零售商的分类毛利或者部门毛利受到损失。当然，从另外一个角度来看，如果促销的销售占比过低，那么说明促销的效果不理想，这就容易导致分类或者部门的营业额下降。

　　在分类的促销活动中，对新品的促销和分类之间的关联促销也是非常重要的，新品的促销能使零售商在获得高毛利的情况下得到额外的营业额，而且还能给顾客带来时尚的感觉。分类之间的关联性促销将是一个既能吸引顾客，同时又不损害供应商利益的好办法，它将会逐渐成为现有促销形式中一种更重要的形式，比如家乐福的纺织品自有品牌与宝洁的洗衣粉之间的联合促销就是一个很好的例子。

布局和陈列的设计和管理、分类的价格政策制定和管理，以及分类的促销计划和管理，构成了零售商日常经营管理中的主体。需要引起注意的是，这些日常的经营管理工作始终是建立在分类管理的基础上的，也就是说，零售商应该更多站在分类的角度来考虑布局和陈列、定价和促销等；而不能简单沿袭以商品或者供应商的角度从事经营管理。零售商在日常经营中，从经营的角度而不仅仅是从管理的角度，考虑布局和陈列、定价和促销等问题，使其真正具有了卓越的经营思想和商业思维。对于零售商的日常经营，供应商也发挥着重要的作用，那么，供应商又是如何考虑这些日常管理因素的呢？

二　供应商在分类管理支撑下的战术合作

陈列、定价、促销和订货是供应商在与零售商日常的合作中最重要的几个组成部分，不过，也是供应商们最头痛的和对零售商有更多抱怨的焦点。正如我在《供零战略》一书中曾讨论过的：零售商在供零合作中获得的强势地位，最直接的体现是在他们获得了对产品组合、定价、促销和陈列等营销因素的控制权后，开始按照自己的思维方式和利益方向使用这些营销因素，这使得供应商原本驾轻就熟的营销手段在零售商那里开始变得失去效果了。实际上，正如本书关于供零合作模式的核心观点，如果供应商利用分类管理的方法更多地站在分类的框架下考虑产品、陈列、定价和促销等问题，就会逐渐明白到底零售商是怎么想的，他们为什么这么做，那么就会给供应商在供零双方合作中带来新的突破。

比如，当供应商站在分类的框架下评估自己的产品在零售商那里的货架空间时，便可以清楚了解自己产品的陈列情况，并有利于与零售商进一步沟通。如果供应商的某个产品在分类中的销量排名第一，那么如果零售商给了这个产品第二位的陈列空间，供应商就会知道这是不合理的陈列，可以考虑与零售商商议将这个产品的货架空间调整到第一位。又比如，当供应商发现零售商分类中的价格带的一个价格空隙时，就可以开发针对于这个价格的产品，而且实际上经营管理经验丰富的零售商也会提出同样的要求。比如沃尔玛在与供应商的谈判内容中就有一项是希望供应商开发他们指定价格的产品，显然这个指定的价格就是分类中没有商品提供的空白价格点。再举一例，如果供应商发现零售商没有给旺季内的分类留出更多的促销位置，那么供应商可以提醒零售商这会使他们损失很多销量，甚至会导致顾客的不满，那么当零售商增加了这些分类的促销位置后，供应商也能有更多的促销位置选择了。当然，供应商通过实施 JBP（联合商业计划）和定期的商业回顾等形式与零售商进行多层次的定期接触，可以使供应商有机会与零售商认真讨论日常的经营中，在陈列、定价和促销等方面出现的问题。这是供应商从管理方面试图建立与零售商良好的日常经营合作关系的努力，是供应商从经营角度解决与零售商日常合作中的问题的有力补充。

第一，供应商的产品和品牌在卖场集中陈列的时代已经过去了，零售商现在普遍按照商品分类进行布局和陈列设计，这给供应商的货架管理带来了更大的难度。首先，在这种变化的过程中，供应商在对零售商的货架管理中容易忽略一个关键性的问题，即商品所在的分类在卖场中的陈列位置，也就是某个分类的左右应该与哪些分类陈列在一起。虽然看起来这是零售商的专业管理内容，不需要供应商多做考虑，但是事实并不是这样的。一个代表着新分类的新产品的进店过程可以使我们看得更加清楚。假设供应商开发了一个新品，就比如是前面多次提到的龟苓膏产品，当龟苓膏作为一个新产品被首次引入超市渠道时，实际上它构成了一个新的分类。那么供应商需要考虑龟苓膏到底应该放在哪些分类的附近，这些考虑是基于供应商对消费者购买龟苓膏时的购买行为的理解而进行的。如果供应商确定顾客在购买龟苓膏时，更习惯于在豆制品和盆菜分类附近购买，那么供应商应该在进店时将龟苓膏的这一陈列建议告诉零售商。

零售商是乐意接受供应商的建议的，因为零售商对于新的分类几乎没有任何认识和理解，他们更无法了解顾客对这个分类的认识，毕竟这个分类还没有在店里进行销售。如果供应商没有对龟苓膏应该陈列于哪些分类附近有清醒的认识，或者没有给零售商以指导，那么零售商很可能将龟苓膏陈列于罐头分类的附近，而这种情况恰恰是现实。又如，某个供应商开发了一种介于果汁饮料和豆奶之间的新饮料，那么供应商应该考虑这种饮料是放在果汁饮料分类的旁边，还是放在豆奶分类的旁边呢？当然，这种决策确实是要考虑顾客在购买这种饮料时，他们认为它的功能和使用方式等更接近于果汁饮料还是豆奶，这将是决定其陈列位置的唯一因素。对于一个代表了新分类的产品来说，考虑其陈列位置是至关重要的，这会很大地影响到新品乃至它代表的这个分类在未来的经营绩效及发展。因为当顾客在他认为这个新品应该在的地方找不到它时，那么这个新品和新分类的销量将会受到很大的影响。

即便是那些已经存在于零售商货架上的分类，供应商也要对分类的陈列位置有清醒的认识，毕竟还有很多零售商的分类管理水平和货架管理水平不是很高。因此这很可能会导致他们在供应商相关的分类上存在布局问题，那么供应商应该给这些零售商提供更加专业的货架陈列建议，使其各个分类的陈列符合顾客的购物习惯，毫无疑问，这是对供零双方都能带来好处的合作方式。对于供应商来说，要想不断给零售商提出更加准确的陈列建议，不仅要对顾客的购买习惯加以研究，还要具备一定的分类管理思想和方法。因为分类陈列位置的确定必须建立在研究更多的分类之间的关系上，才能最终获得更加正确的结论，孤立地研究一个分类收效不大。比如，如果确定龟苓膏分类的陈列位置，供应商和零售商不仅要研究顾客购买龟苓膏时的购买习惯，还要判断并分析顾客对与之相关的分类的购买习惯和特征，那么他们可能要研究罐头、豆制品、奶酪、盆菜等分类。

其次，供应商必须注意零售商对相关分类的陈列原则，尤其是分类中的纵向陈列原则，它代表了顾客购买这个分类的商品时第一考虑的选择因素。而且，这不仅仅是零售商自己的事情，供应商必须将对陈列原则的定期评估加入到日常的陈列管理中去，而不仅仅是市场生动化、缺货、陈列空间和排面位置等的检查，尤其是分类中的领导供应商应该更加重视。即便供应商在与零售商合作的"品类管理"项目中包含了对相关分类陈列原则的分析，但是由于顾客购买习惯的变动性，以及零售商覆盖区域的不断扩大，要求对陈列原则的评估更加频繁，因此我们在"分类管理"的供零合作模式中，也还是更加强调供应商和零售商各自在日常工作中对分类原则进行定期的评估，并互相交换陈列原则的想法。实际上，供应商在对分类的陈列原则的认识上还有一个更大的优势，很多分类中的领导供应商将产品分销到全国，他们在与国内各种各样的零售商合作，那么他们更加容易归纳优秀零售商的陈列原则，并借此向其他零售商提供建议，这一般是零售商自己做不到的。显然，分类的陈列原则错误将会导致零售商分类的销量下降，以及顾客在购物中的不满意，这对零售商的影响无疑是很大的，这也同样影响到了供应商的利益，尤其是在某个分类有着明显的替代性分类时。如果零售商果汁分类的陈列原则无法适应顾客的购买习惯，使顾客总是难以方便找到自己希望购买的商品，顾客就很可能转而更多地购买水饮料、茶饮料或者碳酸饮料分类中的商品，那么这将影响到果汁饮料中所有供应商的利益。当然，如果是这种情况，零售商的利益可能没有受到损失，毕竟顾客购买了超市中其他分类里的饮料。但是当顾客在各个分类中总是找不到自己想要购买的商品转而去其他超市购物时，将会对零售商带来严重的冲击。

再次，对于产品的陈列空间和陈列位置的管理，供应商还应该更多从经营的角度来考虑，而不仅仅是营销的角度，因为它们直接影响了供应商以及零售商的销售和毛利。也就是说，供应商应该更多考虑由于陈列空间和陈列位置的变化，而导致的每个产品销量的变化，以及其为供应商和零售商提供的毛利变化。比如，当供应商看到自己某个产品的销量排名在分类中是第一位时，那么此时供应商需要评估这个产品在分类中的陈列空间是否也是排在第一位的。如果产品实际的陈列空间并不是第一，那么供应商应该拿着数据去找零售商讨论这个问题，这无疑会使产品的供应出现问题，也就是说这种情况必然会造成这个产品的缺货增加，从而损失销量，而且也会使某些销量不好的产品由于占据货架空间过大而导致库存太大，当然最后又影响到了零售商的毛利。如果这些低销量的产品属于同一家供应商，那么供应商更加应该提醒零售商调整这些产品的货架空间，从而避免将来低销量产品的退货给自己带来损失。

最后，对于产品的陈列位置管理，供应商必须从给零售商提供的毛利率的角度来考虑，供应商当然知道自己的所有产品给零售商提供的毛利贡献是多少。比如说这样一种情况，当供应商给零售商提供了更高的后台费用时，无疑会使供应商的所有产品给零售商提供的总毛利率很高，那么供应商完全有理由提醒零售商，应该给他们的产品提供比分类中的竞争对手更好的陈列位置，因为这样做会帮助零售商提高毛利，当然，更好的陈列位置对供应商的销量提升也有巨大的帮助。但是可惜的是，很多供应商给了零售商更多的合同费用，却根本没有将这些费用利用起来，而且即便零售商非常清楚其中的道理，在其商人角色的驱动下，当这家供应商没有向他们提出陈列位置要求时，零售商有可能会继续向分类中的供应商索要陈列费用。因此，供应商应该定期跟踪自己的产品在货架上的陈列位置，如果给零售商提供高毛利率的产品的陈列位置变得很差，那么供应商就应该尽快找零售商开会讨论，将它们调整到分类货架上更好的位置，而不用担心不会受到零售商的支持，因为这些建议是在帮助零售商提升毛利。

在不知道分类的数据时，至少供应商可以在自己的所有产品中提醒零售商为其中高毛利的产品给予更好的位置，而低毛利的产品应放到稍差的位置。而且，这样做对供应商也有一定的好处，高毛利率的产品往往是供应商的新品，或者是处于成长期的产品，那么给予这些产品更好的陈列位置是供应商所希望的，因为这些产品往往也会给供应商带来更高的毛利率。在供应商的所有产品中，给零售商带来低毛利率的产品往往也会给供应商带来低毛利率。从产品的生命周期来看，它们一般处于成熟期，在激烈的市场竞争以及零售商强势的情况下，供应商很难在这些产品上保持比零售商更高的毛利率，那么供应商也希望将资源更多投向高毛利率的产品，此时供零双方的利益是趋于一致的。

第二，当我们从分类的角度考虑价格管理时，分类的价格敏感度是供应商需要考虑的一个关键因素，而它也往往是被供应商所忽略的内容。尤其是当供应商的产品跨越多个分类时，对每个分类的价格敏感度进行评估是非常有必要的。价格敏感度的评估方法就如前面提及零售商应用的"购买频率－顾客总花费"的评估工具，其实从这点来看，更加验证了供零双方使用同样的经营管理思想和方法的观点。假如某供应商的产品跨越了洗衣粉和洗面奶两个分类，如果供应商利用"购买频率－顾客总花费"工具①判断出，顾客对洗衣粉分类有更高的价格敏感性，而对洗面奶分类的价格敏感程度较低，那么供应商在定价时，就要考虑在洗衣粉分类中只能保留更低的平均毛利率，当然零售商也将不得不在这个分类中保留很低的毛利率。因此如果零售商在洗衣粉分类中要求更高的商品毛利率和退佣等与产品相关联的费用是不合理的，而供应商提醒零售商在这个分类中更多地举行各种促销活动而不断促进销量的提升是更加明智的。而在洗面奶分类中，供应商完全可以考虑保留更高的毛利率，当然零售商也可以保留更高的毛利率，那么供应商完全可以在这个分类中给零售商提供更高一些的供价。当然出于对分类整体零售价进行保护的考虑，供应商应该尽量给零售商留出更多的商品毛利而减少后台毛利，否则零售商在高后台毛利的诱惑下，很容易为了促进销量而快速降低零售价，这样容易使供应商的毛利空间被压缩得太快。

从零售价的管理角度来看，供应商应该对不同价格敏感度的分类给予

① 当然为了解释的方便，我们选择了非常明显的两个分类，看起来即使不用这个工具分析，依靠经验同样能得出结论，但是实际上在很多分类中，凭借经验确实难以得出更加准确的结论。

不同的管理重点。比如在前面提到的洗衣粉和洗面奶分类中，供应商对零售价的管理重点应该放在洗衣粉分类中，因为零售商更容易在这些分类中进行价格战，所以供应商的销售人员在拜访零售商的门店时，应给予更多的时间来关注洗衣粉分类的价格问题，而在合同谈判中，也要特别关注洗衣粉分类中的零售价格控制问题，甚至有些供应商通过给予零售商一定折扣的方式来获得零售价格的稳定。由于洗面奶分类的价格敏感程度低，因此对此分类的零售价格控制并不一定是供应商的管理重点，那么供应商的销售人员在拜访零售商的门店时，也许要更加关注产品的陈列和促销情况，当然在合同谈判中，也不应将价格作为谈判中的重点。此外，供应商还可以区别管理不同产品的零售价格，从而使零售价格控制更加有效。在供应商的所有产品中，有些产品有更高的价格敏感度，那么这些产品往往是零售商进行价格战的目标商品，因此它们就应当是供应商控制零售价格的重点产品。实际上供应商只要做出一个表格就很容易实现对价格的重点管理了，当然这也是我在《推动管理》中反复提及的观点。供应商根据顾客的调查、营销经验，以及与零售商的沟通，很容易确定自己在各个分类中产品的敏感度，从而可以汇总出一张敏感产品清单，如表 9 - 2 所示（这是敏感产品价格检查清单的一部分）。那么当供应商在各地的销售人员拿着这张清单拜访零售商的门店时，就可以有目的地去检查零售商的产品价格了，这无疑提高了工作的效率并可获得更好的效果。

第三，在供应商的促销管理中，分类定位是一个需要考虑的重要因素，因为零售商对不同定位的分类有明显不同的促销策略。比如在目定性分类中，零售商为了建立自己在市场上的差异性，非常支持供应商在这些分类中提供更多的促销活动，特别是有新意的促销活动。而在基础性分类中，零售商并不希望供应商提供更多的促销，零售商只是希望在这些分类中为顾客提供一些最基本的需求就可以了。因此，供应商可以为目的性分类中的产品提供更多的促销给零售商，并不断开发更多有新意和联合的促销活动，这无疑会受到零售商的欢迎；而对于基础性分类中的产品，供应

表 9 - 2　　　　　　　　　　　　敏感产品价格检查

| 分类 | 产品 | 规格 | 最低承受售价 | 建议售价 | 家乐福 | | | |
					武宁店	古北店	宝山店	金桥店
分类 1								
	产品 1	500ml	1	1.2	1.2	1.3	0.9	1.3
	产品 2							
分类 2								
	产品 3							
分类 3								
	产品 4							

商并不需要提供大量的促销活动。其实，这样的促销安排不仅更容易得到零售商的支持，而且使供应商集中了自己的促销资源，从而更加有利于提升销量和利润。

此外，供应商建立在分类层次上的年度促销计划也是非常必要的。当供应商的产品跨越了几个分类后，由于每个分类的季节性有很大的不同，那么各个分类的重点促销时期就会有所不同，因此，供应商有必要更加细致地协调各个分类之间的促销，从而使供应商的促销资源能发挥更大的作用。比如某个供应商的产品跨越了笔、办公文具和画材等分类，那么从分类的季节性来看，笔和画材两个分类与学校的假期有很大的关系，他们的促销活动应该主要集中在暑假和寒假两个假期；而办公文具与学校的假期几乎没有任何关系，那么它的促销时期可能没有明显的季节性，也许在年初会有稍微高一些的销量，那么这个分类的促销可以平均安排到全年中。但是，如果考虑到避免办公文具分类与笔和画材两个分类的冲突，供应商可以考虑在两个学校假期内减少对办公文具分类的促销，甚至不安排办公文具分类的促销，而在两个假期内集中资源做好笔和画材分类的促销。

　　供应商在跨越多个分类时，确实需要一个细致的综合全年各个分类的促销计划，这个计划甚至应该细致到每周，这样才能更好发挥每次促销的价值。对于供应商的促销管理来说，还有一个非常重要的考虑因素，即分类适合的促销形式，而且这并不是零售商所擅长的。由于顾客对每个分类的看法以及各分类的行业特征有很大的不同，因此供应商对于每个分类适合的促销形式的探索和研究需要始终进行，而且这是零售商不容易发现的。零售商们更加关注和擅长的是跨分类的主题促销，而对每个分类的促销形式选择他们没有更多优势。虽然他们可以在日常的促销活动中对分类的促销形式进行总结，但是他们仍然缺乏对分类促销形式的探索。比如到底笔和画材分类适合什么样的促销形式？而办公文具分类又适合什么样的促销形式？在各个分类中，现在所经常应用的促销形式是最适合的吗？等等，类似结论的得出都要基于对分类的购买者和使用者以及行业本身的一些特征的研究基础上。供应商进行分类促销形式的探索，将会有利于供应商达到更好的促销效果，以及建立在分类中的领导者地位。

　　不管怎么说，供应商在与零售商的合作中总是在陈列、定价和促销等方面遇到很多的麻烦和困难。比如，供应商的营销策略总是很难在零售商那里得到贯彻，而且零售商在出现明显错误的时候，也根本不理会供应商提供的正确建议，这给供应商带来了很大的烦恼。不过，如果供应商站在分类的框架下掌握分类管理的思路和方法，就使自己站在了与零售商一样的平台上进行沟通，这不仅使得供应商的建议有了更强的说服力，而且使供应商有了更多的零售商视角。那么，供应商制定的营销策略就更加容易被零售商理解和接受，这不仅仅是知己知彼或者换位思考的问题，它更是一种使供零双方运用同一个经营管理思想——分类管理，并兼顾双方各自利益的全新合作模式，这是解决供零合作的根本途径。在分类的日常经营管理中，我们再一次看到分类管理对供零合作所能发挥的重要作用。

三 供零合作中的焦点和难点

分类的日常经营管理中一些关键营销因素，比如产品组合、定价、促销和陈列等逐渐被零售商所控制。因此，零售商成为这些营销因素的主导者，即便是在分类管理水平很低，或者根本就没有分类管理的情况下，零售商依然按照自己的想法和意愿执行着这些营销因素。而且，不管他们做的是对是错，零售商越来越在自己的控制下通过这些营销因素经营着每个分类。当然，还有些零售商将这些营销因素再次出售给供应商，虽然这时候供应商又重新拥有了对它们的控制权，但那是用金钱换回来的。而且正是因为零售商以分类的角度进行经营管理，使供应商的产品和品牌在零售商那里失去了原有的力量，零售商们经常说，"没有了这个品牌，我还可以在分类中找到其他的品牌"。他们也经常说，"货架是我们的，商品也是我们购买进来的，所有对它们的定价和陈列之类都应该由我们说了算"。因此，供应商确实是在逐渐失去对这些营销因素的控制权，虽然依然是他们的产品和品牌在超市里销售，关于这一点我在《供零战略》一书中有详细的讨论。

因此，供应商在与零售商的日常经营合作中，更好的办法恐怕是要更努力地站在分类的框架下，运用"分类管理"的思想和方法与零售商沟通，并在对分类的定义、分类的经营策略和目标的确定下，与零售商在分类的层次上建立合作。如果供应商还像以前一样，只是对陈列、价格和促销等营销因素与零售商进行战术层面的合作，甚至还停留于维护客情关系的阶段，那么恐怕最终很难达到自己的目的，或者说无法解决目前供应商在供零合作中面临的困境。当然，供应商在应用分类管理与零售商建立合作基础的同时，对 JBP（商业联合计划）、商业回顾和客情关系等手段的综合运用，构成了供零合作大厦中的柱石。

对陈列、定价和促销等的日常经营管理，更加充分体现了供应商和零售商应用同样的经营管理思想和方法是一种最佳的合作方式，而供零双方所使用的经营思路和方法是建立在分类管理的基础上的，供应商应用单纯的营销管理思路和方法已经无法从根本上解决问题了。比如在陈列管理中，零售商依据销量来安排分类中各个商品的陈列空间，不断调整排面大小使每个商品的销量与其陈列空间相符合。有些零售商有着优秀的货架空间管理能力，他们利用 Spaceman 等货架空间管理软件，使货架空间管理原则能体现在日常的经营中。因此，供应商对于自己的产品在这些零售商货架上的陈列可以完全放心，供应商则可以节省出平时管理商品陈列的时间用于其他的合作内容。但是对于缺乏科学的货架空间管理的零售商，供应商则可以应用同样的货架空间管理原则，协助零售商改善货架空间管理，那么传统的"品类管理"模式在这里将会发挥出更大的作用。而且，供应商还可以利用零售商的货架空间管理原则，开发出自己独立应用的工具，评估供应商自己的产品在零售商货架上的陈列情况，并给零售商以建议。比如，一般情况下，零售商是根据每个商品给他们带来的毛利率来安排每个商品的陈列位置的，高毛利率的商品被放到更好的陈列位置，那么供应商就可以根据这个陈列原则开发自己的陈列位置管理工具，如表 9-3 所示。供应商可以评估每个产品给零售商带来的毛利情况，从而提醒零售商调整产品的陈列位置，以使高毛利率的产品放在更好的位置。比如表中

表 9-3　　　　　　　　　陈列管理工具

产品编号	产品名称	后台毛利（%）	商品毛利（%）	零售商总毛利（%）
1		10.00	5.00	15
2		10.00	10.00	20
3		10.00	20.00	30
4		10.00	15.00	25
5		10.00	8.00	18
6		10.00	5.00	15

列出的所有产品中产品 3 给零售商提供的总毛利率最高，那么这个产品至少应该放在供应商所有产品中最好的陈列位置。

又比如前面提到的分类的价格敏感性分析，零售商运用图 9－6 的工具进行分析，其实供应商完全可以用同样的工具进行分类的价格敏感性分析，只不过矩阵中的分类都换成了供应商自己所进入的分类而已。又如表 9－4 中所示，供应商依靠这个工具来分析自己的产品在各个超市中的降价空间，也就是说计算供应商在各个超市能接受的最低零售价，这是因为在很多情况下，供应商给各个超市的供价和后台费用是各不同的。供应商利用这个管理工具可以很清楚地看到各个超市在零售价格上未来可能存在的差异，从而为日常经营管理中能更好地和有目的地控制零售价格差异提供支持。另外，零售商为了建立价格形象，在没有得到供应商促销支持的前提下，有时也会自己主动降价而获得更低的零售价格，那么零售商在确定某个商品的降价幅度时，他们也是利用类似的工具计算某个商品到底卖到多少的价格，才不至于变成负毛利。

表 9－4　　　　　　　　　　　价格管理工具

超市	市场零售价（元）	供价（元）	零售商的商品毛利（%）	后台毛利（%）	零售商的总毛利（%）	零售商的降价空间	零售商的最低零售价
超市 1	9.2	8	13.04	30.00	43.04		
超市 2	9.5	8	15.79	20.00	35.79		
超市 3	9.8	8	18.37	15.00	33.37		
超市 4	10	8	20.00	10.00	30.00		

其实，在促销管理中也是一样，零售商计算自己促销结果的工具，供应商也完全可以利用。如图 9－10 中所示，零售商可以用这个图表分析促销结束后，促销的实际销量与预估销量之间的差异，还可以分析正常销量

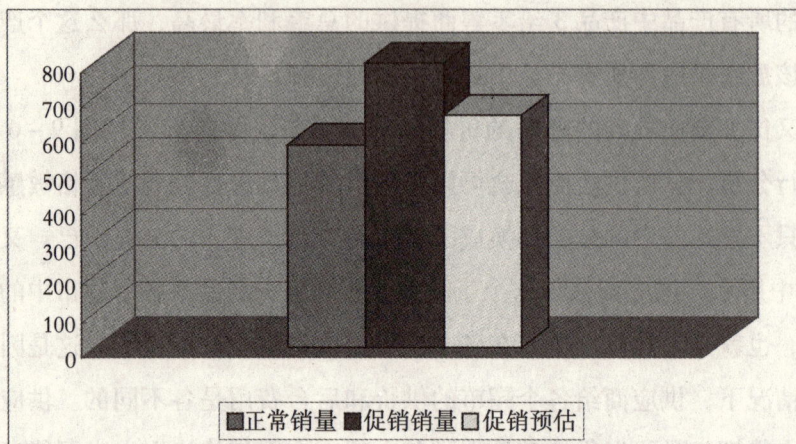

图 9 – 10   促销分析工具

正常供价	正常售价	正常销量	促销供价	促销售价	促销销量	涨幅	促销预估	差异
18.50	19.50	568	15.80	15.90	798	40.49%	650	148

与实际促销销量之间的差异。而供应商完全可以用一样的图表来分析每次促销结束后，促销实际销量和预估销量之间的差异，以及正常销量与促销实际销量之间的差异。实际上，供零双方在分析同样一个内容，即某次促销活动，而这个促销活动是供应商的产品在零售商的卖场中执行的。又比如，在表 9 – 5 中，零售商可以用这个工具来分析某个分类在一年中所有各周的销量变动情况，从而发现各个分类的季节性规律，并可以发现最适合做促销的星期，当然这其中会考虑到根据去年在各个时段所做的促销活动来修正。那么，供应商实际上完全可以用这个工具，计算上一个年度自己在某个分类中所有的产品每周的销量变动情况，从而发现这个分类中的高销量周，为自己的促销计划提供数据依据。

零售商对各种营销因素具有更大的控制权，他们是控制执行这些营销因素的主体，毕竟货架是零售商的企业资产，而决定如何陈列商品是零售商的权力，零售商完全可以不听供应商的营销说教而我行我素。在陈列管

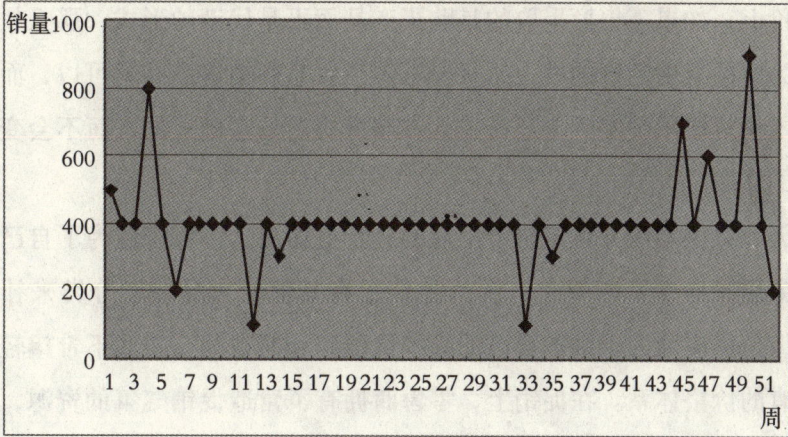

表9-5　销量规律统计表

周	日期区间	销量
1		500
2		400
3		400
4		800
5		400
6		200
7		400
8		400
9		400

理中，供零双方只有在陈列原则和公平陈列原则上能达成更多的一致，因为这两个因素都是为了更好促进商品的销量，如果能销售更多的可口可乐，那么供零双方都得到了销量的提升。而在分类的陈列位置和商品的陈列位置上，供零双方由于存在着很大的利益分歧，所以经常会出现冲突，当零售商将分类中毛利率最高的商品放到最好的位置时，这个产品也许并没有给供应商提供更高的毛利率，所以他们并不想推动这个产品的销售。

在定价上，如果零售商采取的是购买产品而不是代销的形式，那么他们自然有为商品自由定价的权力，只要不出现负毛利销售商品就可以，而供应商的零售价格限制实际上还是建立在双方协商的基础上的，而不会变成供应商的命令。

因此，供零双方在定价上出现的分歧更加突出，零售商为了自己的价格形象而倾向于不断降价，因为他们还有其他的商品或者分类来补充毛利，但是供应商为了维护自己的品牌价值和利润空间，必然不希望轻易打破原有的价格体系。在促销上，零售商拥有了营造促销气氛的资源，尤其最重要的是对促销位置资源控制后，不管供应商希望搞什么形式的促销，他们都必须通过零售商的 TG 台、地堆和海报等促销资源才能有展示的舞台，而且不同的促销位置有着不同的销量，这些更成为零售商手中的有力武器。但是，零售商在促销组织上对供应商仍然有很大的依赖性，毕竟促销的产品和折扣，以及其他各种促销支持是要依靠供应商来提供的。

虽然如此，但是在供零双方的日常合作中，供应商在这些营销因素中还是有着很多零售商所不具备的优势和资源的。首先，在陈列方面，供应商对消费者的理解是零售商无法企及的。供应商比零售商更加了解消费者对各个相邻分类的购买联想，以及消费者在购买分类中的商品时的选择习惯，这对零售商的分类布局设计、陈列原则设计有着重要的指导意义。比如，供应商比零售商更加了解，消费者对牛奶分类与豆浆、奶酪和面包等分类之间关系的看法，以及消费者在购买洗发水时最关心什么，等诸如此类的问题，那么消费者的这些看法将是零售商安排分类的布局和陈列原则设计的重要依据。其次在定价方面，零售商有了更大的空间，这往往也是双方争执最大的焦点，不过品牌价值和产品的供价无疑是供应商通过消费者而获得的市场力量，这会给零售商以很大的支持和制约。品牌价值为零售商提供了满足不同顾客群体的机会，同时也制约了零售商无节制的降价，至少零售商不能将高价值品牌的价格定得低于提供低价值的品牌。而供应商给零售商的供价，包括供应商为了提升分类的利润空间而对产品进行革新后重新给出的定价，都是供应商主动控制价格的机会。再次，在促销方面，供应商其实比零售商拥有更多的资源，供应商更加了解在各个分类中消费者喜欢的促销形式，以及每个分类销售中的季节性变化，而这是零售商无法预先知道的。其实各个分类中最佳的促销形式往往都是由供应商开发出来，并被零售商采用和推广的，甚至很多货架上创新的促销形式也是由供应商开发出来的。当看到可口可乐将自己的宣传POP贴到易初莲花超市的顾客扶梯上时，我们能体会到供应商对促销形式的不断创新和追求。最后，我们必须清楚，供应商在陈列、定价和促销方面具有的优势和资源，不能只当作是制衡零售商的工具，更为重要的是应当将其当作与零售商建立更紧密合作的基础。

总之，供零双方在日常的经营管理中出现的冲突是最多的，尤其是在陈列、定价和促销等几个方面，当然供应商往往是合作中的受伤者。如果单纯从营销的角度很难彻底解决供零双方的冲突，而建立在分类管理基础上的合作，则能使零售商和供应商获得同样的经营管理思路和方法，那么双方更容易在日常的合作中达成共识和默契。分类管理对供应商来说是一个全新的领域，因此也给供应商对分类管理的理解和应用带来了很大的难度，但是供应商必须尽快建立企业的分类管理能力。因为站在分类的框架下，供应商和零售商就可以在陈列、定价和促销的各个环节中利用同样的管理工具，那么供零双方就更加容易在日常合作中的各个环节上获得一致的结论。这将为零售商和供应商提供彻底解决双方冲突的最佳方法。

小结

分类的日常经营管理

- **零售商应该在分类的框架下进行日常经营**

  零售商在陈列、定价和促销等日常经营环节中，应该抛弃以供应商和品牌为核心的管理视角，而代之以分类的角度。这将帮助零售商将日常经营关注的焦点放在顾客身上。

- **零售商应更多从经营的角度考虑陈列问题**

  货架空间是零售商的核心资源，只有更多从经营的角度而不是从管理的角度去考虑陈列问题，才能保证零售商的利润目标实现。

- **分类和商品的价格敏感性是价格管理中的重点**

  零售商必须定期分析分类和商品的价格敏感性，从而针对不同的价格敏感性分类和商品制定不同的价格政策。这将为零售商保持价格形象与毛利之间的平衡奠定基础。

- **零售商应该改变依赖供应商提供促销的分散促销形式**

  零售商应该彻底改变依赖供应商提供促销活动的分散促销形式，而更加主动地推出各种主题和跨分类、跨部门的促销活动。这样的促销活动才能帮助零售商真正吸引顾客。

- **供应商也应该更多站在分类的视角进行日常的经营**

  在陈列、定价和促销等日常经营活动中，供应商只有站在分类的视角而不仅仅是营销的角度，才能更加清楚零售商的想法和做法，从而真正获得营销突破。

- **运用分类管理是供零双方彻底解决冲突的最佳途径**

在分类的日常管理中，零售商和供应商站在分类的框架下，运用分类管理的思路和方法，才能在双方发挥各自的资源和优势的前提下紧密合作。

- **在日常经营中，供零双方有可能运用同样的管理工具**

在分类的日常管理中，零售商和供应商完全有可能在陈列、定价和促销等各个环节中，应用同样的管理工具，从而使双方更多达成共识和默契。

第十章

分类的经营绩效评估

"世界上没有常胜将军，在零售业，我们的目标并不是取胜，而是使全部商品销售都能达到指定的利润额。"大卫·格林说道。

一　零售商从分类的角度评估经营绩效

零售商在进行经营绩效评估时，更容易想到的是对商品和供应商的绩效评估，但是，其中存在着一个容易被忽视的问题。零售商对于商品和供应商的评估是非常必要的，但是对它们的评估重点却并不在经营的角度上，或者说不是在利润的贡献上，而是在营运的绩效上。比如，零售商更加侧重于评估商品的订货参数、库存、缺货、价格、促销、陈列、周转天数等，这些营运指标保证了每个商品有足够的库存而不缺货，并一直保持合理的陈列空间和陈列位置，并在合理的价格上进行销售。因此，对商品营运绩效的评估直接影响着每个商品最终的经营绩效。同样，零售商对供应商的营运表现进行评估也是非常必要的，每个供应商的订货参数、缺货、陈列、产品、陈列、周转天数等也直接影响了零售商的最终经营绩效。而且，在年度谈判之前，对每个供应商从经营的角度进行评估也是必要的，通过评估每个供应商为零售商提供的毛利贡献和营业额贡献，从而确定对每家供应商未来一年的合作策略。

比如，零售商发现某供应商没有完成预估的毛利指标，那么零售商需要确定明年的合作方向将是重点督促供应商完成利润指标，当然零售商需要将供应商策略转化为战术手段，那么他们会要求供应商提高后台费用，或者在未来一年的销售中提供更多的低价折扣促销等，使零售商在毛利率不降低的情况下，通过提高营业额而增长利润。如果供应商发现一家供应商营业额指标没有完成，那么零售商当然希望他们能在明年的合作中提高销售表现，零售商也许会要求供应商增加促销次数，优化产品组合，保留畅销产品并引入新品，而清除低销量的产品等。但是，零售商对商品和供应商的绩效评估，不能替代对分类的评估，非常可惜的是，很多零售商缺乏对分类经营绩效评估的能力和重视程度不够，甚至很多零售商根本就没有对分类的经营绩效进行评估的工作内容。

事实上，零售商只有从分类的角度评估经营绩效才更有意义，虽然零售商的经营结果也是由每个商品的绩效和每个供应商的绩效组成的，但是，如果从它们的角度评估零售商的经营绩效，会给零售商带来一些致命的影响。首先，零售商无法评估众多商品的经营绩效。一家大卖场存在着2万个以上的商品，即便一家便利店一般也会有上千个商品。经营绩效的评估至少是要具体到每家门店的，因为零售商是依靠每家门店的赢利而获得整体赢利的。因此，零售商评估每个单品在每家门店的经营绩效有非常大的操作难度，更不用说进行每日、每月的评估了。而且，每个商品的销售和毛利是受到很多因素影响的，不仅受到商品在店里的营运表现影响，比如即便某个商品没有一次缺货，货架空间也不少，但是它仍然可能是分类中销量最差的商品之一。实际上，商品的经营绩效会更多地受到供应商的营销活动的影响，比如某个商品的品牌价值、价格定位、口味和功能、包装，以及供应商为某个产品提供的促销支持的多少等等。而这些供应商营销因素并不是零售商所能控制的，因此，零售商也没有必要去评估每个商品给自己带来的经营结果。但是，每个商品的物流绩效、库存周转天数等，零售商是可以控制的，因此零售商对每个商品进行营运绩效评估是合理的。

其次，零售商从供应商的角度评估经营绩效也存在着一定的风险。这种风险来自于供应商经营结果的不确定性，就如沃尔玛那样在合同中确定了每家供应商给自己带来的 GMOII（从存货投资上获得的毛利），本来这是一个很好的零售经营模式，但是，这样的经营模式也意味着零售商将自己获得利润的主动权交给了供应商。即便供应商不一定会有意与零售商作对，但是每家供应商的经营管理能力不同，尤其是很多国内的供应商，如果供应商由于自己的经营管理和营销能力问题而无法完成合同中既定的利润指标，那么零售商应该怎么办呢？可能要被迫更换供应商，但这时实际的利润损失已经产生了。而且，正是这种以供应商为视角的经营绩效评估方法，使零售商失去了先机，也就是说，失去了在分类中平衡各个供应商经营绩效的机会。

综上所述，我们看到，零售商从商品的角度评估经营绩效的复杂程度太高，而且零售商也无法控制每个商品达到销售结果的所有环节，而如果从供应商的角度评估经营绩效，那么零售商又容易使自己陷入一种极其被动的局面，无法更主动地控制自己的利润获得。因此，从分类的角度评估经营绩效是最为合理和高效的零售商绩效评估模式。正如前面讨论过的，零售商站在分类的视角可以轻松平衡分类中各个供应商的经营表现，为了完成某个分类的经营指标，零售商完全可以将分类的经营指标根据每个供应商的经营状况和企业能力合理分配到他们身上。而且，当发现某家供应商的经营绩效出现问题时，零售商并不一定要马上寻找新的供应商予以替代，而是可以考虑从其他供应商身上来弥补那一家供应商所造成的绩效损失，当然这需要零售商给予其他的供应商更大的支持。当然，并不是说零售商应该取消供应商角度的绩效评估，而是说以分类的经营绩效评估为主，辅助以供应商的绩效评估将是更好的模式。

从分类的角度评估经营绩效还有一个更大的利益，这是从商品和供应商角度评估无法达到的，那就是通过对每个分类的绩效评估，零售商能更及时、更准确地把握顾客的购物需求，从而为零售商制定未来的分类策略和目标提供了重要依据。比如零售商发现冷冻冷藏部门中的肉分类的销售快速增长，这可能意味着当地顾客对肉分类的消费习惯的改变，那么零售商对肉分类的重视无疑应该增加，增加商品数量、扩大排面、增加促销支持等都是应该采取的措施。又比如零售商发现同样在冷冻冷藏部门，包子分类的销售占比下降很快，这可能意味着当地消费者对冷冻包子的需求在减少，那么零售商当然应该减少包子分类中的资源投入了。

那么我们看到，只有从分类的角度进行经营绩效评估，才能发现顾客需求的变化，从而尽快调整对分类的经营策略。这使得零售商的销售数据转变为顾客需求的数据，充分应用了零售商隐藏的数据优势。因此，分类的分析完全是建立在数据分析的基础上，并通过对分类的分析发现顾客的需求变化和趋势的，这是分类绩效评估更加重要的作用。下面我们将从分类的财务绩效、分类的销售趋势、分类占比和分类销售规律等四个方面展开讨论，它们几乎构成了对分类经营绩效的全面评估。当然，正如经营思想一样，对分类经营绩效的评估并不仅仅如我们提到的四个方面，灵活而不断变化是零售业经营成功的必要特征，零售商完全可以根据自己企业的特点以及当时的市场环境，进行更多角度的评估。

其一，分类的财务绩效评估犹如供应商的财务评估，也是对分类的营业额和毛利贡献做出评估，从评估方法上来说并没有什么特别之处。不过，分类的财务绩效评估更大的价值在于，它是零售商以分类为管理单元进行经营管理的最后一个环节，它是对零售商制定的每个分类的策略和目标的执行结果的跟踪。零售商对分类的财务绩效评估是一个相对复杂的过程，如表 10 - 1 所示，首先可以确定的是，对分类的财务绩效评估同样是以月度为单位的。其次还要考虑到分类结构的问题，零售商必须考虑需要

表 10 – 1　　　　　　　　　　**分类的财务绩效评估**

部门	选择
大分类	
中分类	
供应商	
区域	
门店	

		1 月	2 月	3 月	4 月	5 月	6 月	7 月	8 月	9 月	10 月	11 月	12 月	合计
营业额	去年营业额													
	目标营业额													
	实际营业额													
	营业额差异													
毛利	去年毛利额													
	去年毛利率													
	目标毛利额													
	目标毛利率													
	实际毛利额													
	实际毛利率													
	毛利额差异													

分析到分类结构的什么层次上，比如表 10 – 1 中的例子是分析到了中分类，但是具体到现实经营中到底分析到哪个分类层次上，与零售商各自的分类结构设计与管理能力有关，不过一般情况下评估每个小分类的财务绩效也是没有必要的。此外，每个区域和门店都应该对分类的财务绩效进行评估，而不仅仅是总部的采购部门的总体绩效评估。因为，各个区域和每个门店周边的情况各不相同，有时从零售商的整体区域评估分类的经营绩效，难以找到产生绩效差异的真实原因。比如零售商的采购部门发现某分类的营业额没有完成预估，那么他们必须首先了解是哪些区域和哪些门店

没有完成预估，当采购部门找到出现问题的门店后，到底这些门店为什么产生差异，他们仍然要向门店询问。

在进行分类的财务绩效评估时，不仅需要考虑营业额指标和毛利指标的完成情况，而且与去年同期的比较也是非常必要的，这会使零售商从更多的角度发现营业额差异和毛利差异产生的原因。零售商对分类进行财务绩效评估的最终目的是通过对分类财务绩效的定期评估，发现各个分类在经营中的差异，并通过对分类的进一步分析，找到产生差异的原因，最终制定出分类绩效改善的行动方案。比如零售商发现，某分类截至当年 6 月份的累计营业额与预定的指标有很大差异，这时零售商就可以继续对比去年同期的营业额，如果今年实际的营业额仍低于去年同期，那么零售商可以认为这是营业额实质上的下降，导致下降的原因恐怕是来自于零售商内部对分类的经营管理。通过对分类的分析，零售商可能会发现是分类中的商品促销效果不理想，那么，在下个月加大此分类的促销力度就成为提高分类营业额的方向了。又比如零售商发现，当年 3 月份某分类的毛利没有达到目标，通过分析发现原来是其促销价格太低了，尤其是那些在分类中销量排名前 10 位的单品，它们占了分类总营业额的 50% 以上，那么接下来调整分类的价格结构，并引进一些高毛利率的商品，以弥补促销中的毛利损失，将会提高下一个阶段的分类毛利。

其二，在各个部门的分类框架下，对其所有分类的销售趋势进行评估，对零售商来说有着极其重要的意义。虽然对分类的销售趋势分析来自于各门店的经营结果，但是分析的目的并不是为了检查工作任务完成的情况，而是对顾客需求变化的跟踪。也就是说，通过对分类两年营业额的对比分析，发现每个分类的销售规律，从而判断顾客对分类需求的发展趋势。两年的销售数据对零售商做出粗略的判断已经具有足够的说服力了，这是因为顾客在购买大部分分类的商品时，他们购买的频率较高而且稳定，因为顾客在超市购买的大部分都是生活必需品，包括食品、日用品和服装等，顾客在消耗完这些生活必需品后需要不断购买补充，而且顾客对各个分类所代表的需求的消耗周期是相对稳定的。比如对于大卖场业态来说，一般情况下，顾客平均一周来超市购物一次，而顾客在一年累计52周对每个分类的购物金额，基本上可以反映出顾客对每个分类的需求趋势。在进行分类的销售趋势分析时，上下变动几个百分点并不影响零售商对分类发展趋势的判断。因为在分类的销售趋势评估中，更重要的是发现每个分类的发展趋势，也就是说，顾客对每个分类的需求趋势。分类的销售趋势分析，更加注重在同一个部门中各个分类之间的横向分析，通过对比各个分类之间的增长幅度的大小，能更清晰地看到顾客对分类的需求变化。其实，这些信息将会对零售商制定每个分类下一阶段的经营策略和目标提供最重要的依据。在分类经营策略的带领下，对于每个分类的商品组织、价格政策、陈列安排和促销支持等都会有相应的调整。

如图10-1所示，这是饮料部门中软饮料大分类下，部分中分类的销售趋势，其中包括碳酸饮料、果汁饮料、功能性饮料、茶饮料和水五个中分类，图中的销售数据是2006年与2005年的销售额对比。从图10-1中

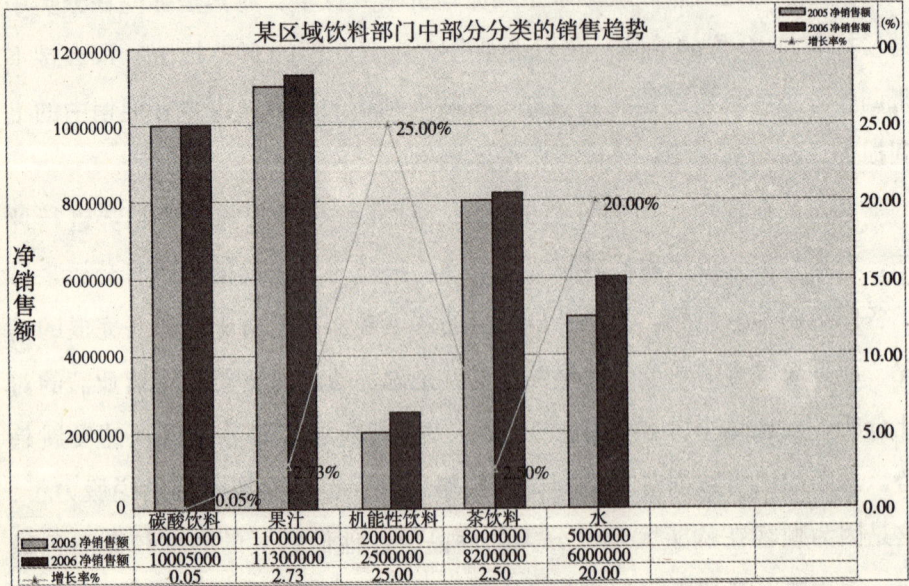

	碳酸饮料	果汁	机能性饮料	茶饮料	水
2005净销售额	10000000	11000000	2000000	8000000	5000000
2006净销售额	10005000	11300000	2500000	8200000	6000000
增长率%	0.05	2.73	25.00	2.50	20.00

图10-1　分类增长趋势（一）

的数据可以看出，功能性饮料和水这两个分类的销售增长很快，分别达到
了25%和20%，而碳酸饮料、果汁饮料和茶饮料这三个分类的销售增长较
慢，尤其是碳酸饮料只增长了0.05%。那么，从超过20%的增长率的功能
性饮料和水这两个分类来看，顾客对这两个分类的需求有了很大的增长，
此时零售商应该考虑为了满足顾客的需求变化，更加支持功能性饮料和水
分类，他们是两个典型的成长型分类，那么零售商会在商品和品牌数量、
促销、陈列上给予更大的倾斜。

　　零售商还可以从不同的分类层次上进行评估。比如可以在饮料部门
中，从饮料、啤酒、葡萄酒和烈酒等大分类的角度进行评估，如图10-2
所示。图10-2中的数据显示，烈酒分类的销售增长很快，而其他几个分
类相对来说增长较慢，尤其是啤酒和葡萄酒分类下降较多。这些分类的销
售趋势隐藏着顾客对这些分类的消费习惯的变化，比如啤酒分类的销售呈
明显的下降趋势，表明啤酒尤其是瓶装啤酒在大卖场中的销售在下降，消
费者没有去那里买啤酒的习惯，或者逐渐减少了在大卖场购买啤酒的行

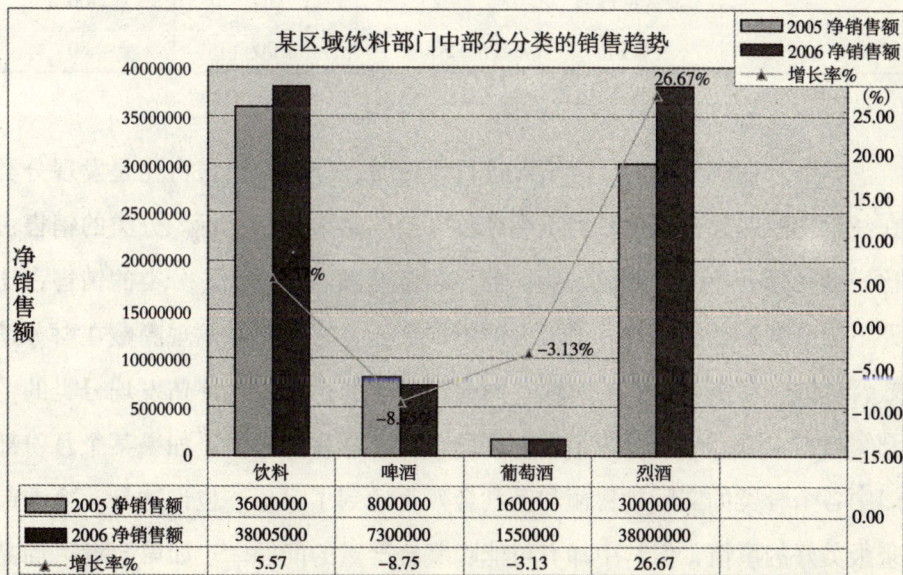

某区域饮料部门中部分分类的销售趋势

	饮料	啤酒	葡萄酒	烈酒
2005 净销售额	36000000	8000000	1600000	30000000
2006 净销售额	38005000	7300000	1550000	38000000
增长率%	5.57	-8.75	-3.13	26.67

图10-2　分类增长趋势（二）

为，而在便利店中罐装啤酒的销量可能一直在上升。那么，这背后揭示了顾客在购买啤酒时选择场所的改变。又比如表 10 - 2 中所显示的"中式锅"中分类，虽然其中的几个小分类都呈现出了上升趋势，但是"不锈钢炒锅"在 2006 年的增长率达到了 400%，远远高于其他的小分类，那么这也意味着消费者对不锈钢炒锅有了更大的需求，消费者喜欢它的理由也许是因为更加美观和便宜。当然，这种分析建立在一个较大的区域或者城市的基础上是最好的，因为一个大的区域或者城市的居民的消费习惯和消费水平是有很大的一致性的。

表 10 -2　　　　　　　　　　分类增长趋势（三）

中分类	小分类	2005 年营业额（万元）	2006 年营业额（万元）	增长率（%）
中式锅	不粘炒锅	100	200	100
	搪瓷炒锅	2	4.2	110
	不锈钢炒锅	2	10	400
	铁锅	50	90	80

其三，在对分类的经营绩效进行评估时，分类的销售占比是发现分类在经营中的差异并把握分类正确经营方向的重要评估指标。分类的销售占比一般是指分类的营业额占所在部门总营业额的百分比。分类的销售占比评估与分类的财务绩效评估最大的不同在于，它能更早发现隐藏在财务绩效背后的一些不易察觉的东西，即通过分类的销售占比评估发现分类的毛利绩效在未来几个月可能出现的问题。对于零售商来说，如果某个月份部门中各个分类的实际销售额和毛利金额都达到了目标，也许这是一个看起来很美好的事情，但其中却有可能隐藏着严重的问题。正如第七章"商品结构的设计和保持"中提到的，当给各个分类制定好了销售指标和毛利指标后，实际上也就是有了各个分类在部门中的销售占比和毛利占比了。

如表 10-3 所示，整个部门由六个分类组成，2006 年 1 月份整个部门的销售指标是由六个分类的销售指标组成的，同样的道理，部门中的毛利指标是由各个分类的毛利指标组成的。那么实际上，每个分类都有了一个在部门中的销售占比指标和毛利占比指标。但是，我们看到部门中每个分类的平均毛利率是不同的，分类 5 的毛利率是 20%，而分类 1 的毛利率只有 5%。因此，如果分类的销售占比不同，就会导致今后各分类的毛利金额完成情况的不同。如表 10-4 所示，假设这是分类实际的绩效完成情况，我们看到在表 10-4 中，分类 1 的销售占比为 11.81%，超过了表 10-3 中其销售占比指标 7.87%，而分类 5 的实际销售占比为 27.56%，

表 10-3 　　　　　　分类的销售占比和毛利占比（一）

（2006 年 1 月）

	分类 1	分类 2	分类 3	分类 4	分类 5	分类 6	合计
分类的销售额指标（万元）	100	150	200	300	400	120	1270
部门中的销售指标占比（%）	7.87	11.81	15.75	23.62	31.5	9.45	100.00
分类的毛利指标（万元）	5	10.5	20	45	80	14.4	174.9
部门中的毛利指标占比（%）	2.86	6.00	11.44	25.73	45.74	8.23	100.00
分类的平均毛利率（%）	5.00	7.00	10.00	15.00	20.00	12.00	11.50

表 10-4 　　　　　　分类的销售占比和毛利占比（二）

（2006 年 2 月）

	分类 1	分类 2	分类 3	分类 4	分类 5	分类 6	合计
分类的实际额指标（万元）	150	150	200	300	350	120	1270
部门中的销售指标占比（%）	11.81	11.81	15.75	23.62	27.56	9.45	100.00
分类的实际毛利（万元）	7.5	10.5	20	45	70	14.4	167.4
部门中的实际毛利占比（%）	4.48	6.27	11.95	26.88	41.82	8.60	100.00
分类的平均毛利率（%）	5.00	7.00	10.00	15.00	20.00	12.00	11.50

低于其31.5%的销售占比指标。那么我们看到，虽然部门实际的销售额完成了既定指标，但是，假设在各分类的平均毛利率没有变化的情况下，我们可以计算得出整个部门的毛利金额却与目标相差了7.5万元。也就是说，部门中分类的销售占比发生了变化，很可能导致整个部门的毛利金额绩效的变化，而且最可能的是导致部门的实际毛利金额无法完成其指标。

零售商的各个门店在实际经营中，为了完成销售额指标非常容易倾向于降低零售价或者加大促销力度，那么对于整个超市来说，就总是会出现这样的一种情况：销售额指标虽然完成了，但是毛利指标却没有完成，实际上这就意味着零售商的赢利能力降低了。也就是说，零售商是以牺牲利润为代价来增加销售额的，在这种局面下零售商是无法长久支撑的。虽然顾客会因为更低的价格而被吸引来超市购物，但是这往往也是一种短期的促销行为。这是因为：一方面，供应商不能无休止地支持零售商的降价要求，而且在一般情况下，他们会尽量避免给某个零售商以特殊的促销或者低价，从而使零售商为了获得与众不同的低价而不得不压缩自己的毛利空间。另一方面，零售商在极低毛利的经营状况下，当然就失去了继续开店、为员工提供更多的培训等的能力，也就是说，零售商企业的能力和实力不能得到提升。那么，零售商不知不觉中就坠入了经营绩效越来越不好的局面，这也正是有些国内零售商正在走的道路。当然，通过降低零售价和加大促销力度来提升销售额也是最容易做到的事情，但是真正的经营并不仅仅是降价和销售额提升，零售商的经理们应该真正时刻想着自己的毛利绩效完成如何。而毛利绩效的完成，就不是降价那么简单了，它需要零售商考虑在保持毛利的情况下，尽量提升销售额。就比如上面提到的例子，分类1的平均毛利率与分类5的毛利率相差15%，零售商如果只是平均分配货架空间和促销资源，那么这家零售商最后的销售额也许不会差到哪儿去，但是毛利金额必然会很低。那零售商经营的目的又是什么呢？

其四，在考核分类的经营绩效时，还有一个因素需要考虑，这是一个更加隐藏的因素。很显然，每个月的经营绩效指标完成了，那么全年的经营绩效指标就完成了，这是一个顺理成章的思维方向。但是，如果反过来思考一下，从一年的经营绩效去考虑每个月的经营绩效便会发现一个新的经营思路。对于任何一个分类来说，一年中的每个月的销售情况是不同的，其中有分类季节性的影响，也有供应商的影响，当然还有零售商自身经营的影响，但是不管是来自于什么影响，上一年每个月的经营情况将会为下一年度的经营提供很大的借鉴意义。而这种借鉴为超市完成自己经营绩效指标提供了非常有用的帮助，它是零售商完成经营绩效指标的指路明灯。为什么这么说呢？因为每个分类在一年的经营中，都会留下几个重要的痕迹，包括销售额、平均毛利率、销售占比和毛利占比等，它们不仅是零售商制定第二年经营指标的依据，而且它们也指导着零售商每个月的经营方向。也就是说，零售商可以根据往年的这些经营数据，在每个月中合理安排超市的资源，以完成整个部门乃至整个门店的经营指标，正如我们在第七章"商品结构的设计和保持"中所讨论的。

如图 10 - 3 所示，在碳酸饮料分类中，假如它在 2004 年的 1 月和 7 月的销量是最大的，但是在饮料部门中的销售占比 7 月最大，而 1 月却是销售占比最低的一个月，毫无疑问这是由于 1 月份是碳酸饮料的淡季，而饮

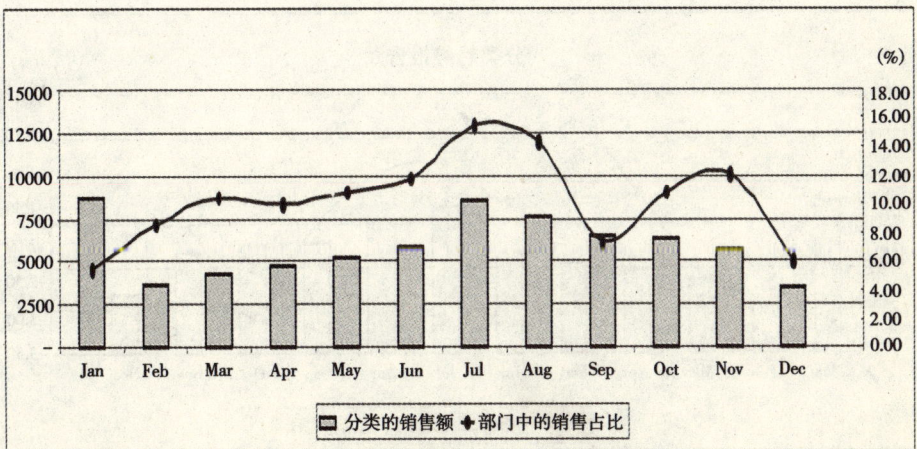

图 10 - 3　2005 年分类月度销售规律

料部门中的白酒、红酒、烟、功能性饮料、水等分类总体会有更大的销量，虽然碳酸饮料分类的销量较高，但是其他分类的销量更高。但是在7月，碳酸饮料虽然与1月有同样的销量，但是这个分类的销售占比却超出了饮料部门中其他的分类。那么基于这种经营情况，超市投入给碳酸饮料分类的货架和促销等资源，在1月和7月应该是不同的，即7月投入更大，这样才能保证销售指标的完成。如果7月给碳酸饮料与1月相同的超市资源，即给了7月的碳酸饮料更少的资源，那么7月的碳酸饮料销售指标将无法完成，因为它的资源被其他分类吃掉了；另外，如果在1月零售商给碳酸饮料更多的资源，那么将会损失其他几个分类的销量，而有些分类是处于销售旺季，那么很容易导致其他几个分类的销售指标无法完成。

不仅如此，前一年度中各个分类在每个月中的平均毛利率的不同，也是零售商为了完成当年经营指标需要考虑的因素。如果从整个部门来看，在某个月内某个分类的毛利率很低，那么为了完成整个部门的毛利指标，则不应该投入更多的货架和促销等资源给那个分类，而应该更多地将超市资源投入到部门中的高毛利率的分类中去。但是我们知道，同一个分类在一年中每个月的平均毛利率是不同的，那么如果部门中有六个分类，每个

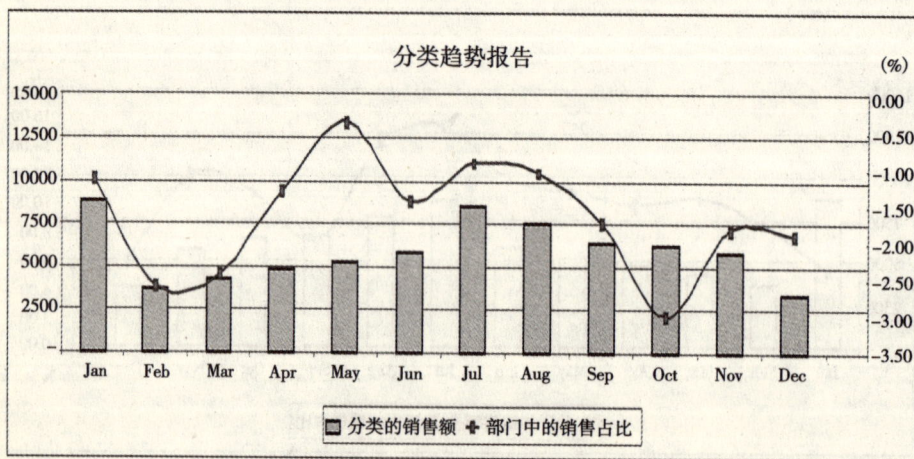

图 10-4　2005 年分类月度毛利

分类在每个月的平均毛利率都不同，这无疑增加了分类经营的复杂程度，而且恐怕是极其复杂的。因为零售商需要在每个月中，至少分析下个月部门中各个分类的平均毛利率，以及销售占比等因素，然后制定出针对每个月合理的经营策略，这才能真正的保证完成经营绩效指标，否则凭什么说能够完成呢？恐怕只是一个事后的惩罚了，最多做一个事后诸葛亮。如图10-4所示，同样是碳酸饮料分类的销售情况，2月、3月和11月的平均毛利率很低，那么零售商如果拿出更多的资源给碳酸饮料分类来促进其销量，那么最终可能会导致整个部门的毛利指标无法完成。我们必须再次提到，超市中任何资源都是有限的，给了碳酸饮料就无法再给白酒、红酒等分类了。而比如在5月碳酸饮料的平均毛利率是最高的，远远高于其他几个月，那么零售商当然要考虑在5月份给碳酸饮料分类提供更多的资源了。

当然，我们这里主要讨论的是针对分类的经营绩效评估，实际上，零售商在日常的经营中，有很多其他角度的经销绩效评估，它们都很重要，我们这里不做讨论。比如，供应商的年度绩效分析，部门中前几位供应商绩效分析，以及促销结果的分析、自有品牌分析、商品缺货分析、商品数量评估、停止和滞销单品分析等等。

二　分类评估帮助供应商调动营销资源

对于零售商来说，进行分类的经营绩效评估，不仅仅是考核各分类是否达到了既定的经营目标，更加重要的目的在于根据一年中各个月不同分类的经营状况，合理分配零售商的资源以支持分类经营绩效指标的完成。对于供应商来说是一样的，对分类的经营绩效评估同样是为了调配企业的营销资源保证分类经营绩效指标的完成。其主要区别在于，零售商的资源是货架空间和促销位置等，而供应商是对各种营销资源的调配，比如促销支持、各个分类利润让渡的支持、产品的支持和人员支持等。第二个区别是，供应商只是评估分类中自己的产品和品牌，而无法像零售商那样对分类中所有的产品和品牌进行评估，因此，供零双方评估分类的内容是不同的。供应商可以根据每个月各分类的经营情况和规律，合理增加和减少对不同分类的促销支持、利润让渡支持、产品支持和人员支持，在每个月投入最恰当的营销资源，从而获得最佳的经营绩效。

可惜的是，很多供应商没有在日常的绩效评估中加入对分类的绩效评估，如果供应商没有进行分类的绩效评估，而只是进行了产品和品牌的评估，那么供应商将无法从分类的角度分配资源，实际上这很容易造成营销资源的浪费。假如供应商为零售商提供了 100 个 SKU，一共跨越了五个分类，那么将各种营销资源分解到 100 个 SKU 几乎是很难做到的，也是没有意义的。但是，每个分类都是供应商的一个阵地，给每个阵地分配资源是合理而且高效的，同时产品也成为所提供资源的一部分。当然，对品牌进行单独的绩效评估是有价值的，而且它将与分类的绩效评估互相配合，帮助供应商获得更好的经营绩效。品牌的绩效评估更多的是分析供应商占据消费者心理空间的多少，而分类的绩效评估更多的是分析供应商占据了多少零售商的货架空间，心理空间和货架空间代表了供应商在市场上所占据的位置，关于这个问题我在《供零战略》一书中有详细的讨论。

供应商进行各个分类的财务绩效评估的前提是，必须制定年度的分类经营策略和目标，正如第六章"分类经营策略和目标的制定"中提到的。年度的分类经营目标就如传统的销售指标一样，应当细分到每个月，以及每个零售客户头上，这为供应商进行日常的分类财务绩效评估奠定了基础。虽然，这是非常有必要的，由于每个供应商所跨越的分类数量不同，供应商必须考虑进行分类的经营绩效评估的必要性，如果供应商所跨越的分类数量太少，那么就没有评估分类绩效的必要了。但是不管怎么说，对分类的财务绩效评估还是完全有必要的，即便供应商的产品只进入了一个分类，那么此时的分类绩效评估就等同于供应商的整体财务绩效评估了。

在对分类的财务绩效进行评估时，分类的毛利绩效评估仍然是供应商应该关注的重点，但这也正是很多供应商在财务绩效评估中所缺乏的，尤其是供应商在管理现代渠道的客户时。假如某供应商在为零售商提供一档海报促销计划时，零售商希望他们能给一个更低的惊爆价格，供应商会很自然地计算选中产品在自己零毛利时的供价，这时零售商也会对这个价格感到非常满意。如果我们不从营销的角度考虑这个问题，而从分类的角度来看，其实供应商的这种做法犯了一个很大的错误。如果供应商在不考虑分类当月毛利指标的前提下给出了这个惊爆价格，此次促销的销量如果很好的话，很可能导致供应商在这个零售商身上的当月毛利指标无法完成，很显然，巨大的零毛利产品的销售导致了整个分类毛利的下降。但是我们知道，供应商假如根本就没有分类的财务绩效指标，或者说即便有对分类的财务绩效指标，但是没有对分类毛利的指标，那么供应商可以说在经营思想上就没有在做促销时考虑分类毛利的机会，那么也就意味着供应商根本就没有考虑促销对整个公司利润的影响的机会。

因此我们看到，在分类的财务绩效评估中，毛利指标是一个很关键的因素，它是对低毛利冲击销售的一个很好的制约。比如，当供应商发现分类的毛利过低时，应该检讨是否当月的促销力度过大了，而促销的效果不好，提升的销售无法弥补降价必然带来毛利的损失。同样，当供应商发现当月分类的销售指标没有完成时，也可以首先看看当月此分类的毛利率情况，是否促销的力度不足，或者是竞争对手有了更强的竞争性促销活动，从而降低了自己促销活动的效果，然后决定是否有必要考虑战术性的调整此分类的毛利率，来反击竞争对手的进攻。

在对分类进行财务绩效评估时，从产品的包装层次上进行的财务绩效评估是非常重要的。从零售商的角度来看，他们在设计商品组织时，正如我们在第八章"商品组织的设计和管理"中提到的，一个重要的考虑因素就是产品的包装，而包装对于供应商来说更加重要。如果供应商知道由于激烈的竞争，产品的某款包装的平均毛利率很低，那么公司制定的财务计划就不应该给它更高的销量指标，因为这将会降低公司的总体利润。同样，对于某些包装的毛利率较高时，供应商可以给这种包装制定更高的销量指标，并使之成为供应商力推的主导包装。对于分类的财务绩效评估来说，关键在于供应商应该定期分析每款包装的平均毛利率和销售情况，从而保证供应商能获得更高的利润。

供应商对各个分类的销售占比评估也是非常必要的，只不过供应商在评估时要比零售商更加简化，这不仅是由于供应商的分类少，更加关键的原因是，供应商产品所跨越的众多分类中，不一定构成了一个完整的更高层次的分类。比如某个供应商可能只进入了碳酸饮料和果汁饮料分类，而在软饮料大分类下，没有进入水分类、茶饮料分类、功能性饮料分类等。或者一家供应商进入了中性笔、画材和办公用品分类，而没有进入钢笔、铅笔、圆珠笔等分类中。那么他们与零售商不同，他们所进入的分类之间可能没有销售上的互相影响，比如画材和办公用品两个分类，即便是有销售影响，但是由于供应商进入的分类不能全部覆盖零售客户的更高层次的分类，所以它们也同样不能全部反映分类之间的销售影响。因此，如果供应商做每个月的分类销售占比评估就会很不准确。

但是即便如此，对各个分类的销售占比评估还是有必要的，因为供应商的产品进入的各个分类的平均毛利率仍然是不同的，虽然毛利率受到了供应商促销支持和定价等营销资源的支持的影响，但是基于行业的竞争，以及企业的生产成本，每个分类依然有其相对稳定的平均毛利率。因此，供应商在不计算营销支持时，每个分类的平均毛利率是相对稳定的。那么在每个月中，各个分类的销售占比的评估仍然可以帮助供应商合理调配营销资源。假如供应商各个分类的生产成本是固定的，即其扣除营销支持时的工厂毛利率是一定的，那么这些分类之间的毛利率一般情况下是各不相同的。供应商每月评估其各个分类的销售占比，将会对供应商获得更多的利润提供帮助。也就是说，供应商要考虑在各个分类的销售占比与营销资源投入上的关系，供应商也应该考虑不要将营销资源更多投向低毛利率的分类。当然，除非销量足够大而给供应商带来的规模效应降低了生产成本，从而降低了这个分类的成本，那么就意味着提升了这个分类的平均毛利率。

三　以分类为单元进行商业回顾

我们看到，零售商的分类经营绩效评估与供应商的不同，零售商是针对分类中所有的产品和品牌的经营绩效进行评估，而供应商只能评估分类中自己的产品和品牌的经营绩效，他们无法评估分类中其他供应商的产品和品牌的绩效。因此，在分类的经营绩效评估中，供零双方各自对不同的分类内容进行着自己的评估。不过以分类为单元评估产品组合的绩效，对供应商来说是一个新的有价值的尝试，它使供应商能与零售商共同站在分类的框架下考虑经营绩效问题。在供零双方定期的商业回顾中，以及像沃尔玛那样给供应商提供的零售链中的产品经营绩效评估报表中，供应商可以更多地站在分类的角度上，与零售商一起讨论经营绩效问题。比如，供应商可以在沃尔玛零售链报表的基础上，将所有产品划分到各个分类中去，与零售商讨论各个分类的平均毛利率和销售额，以及最终的毛利贡献等问题。供应商也可以在定期的商业回顾中，以分类为单位讨论所有产品和品牌的绩效表现。比如，供应商可以给零售商一个月度的分类绩效评估报告，如表10－5所示。当然，表中的数据都是指供应商的产品给零售商提供的销售额和毛利，而不是供应商自己得到的毛利和销售额。供应商和零售商可以共同讨论，2006年1月的销售指标超过了30万元，但是毛利金额指标则相差近2万元。那么供零双方都可以从分类的角度查看，是哪些分类的毛利损失导致了整体毛利的不足。很显然是分类3和分类4的毛利指标没有完成指标，导致了供应商整体毛利没有完成。那么双方可以继续分析为什么这两个分类的毛利没有完成，比如可能是这两个分类促销的效果不好，降低了价格但是没有促进更大的销量，当然也可能是零售商的零售价格太低，导致这个分类的毛利下降等。

表 10 – 5 分类经营绩效评估

（2006 年 1 月）

	分类 1	分类 2	分类 3	分类 4	分类 5	分类 6	合计
分类的销售额目标（万元）	150	150	200	300	350	120	1270
分类的实际销售额（万元）	140	160	180	320	400	100	1300
销售差异（万元）	– 10	10	– 20	20	50	– 20	30
分类的目标毛利率（%）	11.81	11.81	15.75	23.62	27.56	9.45	16.67
分类的实际毛利率（%）	13.00	12.00	13.00	19.00	28.00	10.00	15.83
分类的毛利率差异（个百分点）	1.19	0.19	– 2.75	– 4.62	0.44	0.55	– 0.83
分类的毛利金额指标（万元）	17.72	17.72	31.50	70.87	96.46	11.34	245.59
分类的实际毛利金额（万元）	18.20	19.20	23.40	60.80	112.00	10.00	243.60
分类的毛利金额差异（万元）	0.48	1.48	– 8.10	– 10.07	15.54	– 1.34	– 1.99

　　当然，从产品的角度分析就无法获得以上的结果，而且如果供应商有众多的产品，无法清楚从更加宏观的角度分析问题。因为零售商和供应商的资源投入，都可以从分类的角度进行评估，也就是说，不管是什么样的经营结果，与分类的资源投入都有很大的关系。而且，供零双方对经营结果进行分析并找到产生差异的原因，最终制定改善策略和计划，也要体现到调整对各个分类的资源投入上，不管是零售商的货架资源还是供应商的营销资源。比如，通过供零双方的共同评估，发现分类 3 和分类 4 的毛利过低，而这两个分类的销售并没有明显的变化，必然是毛利率分别都有所下降的原因，那么供零双方可以进一步分析，为什么这两个分类的毛利率下降了。那么，很可能是某些高毛利率的产品销售不好，而低毛利率的产品销量过大了。如果是这样，供零双方就可以利用类似沃尔玛零售链中的 80/20 销售报告检查其中的问题产品，然后双方确定调整方向。那么，这将形成一个良好的供零合作状态。

小结

分类的经营绩效评估

- **零售商经营绩效评估的核心是分类**

  零售商不仅要评估商品和供应商的绩效，而且更有必要评估分类的经营绩效，它构成了零售商经营绩效评估的核心。

- **分类经营绩效评估保证了零售商最终取得好的业绩**

  零售商对分类的经营绩效评估主要包括分类的财务绩效评估、分类的销售趋势评估、分类占比评估和分类的销售规律分析等四个方面。对分类经营绩效的跟踪和分析保证了零售商完成其整体经营绩效指标。

- **分类评估帮助供应商调动营销资源**

  从分类的角度进行绩效评估，能帮助供应商更加合理地分配自己的营销资源，而支持经营绩效指标的完成。

- **以分类为单元进行商业回顾**

  供应商可以以分类为单元与零售商进行定期的商业回顾，这使双方都站在分类的框架下分析经营绩效，有利于准确地发现产生绩效差异的原因，并调整供零双方各自的资源以取得理想的绩效。

第三篇
经营管理实践中的分类管理

不管是对零售商还是对供应商来说，分类管理都是一个全新的经营管理领域。它既不同于营销管理，也不同于品类管理。分类管理所关注的核心或者说解决的问题，是在企业的经营领域，而不是在管理领域。因此，分类管理也不同于传统的各种管理理论和方法，它更加关注企业如何通过日常的经营获得利润。分类管理注重企业每天、每周、每月、每年的利润状况，当然这些都是建立在企业所经营的每个分类上的。分类管理是零售商除内部管理和信息技术之外的另一个不可或缺的经营管理内容，它肩负着帮助零售商获取商业毛利的重任。零售商经营每一个分类并从中尽量获得更多的毛利，不管是通过促进分类的毛利率提高而增加毛利，还是通过促进分类的营业额提升而增加毛利；也可能是牺牲某些分类的商业毛利，从而赢取更多的顾客光临门店购物，再从其他的分类中获取商业毛利。

　　总之，没有对每个分类的理性和灵活的经营，零售商就无法赢得足够的商业毛利，而通过信息技术提高工作效率和通过内部管理降低经营成本也都无从谈起了。因此，分类管理对零售商的重要程度是不言而喻的，但遗憾的是，很多零售商关注更多的是内部管理和信息技术，而备受推崇的品类管理却加入了更多的营销管理思想，无法充分体现出分类的经营内涵。因此，分类管理对零售商来说也是一个全新的领域，是很多零售商经营中缺失的部分，零售商有必要在日常的经营中加入分类管理的内容，当然，分类管理在实践中的应用并不是一件非常容易的事情。供应商在内部应用分类管理的难度更大些，因为这几乎是供应商经营中的空白领域，但是分类管理能帮助供应商在同样的管理平台和思路上与零售商合作，而且，供应商完全可以在企业内部独立应用分类管理，以使自己保持良好的利润状况。

第十一章

分类管理在零售商经营中的应用

> 当应用分类管理时，其产生的结果总是那样丰富多彩而又变幻莫测，它表达了零售商最直接的商业思维。但是，它同时也给零售商应用分类管理带来了更大的困难。

一　分类管理是商业思维的固化过程

正如本书的写作方法一样，分类管理也充满了灵活和变动，对于任何一个分类任何一个角度的经营分析，由于受到市场因素、顾客因素、供应商因素，以及零售商内部各种因素的影响，都可能会出现多种结果。因此，书中任何一个案例只能适用于当时的市场情况和零售商内部特定的情况，案例本身不具备任何对类似经营问题的指导意义，其关键作用是解释某种分类分析方法的应用。比如，某家超市的某个分类在部门中的销售占比非常大，那么他们应该给这个分类安排更多的货架空间，但是当超市的整体毛利率不足时，如果这个分类的平均毛利率非常低，那么零售商完全可以采取适当压制这个分类销售的策略，当然是在以尽量不降低顾客对这个分类的满意为前提的。不过也许半年后这家超市获得了良好的毛利状况，并不为毛利而担忧了，那么此时超市完全可以采用支持上述分类销售的策略。因为销售占比很大的分类往往是顾客购买频繁或者购买量非常大的分类，因此给这个分类更多的货架空间和促销位置，将会对超市营业额的总体提升有很大的帮助。当然这些分类一般是帮助超市建立价格形象，并赢得更多顾客的目的性分类。

分类管理中的灵活性和变动性，给零售商在日常经营中应用分类管理带来了很大的困难，甚至要远远复杂于其对信息系统、供应链管理等的应用，毕竟它们是可以通过 IT 技术和资金做到的。但分类管理并不是这样，分类管理是一种经营思想和方法，它是零售商在日常经营中，对市场、顾客、供应商和零售商内部等诸多因素综合分析，并形成的一种对分类的经营策略。比如，作为大卖场业态的零售商可能认为，钢笔分类的销售一直处于下降趋势，这是因为顾客使用书写工具的习惯发生了变化，影响了钢笔分类的整体销售，另外顾客购买钢笔的主要渠道一直无法改变为在大卖场购买。那么，面对钢笔分类的这种情况，零售商应该考虑的问题是，钢笔分类是否还有必要保留在货架上？如果继续保留，那么需要给它多大的货架空间？应该选择什么定位的产品和品牌进入超市？应该选择多少单品组成钢笔分类？在日常经营中，是否应该给钢笔分类的商品提供促销机会？如果提供促销机会，那么每年给它几次？如此等等。而这些判断完全来自于钢笔分类当时在零售商内部的经营绩效和分类定位等因素，比如销售占比、毛利占比、平均毛利率、销售增长等。

在很多情况下，这些分类同时充满着各种矛盾和冲突，零售商有时必须在各种可能性中做出明智的选择。比如，很难说作为大卖场业态的零售商从货架上取消钢笔分类是明智的，还是继续保留是明智的。如果继续保留钢笔分类，那么是极大地限制钢笔分类在超市的展示，还是继续给予它一贯的货架和促销支持？而且，即便零售商对钢笔分类有了正确的判断和策略，但是零售商面对的可不仅仅是钢笔分类，他们要面对几百个乃至上千个分类，零售商如何保证对每个分类都做出正确的判断呢？对分类的分析并不是一次性的工作，它充实着零售商日常的经营内容。今年对钢笔分类有了正确的判断，但是明年是否也能保证对钢笔分类的发展和定位做出正确的判断呢？而且，外部市场、顾客需求和零售商内部总在发生着不断的变化，零售商又如何能保证对每个分类及时的做出策略上的调整呢？假设今年钢笔分类应该退出大卖场零售业态，而零售商在一年后才做出这个决策，那么超市的资源当然就会被钢笔分类浪费掉一部分了，这部分资源也就不能被其他应该拥有这些资源的分类所使用。

因此我们看到，分类管理是一个极度灵活多变而又充满了商业智慧的工作内容，也就是说，分类管理的执行过程具有很深的头脑思考烙印，它不是 IT 技术等现代科技工具能够全部替代的工作，因为分类管理具有明显的艺术化特征。零售商在日常的经营中，通过对分类的数据收集和分析，需要采购经理和营运经理们在分类数据分析结果的基础上做出正确的判断，并马上采取措施以执行这些分类判断。因此，零售商在运用分类管理时不能完全依赖 IT 技术，IT 技术在分类管理中的应用只是集中在数据的收集和整理阶段，而接下来对分类的分析和判断，以及将分类的判断结果落实在超市的日常经营中，则更多的是依靠超市经营人员的商业素养。这并不是说分类管理是一种完全不可捉摸和无规律的东西，事实并不是这样。零售商同样可以采用类似 ERP 的思想，将各种对分类的经营思想体现在一个完整的电脑软件中，但是与 ERP 不同的是，分类管理的灵活性和多变性，使分类管理全部集中在一个电脑软件中略显困难，至少需要不断进行升级，即需要不断添加进很多新的分析思路。当然，不管是将各种分类分析思路集中在一个称之为"分类管理"的电脑软件中，还是将各种对分类的分析思想体现在无数个 Excel 表单中，都将为零售商应用分类管理提供帮助。

在零售商应用分类管理的初期，更适合用 Excel 表单的形式。这不仅是因为用 Excel 表单来表达对分类的分析思想更加简单，而且也便于零售商在经营中不断归纳和提炼各种角度的分类分析思想，那么，零售商可以随时将这些新出现的分析思想变成一张张的 Excel 表单，而不用寻找 IT 技术人员来开发新的软件模块。比如，家乐福是全球应用分类管理的典范，可以说这也是家乐福最核心的竞争能力，他们应用分类管理将超市经营的灵活性和执行力有效地结合在了一起。最有说服力的一个例子是，由于家乐福的门店权力很大，他的店长完全可以根据自己门店当时的情况快速做出相应的对策。他们的店长经常会根据自己的经营经验，以及门店的处长、课长们当时的经营能力，将各种分类管理思想做成很多 Excel 表单，让那些营运经理们每天使用，实际上也就是给了他们更多的分类分析思想，而营运经理们就可以利用这些 Excel 表单，将这些分类的分析思想体现在日常的工作之中。这种方法也正是我在《推动管理》一书中提到的，将细致思想和表单应用结合在一起而提高执行力的工作方法。比如，某个店长发现其门店中的课长们对毛利的控制比较差，那么他就可以开发出一个毛利控制工具，让他的营运经理们每天使用，此后这个门店的毛利绩效可能逐渐开始出现好转。当然，对整个门店的毛利控制思想仍然来自于对各个部门和各个分类的毛利控制。

不仅店长经常会给自己的门店设计分类分析表单，家乐福总部也会不断地更新和增加各种分类分析表单并推广到各个门店，为全球各个门店的营运经理们不断提供更加丰富和有效的分类分析思想。这些分类分析表单大多来自于分布在全球的各个门店的营运经理们，在超市日常经营实践中的积累。因此，零售商在实施分类管理时，将对分类的经营思想转变并固化为各种表单是一个很好的方法，零售商将稍纵即逝的分类经营思想转变为各种管理工具，并形成固定的管理流程，可以帮助零售商不断分享经营经验并更好地实现标准化。

分类经营思想来自于零售商的各级经理和员工们日常的经营管理实践，来自于超市多年日积月累的经营经验的沉淀，它们凝聚着零售业从业人员的智慧和辛苦工作思考的结晶。因此，善于内部学习并重视积累经营经验的零售商必将成为分类管理的高手，而且也肯定能通过分类管理使自己变得更加强大。假如一家超市发现其竞争对手的牙膏分类由按照功能陈列改变为按照品牌陈列，如果他们认为这是合理的，那他们就会将自己门店中的牙膏货架陈列原则也做同样的调整。但是，如果这家超市只做到这一步，那他必将永远落后于竞争对手，因为他们不知道其他分类的陈列原则是否也有必要调整，以及未来在什么时候各个分类又需要调整了，也就是说，他始终循着别人的脚印走而没有自己的分析判断。其实，他们没有形成对分类的陈列原则定期评估的分类管理思想，当然更没有相应的管理工具了。目前，我们国内的很多零售商在这方面的差距就更大了，这种差距对零售商来说甚至是致命的。

二　强大的数据分析能力是实施分类管理的基础

零售商在日常经营中，不断积累分类管理经验，在将这些分类的经营思想和经验转变为电脑软件或者 Excel 表单后，实际上零售商就具有执行分类管理的最关键条件，就如同具备了必要的硬件设备一样。在分类管理中，零售商一直围绕着各个分类进行每日、每周、每月和每年的分析，不同的分类、不同的时段、不同的区域和门店，有不同的销售数据和顾客购物需求的变化。而分类管理正是需要将这些不断变化中的各种数据放到那些由分类的经营思想和经验构建成的电脑软件或者 Excel 表单中，进行多角度的分析。分类数据的收集和整理就好比是分类管理的软件部分，它担负着分类管理中日常数据的提供和整理的任务，它是分类管理中工作量最大的一个内容。没有了分类数据，就好比枪炮没有了弹药，可以说分类数据的收集和整理是分类管理中一个非常关键的环节。

对于零售商来说，其最关键的数据来源当然是 POS 系统中庞大的销售数据了，而且零售商相对于供应商来说，最大的数据优势是可以将每个商品的销售数据整理成为每个分类的数据，这正是零售商进行分类管理的数据基础。不过，正因为 POS 系统的销售数据非常庞大，所以零售商在分类管理中要很快找到需要的数据是一项非常繁琐的工作。比如，某家门店化妆品课的课长需要牙膏分类上个月的平均毛利率和在部门中的销售占比，从而分析上个月的财务绩效差异，并寻找产生差异的原因；他还想知道洗发水分类上周相对于其主要竞争对手的价格指数，以便分析洗发水分类的价格形象，并推断整个化妆品部门的价格形象；他还要知道上个月洗手液分类中的促销销售占比情况，通过分析了解上个月的促销效果；他还想看看化妆品部门每个分类中，销售排名在前十位的单品，他希望更加关注这些单品，以便保证它们有合理的库存，另外他也想跟踪这些单品的毛利率情况，从而避免整个部门毛利指标出现问题；最后他还想了解洗衣粉分类中自有品牌的销售情况，因为促进自有品牌的销量将会对部门的利润有很大的帮助，等等。以上所提及的数据只是分类管理所需要的数据中的沧海一粟，任何一家零售商的管理信息系统中都无法包含所有角度的分类经营思想，而且分类经营的思想随着日常的经营实践还会不断地增加，不同的时期、不同的门店、不同的部门和不同的分类对数据的需求是各不相同的，甚至同一家门店的同一个营运部门经理这个月的数据分析角度，有可能与下个月有很大的不同。

因此，零售商在分类管理中，为各个分类的经营及时提供相应的数据是一件非常繁琐的工作。虽然分析分类数据所使用的工具可以通过第三方IT 公司或者零售商各级经理日常积累出来的 Excel 表单来实现，但是日常分类数据的收集和整理需要零售商有专门的人员负责管理。实际上，在零售商的分类管理中需要一定的数据收集和分类分析人员作为支持，他们可能是来自两个部门，当然也可以将他们作为一个部门来管理。首先，数据收集和整理是一个基础性部门，零售商将自己超市多年积累出来的各种分类分析思想，设计到电脑软件或者 Excel 表单中去，然后由这些数据收集和整理人员按照各数据分析的要求，定期从 POS 系统中提炼出来，并导入到那些电脑软件或者 Excel 表单中去，然后他们就可以将这些经过电脑软件或者 Excel 表单加工后的数据分析结果，发到各个相关的采购部门和门店经理那里。那么，采购部门和门店将定期收到各种自己需要的分类分析结果，这样，根据手中的分类分析结果他们就能够轻松地调整和改善自己的分类经营了。当然，各个门店的相关负责人，同样可以将 POS 数据导入到门店经理们自己开发的各种体现分类经营思想的 Excel 表单中，那么各家门店就有了一部分适合自己特点的分类分析结果了。

以上提到的只是零售商从内部视角进行的分类分析，也就是说，这些分类分析所应用的都是零售商的内部数据，其主要作用是分析各个分类的财务绩效，以及各个分类战术性的发展特征。其实，在分类管理中，零售商还要进行分类的战略性分析，以及分类策略、供应商策略等的分析，这部分内容还需要一些外部数据作为补充。比如分类所在行业的市场规模、分类所在行业在市场上的增长率等。对于分类的战略性分析，比如分类结构分析、分类定位分析、分类策略的制定等，还需要更加专业的分类分析人员的参与。他们的核心工作就是定期分析各个分类的战略性发展及变化，并确定分类的经营策略，将这些经营策略转化为相应的战术。比如分类分析的专业人员发现顾客在选择牙膏时，已经更习惯于首先选择牙膏品牌了，那么牙膏分类的陈列原则就需要更改为品牌原则；如果他们发现白酒分类在超市中的销售逐年递增，那他们就可以建议将白酒分类的货架空间扩大。这些工作当然不是某个采购人员和门店经理需要考虑的问题。

专业的分类分析人员还可以为采购人员提供更加详细的供应商数据分析，以利于采购人员与供应商谈判。比如，分类分析人员可以向采购人员提供某个供应商在外部市场上的市场份额以及增长情况，那么这些都有利于采购人员在与供应商谈判中制定出正确的供应商策略。如果某个供应商在分类市场中只占有 1% 的市场份额，但是当供应商承诺给零售商每年带来占其分类 10% 的销售份额时，那么采购人员当然可以不相信了。因此，设置专业的分类分析人员是非常必要的，否则只能将分类管理工作停留于底层的战术层面。而缺乏战略部分的分类管理，将无法得到正确的分类战术应用。

因此，零售商在日常的经营中执行分类管理，需要在三个方面有所准备：第一，不断积累出来的分类经营思想和经验；第二，将这些分类经营思想和经验转变为电脑软件或者 Excel 表单，建立分类分析模板，也就是分类管理的工具；第三，建立分类的数据收集和整理，以及专业的分类数据分析职能或者部门，为零售商各个相关的营运部门源源不断提供分类数据，以及数据分析结果。实际上，零售商准备以上三个内容并不需要花费很多的资金和人力成本，其中更为关键的还是对分类的经营思想和经验的积累，而分类管理为零售商带来的价值将是巨大的。

小结

分类管理在零售商经营中的应用

- **分类管理是商业思维的固化过程**

  分类管理是对分类的经营思想和经验的固化，它体现了零售商对分类的商业思维，而且只有将它们固化到完整的电脑软件或者 Excel 表单中，它们才能发挥更大的作用。

- **强大的数据分析能力是实施分类管理的基础**

  数据的收集和整理是分类管理中的原材料，缺乏了它们就如同枪炮缺乏了弹药一样，再好的分类经营思想也无法变成零售商需要的分析结果。

- **零售商在执行分类管理时，需要准备三个方面的内容**

  零售商在日常经营中执行分类管理必须准备三个方面的内容：第一，不断积累出来的分类经营思想和经验；第二，将这些分类经营思想和经验转变为电脑软件或者 Excel 表单，建立分类分析模板，也就是分类管理的工具；第三，建立分类的数据收集和整理，以及专业的分类数据分析职能或者部门，为零售商各个相关的营运部门源源不断提供分类数据，以及数据分析结果。

第十二章

分类管理在供应商经营中的应用

麦肯锡季刊中的调查结果宣称:"面对零售商变得越来越老到和快速的增长,从 2002 年起,北美市场上有超过四分之三的消费品企业重新调整了他们的销售组织。"

一 交易营销为供应商实施分类管理奠定了基础

分类管理与品类管理一个巨大的区别在于,分类管理更加强调供零双方各自独立的应用分类管理,尤其是供应商脱离零售商的独立应用;然后,通过供零双方对每个分类的经营思路和结果的一致性,达成在合作中的共同认识。此外,供应商还可以依靠自身的优势和资源适时地为零售商提供关于分类的支持和建议,使供应商能更加密切地与零售商合作。正如 2006 年 2 月份麦肯锡季刊中的一篇文章《建立顶尖的消费品销售团队》(*Building a top consumer goods sales force*) 提到的:"我也发现那些销售组织改革成功的消费品企业,更加热衷于计划和实施客户化的店内顾客购物行为调查,与零售商合作开发新产品,以及给关键零售商提供客户化的产品包装。"如果我们仔细分析上面这段话就会发现，以上提及的三个客户化的行为都是建立在分类的基础上的。这些领先的供应商就是使自己站在分类的框架下，运用分类管理的思想和方法，才获得了行业内的持续领先。

店内的顾客购物行为调查的结果将会直接影响到零售商各个分类的陈列原则设计，以及各个分类之间的布局设计。如果一家生产书写工具的供应商通过给零售商做店内的顾客购物行为调查发现，顾客在购买中性笔时第一选择是包装内中性笔的数量，那么零售商完全可以依据供应商的调查结果，将中性笔分类的陈列原则改为纵向以包装容量进行陈列，这无疑更加符合顾客的购物习惯。如果是没有做过中性笔顾客购物行为调查的零售商，他们就无法知道顾客在选择中性笔时首先考虑什么，也许他们依然按照品牌进行纵向陈列。很显然，第一家零售商将会更好地满足顾客的购物需求。

与零售商合作开发新产品对分类管理有更大的依赖性，因为零售商在选择新产品时的着眼点，是分类中还缺乏哪些功能、价格、包装、口味等的商品，这些都是分类中的空白区域，由于缺乏了这些商品从而使顾客的这些需求不能得到满足，因此，零售商希望供应商帮助他们开发这些处于分类中的空白区域中的新产品。因此，这就要求供应商必须运用分类管理的思想和方法才能与零售商合作开发新产品，毕竟与零售商合作开发新产品，与供应商独立开发新产品具有完全不同的出发点和目的。

开发客户化的包装与前面合作开发新产品有类似的含义，正如我们在第八章"商品组织的设计和管理"中提到的，商品的包装是零售商设计商品组织最关键的因素之一，而且零售商对商品包装的考虑是建立在分类的框架下的。因此，供应商要开发客户化的产品包装，也必须站在分类的框架下才能得到零售商的支持。

对于供应商来说，分类管理是一个全新的经营管理领域，就如同"全面质量管理"、"6西格玛"、"平衡积分卡"等新的管理理念和方法刚刚进入到企业时一样。分类管理毕竟是零售业的核心经营管理模式，供应商没有使用的必要，但是在零售商越来越强势的市场环境下，供应商为了比竞争对手给零售商创造更多的价值，从而赢得零售商更多的支持，应用分类管理就成了供应商一个非常必要的选择了。供应商如果在日常的经营中应用分类管理，首先应该增加以分类为单元的经营管理观念和角度，也就是说，除了产品、品牌、客户和区域等管理角度以外，供应商还应该增加以分类为单元的管理角度。比如，供应商在评估销售绩效时，一般会考虑某个销售区域、某个品牌、某个客户的销量是否完成了预定的指标，当然这个前提是供应商首先要制定销售区域、品牌、客户等的销售指标。供应商如果在日常经营中应用分类管理，同样需要按照分类来评估销售绩效，供应商需要考虑洗发水分类是否完成销售指标了，牙膏分类是否完成销售指标了，卫生巾分类是否完成销售指标了等等。当然，基于同样的前提，供应商也必须制定各个分类的销售指标。又比如，供应商每年制定了针对不同品牌的大型促销活动。如果应用分类管理，那么供应商还需要针对每个分类做出第二年的促销计划。供应商在分配每年的营销费用时，一般会考虑到各个品牌、各个销售区域，以及各个关键客户，那么供应商在应用分类管理时，就需要考虑如何给每个分类合理分配营销资源。增加对分类的经营管理角度对供应商来说是一个巨大的变化，它使供应商增加了一种新的经营管理方向。因此，供应商企业首先具备了分类管理观念，并在企业的日常经营管理中，添加进去以分类为视角的经营管理工作内容，才是供应商真正实施分类管理的开始。

首先，与零售商一样，供应商在实施分类管理时，最关键的工作内容仍然是对数据的收集、整理和分析，这是执行分类管理的第一步。但与零售商不同的是，供应商有收集行业数据的先天优势，而且这也是对零售商最有价值的部分。因此，供应商首先要对行业数据进行收集和整理，从而得到对各个分类所在行业的市场份额和发展趋势的判断。这些行业数据能帮助供应商充分理解行业的态势和变化，从而正确制定供应商内部的分类策略，并更多地站在零售商的角度去理解他们的分类策略，而且还能在行业数据方面给零售商提供更多的支持，以帮助零售商做出正确的分类经营策略。比如，供应商的行业数据收集和分析，正如我们在书中第二篇中讨论过的，可以使供应商判断行业所处的生命周期及其变化、行业的平均毛利率、行业的发展趋势，以及各个行业中的竞争激烈程度等。这些数据分析为供应商确定分类的定位、分类的经营策略和产品结构等都提供了巨大的支持。同时这些数据也为零售商确定分类定位、制定分类策略，以及确定其商品结构提供了支持。对于供应商来说，尤其是分类中的大供应商，其内部的销售数据实际上就已经能在很大程度上代表行业的数据了，至少利用内部销售数据不会使供应商对分类的判断背离行业本身的趋势。供应商在行业中的经验积累更是进行分类管理的宝贵财富，供应商通过经验往往能准确判断分类的发展趋势，更何况供应商一直在创新并推动着行业的发展。

除了供应商对行业数据的收集、整理和分析之外，供应商对消费者的理解也为分类管理提供了很大的支持。也就是说，供应商需要清楚，而且也往往确实比零售商更加清楚，消费者是如何看待各个分类的。比如，消费者认为咖啡可乐应该更加接近于可乐型饮料分类，而不是咖啡口味的其他饮料，那么零售商应该将咖啡可乐加入到碳酸饮料分类下。如果咖啡可乐中的品牌和单品太少，而且销量又非常小，那么零售商就没有必要独立于可乐型饮料分类而建立一个咖啡可乐分类。但是，任何一个分类都在不断发展变化中，如果有一天消费者更加认同咖啡可乐或者很多供应商加入到了咖啡可乐的竞争中来，那么也许不久后，咖啡可乐涌现出更多的品牌，而且其销量不断扩大，那么，建立独立的咖啡可乐分类的时机也就成熟了。但是，在这方面零售商几乎是无能为力的，他们不了解消费者对每个分类的认识，以及每个分类将要出现的变化，供应商通过理解消费者对分类的看法，能帮助零售商制定出正确的分类结构，从而使零售商的分类管理建立在正确的分类框架下，当然这也有利于供应商与零售商建立起同样的分类管理框架。

其次，顾客在店内购物行为的调查和分析，也是供应商需要强化的分类管理内容，虽然零售商也做了一些顾客购物行为调查工作，但是零售商无法及时对众多分类做细致的顾客行为调查和分析。供应商针对自己产品所在的分类帮助零售商做店内顾客调查，将会使供应商的营销更具顾客导向，当然对零售商也提供了巨大帮助。比如，供应商有必要了解，顾客分别在卖场中的正常货架、TG 台、地堆等位置上，停留的时间、注意的程度，以及购买量等信息，这对供应商安排促销计划和促销费用投入方向有重要的价值，当然对零售商合理安排促销也有很大的帮助。又比如，一家生产火锅底料的供应商，如果他们在店内做了充分的顾客调查，他们就会很清楚，顾客习惯于在冷冻冷藏部门的冷风柜中羊肉的旁边购买火锅底料，那么供应商当然应该建议零售商将火锅底料放到羊肉的旁边陈列，而不是放在干杂部门中的调味品货架上。

不同的店内陈列位置当然对销量有很大的影响，而且也影响到了零售商的顾客满意度。假如供应商了解到，顾客总是与羊肉和其他火锅食品一起购买火锅底料，那么与这些相应分类的商品进行联合促销的效果会更好，并且将这些分类的商品放在一个促销位置上同时促销，将会带来更大的销量。这样的例子曾发生在家乐福的门店里，在吃火锅的旺季，家乐福在门店里的季节区中陈列着几乎所有涉及火锅的各个分类的商品，这种设计无疑来自于对顾客购买火锅食品的理解。这样的创意如果来自于供应商是很正常的，因为供应商更加了解顾客对自己产品所在分类的购买习惯。但是事实上，很多供应商非常缺乏对顾客在店内的购物行为的调查和分析，在这方面甚至落后于那些经验丰富的零售商，如果那样，那么供应商当然无法得到零售商的认同，并且必然会被零售商欺负了。

再次，供应商在实施分类管理中，更重要的一部分工作是对分类日常销售数据的收集、整理和分析，同时这也是工作量最大的一部分内容。正如我们在第十章"分类的经营绩效评估"中讨论的，供应商以分类为单元评估财务绩效是非常有价值的。通过对分类财务绩效的评估，不仅可以使供应商清楚每个分类给自己带来的销售占比和利润情况，以便更加合理分配企业资源；而且还可以使供应商在分类的视角上管理产品组合，这为供应商管理产品提供了新的方向。我们以仍然处于传统零售经营模式的书店为例会看得更清楚，在图书行业，出版社实际上就类似于一个供应商，他们将自己出版的书提供给书店销售。如果出版社以分类为单位管理自己的书，并向书店提供建议，那么将会得到一个更加理性的市场结果。出版社定期评估自己每个分类中的书的销量，类似于沃尔玛零售链中的80/20销售分析，并告诉零售商哪些书是前一个阶段销售排行在前几位的，那么这些书应该持续并增加订货量，并且书店应该继续将这些书陈列于更加明显的位置。同时，那些销量下降以及销量很小的书，出版社可以告诉书店减少定量，书店当然也可以将这些书陈列于大海一样的正常货架上了。供应商这样的分析是有价值的，因为销量大的书必然是消费者更加需求的，书店通过增加这些书的定量，并且给予更长时间的明显展示位置，既可以满足消费者对这些书的需求，又提升了书店的销量，当然也优化了出版社的图书发行工作。当然，在国内市场上，这是一种未来将要发生的理想状况，但是现在的情况是，不管是什么书，在短短几个月的新书推广后，便被放进了正常货架中甚至被当作旧书下架，这种结果将会使书的优劣无法在销量上得到区分。

最后，供应商为了实施分类管理，还必须有企业内部组织上的支持，即供应商需要有分类管理的专业人员和专业组织。分类管理是一个全新的管理内容，它不同于供应商的营销管理，营销管理中的理论和方法无法应用于分类管理，正如本书第二篇所讨论的，而传统的营销组织也无法支持分类管理的执行。比如，大多数的供应商拥有了KA销售组织，他们专门为零售商提供支持和服务，他们建立了供应商与零售客户之间的联系，但不管怎么说，KA部门依然是一个具有典型销售性质的组织，它不能完成诸如顾客购物行为研究、分类结构分析等分类管理中的核心工作内容。当然，KA销售的核心能力已经不像管理传统渠道那样依赖客情关系了，而是力图为零售客户创造更多的价值。另外，供应商的市场部也无法执行分类管理的职能，传统市场部是以消费者需求为研究对象的，或者说市场部研究的是消费者在店外的需求特征，而分类管理毫无疑问是以顾客在店内的购物行为为研究核心的。而且，市场部研究消费者需要的思想和方法也无法适用于分类管理，研究店内顾客购物行为与研究消费者在店外的消费需求所使用的思想和方法是非常不同的。比如，市场部为了强化品牌形象，可以策划一次零售终端的大型抽奖促销活动，强调消费者更多参与，从而使消费者心中留下更深的品牌印象。但是在分类管理中，供应商所要考虑的方向则是完全不同的，比如供应商应该考虑卖场中什么位置是顾客注意力最集中的地方，那么这个位置就是宣传品牌形象更好的位置，但是它不一定是能促进销量增加的位置。

在供应商的营销组织中，建立交易营销（Trade Marketing）是非常必要的，而且在很多跨国供应商的企业中早已成立了交易营销组织，虽然他们对交易营销的理解各不相同，但是其核心是完全一致的。即交易营销的核心职能是研究交易客户，也就是我们所说的零售商，关于交易营销的内容我在《供零战略》一书中有详细的讨论，在这里不再赘述了。因此，交易营销部门正是在供应商内部执行分类管理最核心的部门，他们将承担各种内外部数据收集、整理和分析职责，包括顾客店内购物行为调查和分析，以及分类日常销售数据的收集、整理和分析等工作。供应商内部如果没有交易营销组织或者相应的职能，那么供应商将无法真正实施分类管理。

因此，供应商如果能在日常的经营实践中真正实施分类管理，必须从三个方面做好准备：第一，建立以分类为单元的经营管理观念和视角，在企业观念和经营视角上奠定实施分类管理的基础；第二，收集、整理和分析行业数据、顾客店内购物行为和分类的日常销售数据，为日常的分类管理提供源源不断的数据材料；第三，建立交易营销组织或者相应的职能，在组织能力上保证分类管理的执行。

二 中小供应商的分类管理之路

事实上，前面提到供应商在日常经营中如何实施分类管理，更加适用于分类中的大供应商，即分类中销售排名在前几位的供应商。首先，由于他们对分类所在行业有更深刻的理解，对消费者的研究也更加充分，有时他们通过产品的创新和品牌管理而引导着分类所在行业的发展方向，因此他们能给零售商的分类管理提供更大的支持和影响。其次，由于分类中的大供应商拥有较大的市场份额，这将形成相对于零售商更大的市场力量，从而也使他们更加容易受到零售商的重视。最后，由于分类中的大供应商往往有能力跨越更多的分类，从而更加有必要实施独立于零售商的内部分类管理。但是，这并不是说分类中的中小供应商没有实施分类管理的必要，而且恰恰相反，中小企业实施分类管理有更强的迫切性和必要性，只是实施分类管理的角度不同而已。

毫无疑问，中小供应商在与零售商合作时，比分类中的大供应商承担着更大的压力，而且这种压力有时影响着供应商在零售商中的生存，甚至可以说，中小供应商的生杀大权掌握在零售商的手中。因此，中小供应商如果想在分类中的大供应商和零售商的夹缝中生存，乃至生存得更好一些，如果与行业中的强大竞争对手以及居于强势地位的零售商，展开正面的竞争肯定是不明智的策略。那么，差异化的竞争策略是中小供应商必然的选择，而分类管理恰恰是帮助中小供应商实施差异化竞争策略最佳的工具。比如现在一家小供应商选择进入大豆油、调和油等分类成功的可能性非常小，而选择进入茶油分类将会是一个不错的差异化策略。因为分类中的大供应商还没有看中这个如此小的细分市场，而零售商为了给顾客提供更多的选择，并提升自己的毛利水平，会非常乐意支持茶油分类中的供应商，那么，此时这家小供应商就有了相对轻松的生存空间。

又如一家生产书写工具的小供应商发现，在家乐福的书写工具分类中，行业中国内的主要供应商都定位于中端市场，而国外一些供应商非常清楚地定位于高端市场，而且在分类中家乐福的自有品牌定位于中高端市场。那么，实际上书写工具分类中的低端市场是一个行业竞争相对弱的分类区域，而且家乐福并不能全部舍弃分类中的低端市场，因为那里也会有稳定的顾客需求。因此，那些坚决定位于低端市场的中小供应商将会获得较好的生存空间，当然，在分类中的低端市场上仍然存在着来自其他中小供应商的竞争。再如从分类的角度来看，如果某个分类的品牌导向不强烈，即顾客在选择这个分类中的商品时并不看中品牌，那么这将为中小供应商提供绝好的发展机会。因为在这样的分类中，促进销量提升的关键因素往往来自于产品本身的力量和货架空间的多少，那么中小供应商因其灵活的经营管理机制，以及更低的管理成本，往往能提供给零售商更高的商业毛利率，那么他们将更加容易得到零售商的支持，而获得更多的货架空间。因此，这种分类中的中小供应商往往有更大的发展空间。

因此，发现分类中的市场机会是中小供应商获得更好的生存空间的关键因素，而在分类管理各个模块中，商品组织的设计和管理是发现分类中市场机会的最重要一环，即本书第八章中的内容。由于分类中的中小供应商无法与零售商合作分类管理项目，零售商往往也对中小供应商的分类建议不屑一顾。因此，分类中的中小供应商也完全没有必要耗费精力做诸如分类结构的设计、分类定位的确定、分类经营策略的制定、商品结构的设计，以及分类的绩效评估等工作；而应该将自己的主要精力放在研究零售商的商品组合上，从而不断发现分类中的市场机会，并迅速提供相应的产品以填补这些分类中的机会。分类管理中的商品组合设计和管理部分，正是零售商从多种角度选择产品和品牌以组成合理的商品组织，从而满足不同顾客群体的需求，零售商担心在各个分类中出现空白，那有可能会导致零售商失去部分顾客，或者招致顾客的不满。比如，零售商需要分类中有不同定位的品牌，有不同包装规格的产品，而且在不同的包装规格中需要的单品数量和品牌又是不同的，还要有不同的价格带组合，零售商不希望在某些价格点上缺失了商品，当然，零售商更不能使分类中缺乏某些功能或者口味的产品。以上种种设计商品组织时的考虑因素，都是中小供应商发现分类空间的机会。因此，中小供应商只要定期分析自己产品所在的分类在商品组织上的空缺或者薄弱的空间，并快速提供产品以填补这些空间，就不仅避开了行业的激烈竞争，同时也能得到零售商更多的支持。

三　经销商是天生的分类管理实施者

我们在本书中所提及的供应商更多的是指制造商，但实际上也包含同样与零售商合作的经销商，只是经销商作为一个力量相对较小的供应链环节，并非供零合作中的主角。但是，如果从分类管理的角度来看，经销商简直是天生的分类管理的执行者和受益者。这是因为，经销商实际上与零售商有着非常类似的经营特征，他们都属于商业领域。经销商与零售商一样依靠买进产品，然后再附加一定的毛利后卖出去来获得利润，商品的周转速度是他们生存的根本，正如我称经销商为"无店铺的零售商"一样。很少有经销商只代理一个品牌，一般情况下他们会经营很多的品牌，甚至是跨越很多的分类。而且，即便经销商经营的品牌只覆盖了一个分类，那么他们对分类管理的需求也是一样的，因为经销商的分类管理与制造商是截然不同的，他们更类似于零售商，尤其是那些专业零售商，比如文具专业店、个人护理品专业店、玩具专业店和宠物食品专业店等。也就是说，对于经销商来说，他们经营的核心不是品牌也不是产品，而是某个分类或者某几个分类，因为在这些分类中包含着不同厂商的品牌，因此，分类管理可以说是经销商经营管理的核心。目前，很多经销商出现的一些普遍问题，正是由于他们缺乏分类管理，而且他们受到厂商营销管理的影响太多，忽略了自己的商业本质。比如，有些经销商总是有过高的库存，而且往往是滞销产品构成高库存的主体，这同时也意味着畅销产品总是缺货。很多经销商不知道哪些品牌和哪些产品为自己赚了多少钱，也无法采取措施为高毛利率的品牌、产品和分类提供更多的支持，以提高它们的销量。那么在这种情况下，经销商的总体利润自然不会很高。又比如，经销商往往更多从市场营销的角度考虑产品和品牌的选择，而没有从内部经营的角度考虑，这有可能造成那些不能提供高毛利率的产品过多，而提供高毛利率的产品又太少的不良状况。

因此可以说，零售商所应用的分类管理几乎完全适用于经销商，也就是说在分类管理的实施中，经销商更接近于零售商，而不是供应商。但是，经销商毕竟与零售商不同，在分类管理的各个环节中仍然存在着一些差异。首先，经销商没有必要进行分类结构的定义，这与供应商有着同样的原因，因为经销商所经营的分类并不一定刚好是完整的分类结构，因而经销商没有分析整个分类结构的能力和必要。比如，在软饮料大分类中，经销商只有碳酸饮料和果汁饮料，而没有水饮料、茶饮料、功能性饮料等分类。但是，分类管理中的其他环节都是适合经销商应用的，只是在某些环节中实施的重点不同而已。其次，需要说明的是，在分类定位的确定和管理中，经销商在实施过程中更加倾向于供应商，也就是说经销商在确定各个分类的定位时，不仅要考虑各个分类在外部市场的生命周期，以及分类在经销商内部的销售占比和毛利占比，还要考虑各个分类在零售商内部的定位，毕竟零售商仍然是经销商的客户。

经销商在制定分类的经营策略和目标时，与零售商有很大的一致性，经销商需要定期对分类做出一个明确的经营策略。既是推动某个分类的销售增长，还是促进某个分类毛利率的提高，还是同时促进某个分类的销售增长和毛利率的提高。当然，在有了每个分类的经营策略后，经销商同样应该以分类为单位制定相应的财务指标，尤其是每个分类最终的利润指标，这将是经销商主动控制自身利润的开始。实际上，商品结构的设计和管理应该是经销商应用分类管理中最为关键的一个环节，也是目前经销商最欠缺的一个环节。为了完成每个分类的经营目标，必须规定每个分类应该有的产品数量，这与经销商的物流和库存成本有最直接的关系，当然这也直接影响到了经销商的资金运用效率。而每个分类的销售占比和毛利占比将直接影响经销商在一年的经营后，到底能赚到多少钱。如果没有对每个分类的销售占比和毛利占比的主动控制，那么经销商通过一年的经营是否赚钱，能赚到多少钱，都将会是一个未知数。而且，通过商品结构的设计和管理，经销商能更好地控制产品和品牌的选择，分类的销售占比和毛利占比为经销商选择产品提供了方向和依据。比如，如果某个分类毛利占比指标比较大，那么在日常的经营中，就不应该引进毛利率太低的产品和品牌，这将会使经销商无法完成年度的毛利指标。当然，各个分类的季节性对经销商的资金运用和库存安排提供了更加细致的管理工具，使经销商不会在各个月份盲目订货，也不会错过应该压货的时机。这对经销商资金的充分运用有很大的帮助。商品组织的设计和管理对经销商在经营中的价值不大，这是有门店的零售商需要重点考虑的问题，因为最有价值的货架空间是有限的，但是经销商不存在这个问题。

分类的日常经营管理对于经销商来说是一个重要的环节，但与零售商不同的是，经销商对分类进行日常管理的重心在于订货和库存管理。也就是说，产品的定价、促销和陈列往往被厂商控制，并且也会受到厂商的支持，经销商发挥的空间不大。在整个供应链中，厂商的核心能力是拥有产品开发能力和品牌，零售商则拥有自己的货架空间，而经销商的核心能力恰恰体现在对产品的存储和分销上。因此，经销商需要不断跟踪每个分类的库存金额，使每个分类的库存金额始终保持在合理的水平上。当然，这首先需要经销商根据经营实践中积累的经验，制定出每个分类的库存金额指标，以及与之相关的每个分类的库存天数、库存周转天数等。然后，才能在日常经营中不断跟踪和管理，当然每月的库存控制是必要的。订货并不在分类管理的讨论范畴之内，合理的订货是经销商一个非常关键的经营管理环节。最后，分类的经营绩效评估与零售商也大致相同，只不过经销商可以更加简单地实施，毕竟经销商经营的分类较少，而且也没有连锁门店，因此每月的分类经营绩效评估是完全有能力做得更好的。

　　当然，经销商运用分类管理不仅对内部管理和利润获得有很大的帮助，而且，毕竟经销商也要考虑为零售商创造更多的价值，也就是说，零售商也是经销商的客户。那么，经销商在实施分类管理的同时，也使自己与零售商站在了同样的管理平台上，这将会使经销商更加理解零售商的经营行为，并有能力为零售商提供更为适合的服务。当然，经销商更可从中赢得零售商更多的支持。

小结

分类管理在供应商经营中的应用

- **交易营销（Trade Marketing）为供应商实施分类管理奠定了基础**

  供应商不仅可以与零售商合作实施分类管理，而且更重要的是，供应商完全可以独立实施分类管理。供应商在实施分类管理时，需要做三个方面的准备：第一，建立以分类为单元的经营管理观念和视角；第二，收集、整理和分析行业数据、顾客店内购物行为和分类的日常销售数据；第三，建立交易营销组织或者相应的职能。

- **分类管理对于中小供应商有重要的意义**

  中小供应商生存在激烈的行业竞争和零售商巨大的压力下，因此，他们选择差异化的竞争策略是明智的，而分类管理是寻找分类中的差异性空间的最好工具。

- **经销商是天生的分类管理实施者**

  经销商是无店铺的零售商，因此经销商与零售商有更为接近的经营特征，他们都是商业领域的成员。因此，经销商是天生的分类管理实施者，而且也会是分类管理的受益者。

参考文献

1. 朱迪·贝文:《超市大战》,中国人民大学出版社,2006 年版。

2. 大卫·格林、迪恩·梅里尔:《我爱零售》,中国铁道出版社,2006 年版。

3. 朱迪斯·科斯蒂恩斯、马赛尔·科斯蒂恩斯:《决胜零售》,华夏出版社,2004 年版。

4. 罗伯特·斯佩克特:《品类杀手》,商务印书馆,2006 年版。

5. 《麦肯锡季刊》网络版,2006 年 2 月,《建立顶尖的消费品销售团队》(《*The Mckinsey Quarterly*》 Web exclusive, February 2006, *Building a top consumer goods sales force*

后　记

　　跨越了整个上海阴冷的冬季，终于将《分类管理》一书写完了，这对我来说的确是一个比较艰辛的过程，这不仅是由于自己是北方人而对上海冬天的不适应，更加困难的是将在实践中沉淀下来的思考转变成为比较成熟和系统的思想的过程。而且，在《分类管理》中体现了更加繁琐的商业思想，因此使其内容充满了变化、灵活和复杂的商业逻辑推理，但是，正是这本书所蕴含的商业思想不断地激励我，使我鼓足勇气努力去尝试神秘的商业世界。而且，《分类管理》所涉及的核心行业是零售业，这个行业不同于其他的行业，它对任何一个国家来说都是一个战略性行业，就如法国前总理曾说过的："谁拥有了零售业，谁就拥有了法国。"同时，当前国内的零售业正处于一个相对不稳定的状态中，很多内资零售商在面对激烈的竞争时，感觉到迷茫和彷徨，到底零售业的本质经营规律是什么？到底应该向跨国零售商学习什么？如何使自己的超市具备持久的竞争优势，到底如何建立这些竞争优势？

　　《分类管理》的核心思想是来自于我对美国、英国、法国等的零售业发展历史，以及当前所处状态和未来趋势的研究，并结合自己的零售业经营管理经验，还有对本土零售商的咨询和培训经验。当我在家乐福工作时，发现了零售业的奇妙和与众不同之处，并对零售业产生了浓厚的兴趣，当国内的本土零售商举步维艰时，我便萌发了研究如何走出一条适合中国的零售业经营管理之路。此时，我知道从零售业的发源和发展来探索零售业的本质和规律是一切的基础，我在思考和探索哪些发展环节是国内零售业可以跨越的，而哪些环节是必须要经历的，实际上在研究过程中，我尽量避免各个跨国零售商之间的差异性的东西，以前也已经给予更多的关注了，而是从探索和挖掘各个不同业态和特征的零售商之间的本质性的东西。正是基于这样的研究方向，在我的第一本书《推动管理》中，我找到了一种适合零售业的管理方法，但是这还不够，《分类管理》正是发现了一种零售商必须应用的经营方法。那么，零售商应用"分类管理"进行日常的经营，而应用"推动管理"进行超市的日常管理，至少这是零售商首先要做到的。

而且，在《分类管理》中也涉及另外一个非常关键和敏感的领域，即供零关系。虽然在我的前一本书《供零战略》中，对供零关系的本质以及供应商的对策进行了全面的分析和探索，但是，在《分类管理》中却蕴含了一种全新的供零合作模式，虽然它看起来与"品类管理"类似，不过两者的本质是不同的，"分类管理"的核心观点是：当供零双方都使用同样的经营管理思想和方法，即分类管理，那么供零双方便经常会产生不谋而合的经营策略和方向，这有利于避免供零双方之间直接的利益冲突，使供零关系走向更加和谐的方向。而且，也只有"分类管理"才是供零双方经营管理的交集，供零双方都有必要和能力去运用"分类管理"进行日常的经营管理。

《分类管理》是在对零售业本质探索的基础上产生的，它是零售业最基本的经营管理模式，就如同消费品制造企业的营销管理一样。不同的零售商，不同的零售业态，有不同的使用方法，但是如果缺乏了"分类管理"，那么这家零售商将是一个披着超市外衣的制造商而已，或者说是缺乏了灵魂的零售商。"分类管理"刚刚产生，必然有很长的探索和实践之路，而且也必将在未来的企业经营管理实践中不断得到印证和提高。

感谢中国社科出版社的编辑门小薇小姐，本来将经营管理思想转变为文字对我来说还是比较困难的，正是门小姐的出色工作，才使得这本书得以尽快问世。而且，再次感谢门小薇小姐，因为她也是我另一本书《供零战略》的编辑，希望上次遗漏的感谢能在这本书中加倍表现出来。衷心感谢我的家人对我的支持，尤其是我的父母和兄弟一家对我的信心和鼓励，在很长一段时间内，我无暇看望父母，而且也没有抽出更多的时间照顾我的女儿王凤仪，非常感谢你们，这句话值得说无数次。感谢我的好朋友缪奕锋和魏刘芳，他们给了我专业上和精神上的巨大支持和信任。

王涛

2007 年 2 月 8 日 于上海